国家"双一流"建设学科
辽宁大学应用经济学系列丛书

===== 青年学者系列 =====

总主编◎林木西

黑龙江省农地适度规模经营
及其实现机制

Moderate Scale Management of Agricultural Land
and Its Realization Mechanism in Heilongjiang Province

周 敏 著

中国财经出版传媒集团

经济科学出版社
Economic Science Press

图书在版编目（CIP）数据

黑龙江省农地适度规模经营及其实现机制/周敏著
. -- 北京：经济科学出版社，2021. 10
（辽宁大学应用经济学系列丛书·青年学者系列）
ISBN 978 - 7 - 5218 - 3019 - 4

Ⅰ.①黑…　Ⅱ.①周…　Ⅲ.①农业用地 - 土地经营 -
研究 - 黑龙江省　Ⅳ.①F321.1

中国版本图书馆 CIP 数据核字（2021）第 221958 号

责任编辑：于　源　侯雅琦
责任校对：隗立娜
责任印制：范　艳

黑龙江省农地适度规模经营及其实现机制
周　敏　著
经济科学出版社出版、发行　新华书店经销
社址：北京市海淀区阜成路甲 28 号　邮编：100142
总编部电话：010 - 88191217　发行部电话：010 - 88191522
网址：www. esp. com. cn
电子邮箱：esp@ esp. com. cn
天猫网店：经济科学出版社旗舰店
网址：http://jjkxcbs. tmall. com
北京季蜂印刷有限公司印装
710 × 1000　16 开　16.5 印张　240000 字
2021 年 12 月第 1 版　2021 年 12 月第 1 次印刷
ISBN 978 - 7 - 5218 - 3019 - 4　定价：56.00 元
（图书出现印装问题，本社负责调换。电话：010 - 88191510）
（版权所有　侵权必究　打击盗版　举报热线：010 - 88191661
QQ：2242791300　营销中心电话：010 - 88191537
电子邮箱：dbts@ esp. com. cn）

总　序

　　本丛书为国家"双一流"建设学科"辽宁大学应用经济学"系列丛书，也是我主编的第三套系列丛书。前两套系列丛书出版后，总体看效果还可以：第一套是《国民经济学系列丛书》（2005年至今已出版13部），2011年被列入"十二五"国家重点出版物出版规划项目；第二套是《东北老工业基地全面振兴系列丛书》（共10部），在列入"十二五"国家重点出版物出版规划项目的同时，还被确定为2011年"十二五"规划400种精品项目（社科与人文科学155种），围绕这两套系列丛书取得了一系列成果，获得了一些奖项。

　　主编系列丛书从某种意义上说是"打造概念"。比如说第一套系列丛书也是全国第一套国民经济学系列丛书，主要为辽宁大学国民经济学国家重点学科"树立形象"；第二套则是在辽宁大学连续主持国家社会科学基金"八五"至"十一五"重大（点）项目，围绕东北（辽宁）老工业基地调整改造和全面振兴进行系统研究和滚动研究的基础上持续进行探索的结果，为促进我校区域经济学学科建设、服务地方经济社会发展做出贡献。在这一过程中，既出成果也带队伍、建平台、组团队，使得我校应用经济学学科建设不断跃上新台阶。

　　主编这套系列丛书旨在使辽宁大学应用经济学学科建设有一个更大的发展。辽宁大学应用经济学学科的历史说长不长、说短不短。早在1958年建校伊始，便设立了经济系、财税系、计统系等9个系，其中经济系由原东北财经学院的工业经济、农业经济、贸易经济三系合成，财税系和计统系即原东北财经学院的财信系、计统系。1959年院系调整，将经济系留在沈阳的辽宁大学，将财税系、计统系迁到大连组建辽宁财经学院（即现东北财经大学前身），将工业经济、农业经济、贸易经济三个专业的学生培养到毕业为止。由此形成了辽宁大学重点发展理论经济学（主要是政治经济学）、辽宁财经学院重点发展应用经济学的大体格局。实际上，后来辽宁大学也发展了应用经济学，东北财经大学也发展了理论经济学，发展得都不错。1978年，辽宁大学恢复招收工业经济本科生，1980年受人民银行总行委托、经教育部批准开始招收国际金融本科生，1984年辽宁大学在全国第一批成立了经济管理学院，增设计划统计、会计、保险、投资经济、国际贸易等本科专业。到20世纪90年代中期，辽宁大学已有西方经济学、世界经济、国民经济计划与管理、国际金融、工业经济5个二级学科博士点，当时在全国同类院校似不多见。1998年，建立国家重点教学基地"辽宁大学国家经济学基础人才培养基地"。2000年，获批建设第二批教育部人文社会科学重点研究基地"辽宁大学比较经济体制研究中心"（2010年经教育部社会科学司批准更名为"转型国家经济政治研究中心"）；同年，在理论经济学一级学科博士点评审中名列全国第一。2003年，在应用经济学一级学科博士点评审中并列全国第一。2010年，新增金融、应用统计、税务、国际商务、保险等全国首批应用经济学类专业学位硕士点；2011年，获全国第一批统计学一级学科博士点，从而实现经济学、统计学一级学科博士点"大满贯"。

在二级学科重点学科建设方面，1984年，外国经济思想史（即后来的西方经济学）和政治经济学被评为省级重点学科；1995年，西方经济学被评为省级重点学科，国民经济管理被确定为省级重点扶持学科；1997年，西方经济学、国际经济学、国民经济管理被评为省级重点学科和重点扶持学科；2002年、2007年国民经济学、世界经济连续两届被评为国家重点学科；2007年，金融学被评为国家重点学科。

在应用经济学一级学科重点学科建设方面，2017年9月被教育部、财政部、国家发展和改革委员会确定为国家"双一流"建设学科，成为东北地区唯一一个经济学科国家"双一流"建设学科。这是我校继

1997 年成为"211"工程重点建设高校 20 年之后学科建设的又一次重大跨越，也是辽宁大学经济学科三代人共同努力的结果。此前，2008 年被评为第一批一级学科省级重点学科，2009 年被确定为辽宁省"提升高等学校核心竞争力特色学科建设工程"高水平重点学科，2014 年被确定为辽宁省一流特色学科第一层次学科，2016 年被辽宁省人民政府确定为省一流学科。

在"211"工程建设方面，在"九五"立项的重点学科建设项目是"国民经济学与城市发展"和"世界经济与金融"，"十五"立项的重点学科建设项目是"辽宁城市经济"，"211"工程三期立项的重点学科建设项目是"东北老工业基地全面振兴"和"金融可持续协调发展理论与政策"，基本上是围绕国家重点学科和省级重点学科而展开的。

经过多年的积淀与发展，辽宁大学应用经济学、理论经济学、统计学"三箭齐发"，国民经济学、世界经济、金融学国家重点学科"率先突破"，由"万人计划"领军人才、长江学者特聘教授领衔，中青年学术骨干梯次跟进，形成了一大批高水平的学术成果，培养出一批又一批优秀人才，多次获得国家级教学和科研奖励，在服务东北老工业基地全面振兴等方面做出了积极贡献。

编写这套《辽宁大学应用经济学系列丛书》主要有三个目的：

一是促进应用经济学一流学科全面发展。以往辽宁大学应用经济学主要依托国民经济学和金融学国家重点学科和省级重点学科进行建设，取得了重要进展。这个"特色发展"的总体思路无疑是正确的。进入"十三五"时期，根据"双一流"建设需要，本学科确定了"区域经济学、产业经济学与东北振兴""世界经济、国际贸易学与东北亚合作""国民经济学与地方政府创新""金融学、财政学与区域发展""政治经济学与理论创新"五个学科方向。其目标是到 2020 年，努力将本学科建设成为立足于东北经济社会发展、为东北振兴和东北亚区域合作做出应有贡献的一流学科。因此，本套丛书旨在为实现这一目标提供更大的平台支持。

二是加快培养中青年骨干教师茁壮成长。目前，本学科已形成包括长江学者特聘教授、国家高层次人才特殊支持计划领军人才、全国先进工作者、"万人计划"教学名师、"万人计划"哲学社会科学领军人才、国务院学位委员会学科评议组成员、全国专业学位研究生教育指导委员会委员、文化名家暨"四个一批"人才、国家"百千万"人才工程入选者、国家级教学名师、全国模范教师、教育部新世纪优秀人才、教育部高等学校教学指导委员会主任委员和委员、国家社会科学基金重大项目首席专家等在内的学科团队。本丛书设学术、青年学者、教材、智库四个子系列，重点出版中青年教师的学术著作，带动他们尽快脱颖而出，力争早日担纲学科建设。

三是在新时代东北全面振兴、全方位振兴中做出更大贡献。面对新形势、新任务、新考验，我们力争提供更多具有原创性的科研成果、具有较大影响的教学改革成果、具有更高决策咨询价值的智库成果。丛书的部分成果为中国智库索引来源智库"辽宁大学东北振兴研究中心"和"辽宁省东北地区面向东北亚区域开放协同创新中心"及省级重点新型智库研究成果，部分成果为国家社会科学基金项目、国家自然科学基金项目、教育部人文社会科学研究项目和其他省部级重点科研项目阶段研究成果，部分成果为财政部"十三五"规划教材，这些为东北振兴提供了有力的理论支撑和智力支持。

这套系列丛书的出版，得到了辽宁大学党委书记周浩波、校长潘一山和中国财经出版传媒集团副总经理吕萍的大力支持。在丛书出版之际，谨向所有关心支持辽宁大学应用经济学建设与发展的各界朋友，向辛勤付出的学科团队成员表示衷心感谢！

林木西
2019 年 10 月

　　农地适度规模经营是农业现代化发展理念的重要体现和具体应用。黑龙江省是我国重要的粮食主产区和商品粮基地，耕地资源丰富，"两大平原"是国家开展的涉及农业生产关系重大调整和变革的现代农业综合配套改革试验区，在实现农地适度规模经营上具备耕地资源禀赋和政策优势。从黑龙江省农地经营的田野调研来看，存在超小农地经营规模与盲目扩大农地经营规模并存、农地经营规模与农地生产效率脱钩等问题。在此背景下，本书以黑龙江省为研究区，研究农地适度规模经营及其实现机制，以期为提高农地生产效率、解决"三农"问题、推进城镇化、加快农业现代化建设步伐提供指导与参考。

　　本书通过对黑龙江省农户农地经营状况、农地规模经营主体生成与发展的田野调查，获取了样本数据和典型案例资料，对农地适度规模经营的"度"、农户农地经营规模决策意愿的影响因素、农地适度规模经营的实现机制进行了理论和实证研究。理论研究方面：一是基于制度变迁理论、交易成本理论、博弈论等相关理论分析农地规模经营主体的生成与组织运行机理，并对不同类别农地规模经营主体的生成机理、演化路径、培育环境进行对比分析，以揭示农地规模经营主体生成、运行、演化的一般规律；二是基于内容分析法分析农地适度规模经营主体培育政策工具选择现状及存在的主要问题；三是基于迈克尔·波特钻石模型分析黑龙江省推进农地适度规模经营的现实条件，根据农地适度规模经营主体类型划分农地适度规模经营实现路径，从社会经济条件、耕地资源禀赋等角度分析各实现路径的"环境适应性"，改进县域单元的农地适度规模经营路径选择方法；四是结合实地调研与本书研究结果，构建包含配套体系、政策支持与制度保障的农地适度规模经营推动机制。

实证研究方面：一是利用样本农户不同玉米、水稻种植规模的投入与产出资料，运用 DEA 方法测算农户玉米、水稻生产经营的相对效率，结合前沿投影分析，确定玉米、水稻种植的农地适度经营规模；二是综合运用因子分析法和 Logistic 回归分析法定量分析农户农地经营规模决策意愿影响因素；三是采用探测性空间数据分析法分析区域内社会经济条件、耕地资源禀赋的空间分布格局和空间异质性，运用灰色关联分析法提取各县域单元在社会经济条件、耕地资源禀赋方面的相对优势度，与各农地适度规模经营实现路径的"环境适应性"进行衔接与匹配，以确定县域单元实现农地适度规模经营的参考路径。

本书通过研究得出以下结论：（1）国家"三农"政策实施等外部环境改变、农户期望降低交易成本等内在需求对传统农业生产方式形成外部作用力、内部作用力，在两种作用力的共同作用下，传统的农业生产方式被打破，行为主体依据自身资源禀赋采取自适应行为对环境变化进行反馈，优势主体演化为村集体领办型合作社、"精英"领办型合作社、家庭农场等农地规模经营主体。（2）村集体领办型合作社、"精英"领办型合作社经历由松散型的强弱联合组织向紧密型的强强联合组织演化，其实质是组织内成员对合作社剩余索取权的竞相控制与拥有，即合作社剩余索取权的再分配过程。（3）样本农户的玉米、水稻种植的相对效率、前沿投影分析结果表明，玉米、水稻种植的农地经营规模与生产效率之间并非呈现简单的线性关系，而是大体呈现倒"U"型关系；当前生产力水平下，玉米种植的农地适度经营规模区间是（136，145]、（166，190]、（200，400]；水稻种植的农地适度经营规模区间是（100，111]、（141，160]。（4）玉米、水稻种植的农地适度经营规模的"门槛"规模分别是 136 亩、100 亩，然而，田野调查发现当前农户玉米、水稻种植的实际平均规模分别是 53.34 亩、50.01 亩，均小于农地适度经营规模的"门槛"规模，进一步研究发现，农户农地经营基础的薄弱性、相关制度支持保障的有限性、农地流转市场运行的低效性等因素共同制约了区域农地适度规模经营的实现。（5）农户农地经营规模决策意愿影响因素的回归结果表明，农户家庭经营特征、家庭耕地资源质量和农业生产重要程度3个因子显著正向影响农户扩大农地经营规模决策意愿，显著负向影响农户缩小农地经营规模决策意愿；农户社会保障程度和农地流转环境2个因子显著正向影响农户扩大农地经营规模的决策意愿。（6）现阶段政府倾向于使用干预手段较强的环境型政策工具，而对需求型和供给型政策工具的使用较为慎重；政府重视对前期的思想引导和环境构建，而中期的资源投入、服务提供以及后期的质量保障类政策供给处于应用不足甚至缺失状态。（7）探测性空间数据分析表明，研究区内社会经济发展水平、耕地资源禀赋地域差异显著，客观决定了在农地适度规模经营路径选择上应遵循"因地制宜"原则，将各县域单元在社会经济条件、耕地资源禀赋方面的相对优势度与各农地适度规模经营实现路径的"环境适应性"进行衔接与匹配，以确定各县域单元实现农地适度规模经营的参考路径。结果表明，拜泉县等15个县域适宜依托农业企业型路径、富裕县等14个县域适宜依托合作社型路径、阿城区等37个县域适宜依托家庭农场型路径。（8）从配套体系、政策支持与制度保障方面构建农地适度规模经营的推动机制，具体包括完善农地适度规模经营主体培育体系、完善农业社会化服务体系、构建农地规模经营主体的政策支撑体系、建立以"土地银行"为平台的土地融资机制、强化土地综合整治管理作用机制、构建农地规模经营风险化解机制。

目　　录

第一章

绪　　论

第一节　研究背景

　　发轫于1978年并迅速在农村全面实施的家庭联产承包责任制赋予了农民生产经营的自主权，使农村生产力得到了空前解放（温涛等，2015），1978~1984年，家庭联产承包责任制改革对农业产出增长的贡献约占46.89%（Lin，1992）。随着中国市场经济的发展以及工业化、城镇化进程的加快，家庭联产承包责任制度自身的缺陷和负面效应逐渐暴露出来（王力，2012）。矛盾突出体现在以下几个方面：一是小规模农地经营方式与现代农业发展之间的矛盾。针对家庭承包责任制这一体制下的农地经营规模而言，由于人多地少的现实国情和均田式的土地承包方式，形成了一种以单个农户为经营实体、普遍的超小规模经营状况（伍业兵和甘子东，2007），不利于农业新科技的运用和农业基础设施的投资，严重影响了农地生产率、劳动生产率的提高，阻碍了现代农业发展。二是小规模农地经营方式与城市化、工业化发展的矛盾。城市化、工业化进程加大了农民从事农业生产的机会成本，大量农村青壮年劳动力转移到城市非农领域就业，致使农村出现大量农地低效利用、粗放经营等现象。三是小规模农地经营方式与资源优化配置的矛盾。农地经营资源优化配置的内涵在于高效率地利用资源,实现单位资源产出的最大化(蒋辉,2013)。随着工业化、城镇化的快速发展和农村市场经济的不断深入,农业与非农业生产间的资源竞争日趋激烈,小规模农地经营方式在农机具使用上效率较低,无法发挥最佳生产潜能,且其在资源竞争中处于劣势地位,缺少市场话语权,不利于协调各种有限要素资源合理配置。农地规模经营不仅可以增加种植面积、提高土地利用效率,还能通过改善农业生产条件,提高资源配置效率(张红宇,2012)。

党的十八届三中全会明确提出"推进家庭经营、集体经营、合作经营、企业经营等共同发展的农业经营方式创新……鼓励农村发展合作经济,扶持发展规模化、专业化、现代化经营"。2015年8月,国务院办公厅印发的《关于加快转变农业发展方式的意见》(以下简称《意见》)提出:"培育壮大新型农业经营主体;推进多种形式的农业适度规模经营;大力开展农业产业化经营",这是国家层面上第一个系统部署转变农业发展方式工作的文件,根据《意见》要求,当前和今后一个时期,发展多种形式适度规模经营是加快转变农业发展方式的核心,对于土地规模经营如何适应转变农业发展方式的新要求,时任农业部部长韩长斌认为需要努力确定合理的土地经营规模(王婉莹,2015)。2021年中央一号文件连续第18年聚焦"三农"议题,文件指出:"推进现代农业经营体系建设,突出抓好家庭农场和农民合作社两类经营主体,鼓励发展多种形式适度规模经营。"农地适度经营规模并不是一个静态固定值,而是一个动态的概念,不同地区、不同发展阶段、不同经营主体在不同的生产力水平、经济发展水平、技术装备条件、社会化服务水平、劳动者素质水平下的农地"适度经营规模"是不同的。

2013年6月《黑龙江省"两大平原"现代农业综合配套改革试验总体方案》(以下简称《方案》)正式获国务院批准,批复指出《方案》实施要以转变农业发展方式为主线,以提高农业综合生产能力和农民收入为目标,发挥垦区引领作用,着力在创新农业生产经营体制、建立现代农业产业体系、创新农村金融服务、完善农业社会化服务体系、统筹城乡发展等方面开展改革试验，着力破解制约现代农业发展的体制机制问题和深层次矛盾，促进黑土资源永续利用、水资源科学开发和高效利用，努力把"两大平原"建成国家商品粮基地核心区、绿色食品生产样板区、高效生态农业先行区和统筹城乡发展先导区，为全国粮食主产区实现"四化同步"发挥示范引领作用。"两大平原"现代农业综合配套改革试验工作是全国开展的涉及农业生产关系的重大调整和变革，已纳入国家综合配套改革试验区管理。黑龙江省在大型拖拉机、小型拖拉机以及大中型拖拉机配套农具使用方面远远高于全国平均水平，且该区域拥有全国最高农业科技水平，尤其是在优质种子培育、生物化肥技术的使用程度和节水灌溉技术模式的广泛应用方面都居于全国的领先水平（刘洪彬等，2014），具有发展农地适度规模经营的资源禀赋和政策优势。

黑龙江省是国家重要的粮食主产区和商品粮基地。根据《2020年黑龙江省国民经济和社会发展统计公报》统计，全省粮食产量7540.8万吨，连续10年位列全国第一。截至2018年底，黑龙江省家庭承包耕地流转总面积达6590万亩，约占到全省耕地总面积的28%[①]。然而，从黑龙江省农地经营的田野调查来看，存在家庭农场（种田大户）盲目扩张农地经营规模与超小规模农地经营并存、农地生产效率与农地生产效益脱钩等问题。

理论上，农地经营面积到达一定规模后，单位农地生产成本会迅速下降，农地生产效率和经济效益会显著提升。因此，农地规模经营是保障农业增效和农民增收的现实途径，是实现农业现代化的必然要求。实践中，农业生产与其他产业不同，极易受自然条件的制约，耕地资源禀赋、社会经济条件的地域差异客观上决定在农地规模经营的道路上不能盲目追求"规模"，更应注重"度"。由此可见，以黑龙江省为研究区测度农地适度规模经营的"度"、探究农户农地经营规模决策意愿影响因素、构建农地适度规模经营实现机制显得尤为必要与及时。

___
① 资料来源：《中国农村经营管理统计年报（2018）》。

第二节　研究目的与研究意义

一、研究目的

本书以黑龙江省为研究区，研究农地适度规模经营及其实现机制，以期为提高农地生产效率、解决"三农"问题、推进新型城镇化、加快农业现代化建设步伐提供指导与参考。

（一）揭示农地规模经营主体生成、运行、演化的一般规律

探究研究区农地规模经营主体的生成与运行机理，并厘清不同农地适度规模经营主体的生成动力、演化路径和培育环境。

（二）测算农地适度规模经营的"度"

通过测算农户不同玉米、水稻种植规模的相对效率，结合生产前沿投影分析，确定当前生产条件下农户玉米、水稻种植的农地适度经营规模，并分析农地适度规模经营的限制因素，以及农户农地经营规模决策意愿影响因素。

（三）构建农地适度规模经营的实现机制

掌握研究区农地适度规模经营的现实条件，探究各农地适度规模经营实现路径的"环境适应性"，结合社会经济条件、耕地资源禀赋的空间分布格局和空间异质性，提出县域单元实现农地适度规模经营的参考路径，构建包含配套体系、政策支持与制度保障的农地适度规模经营实现机制。

二、研究意义

本书基于黑龙江省农户样本调查数据和典型案例资料，对农地适度规模经营的"度"、农户农地经营规模决策意愿影响因素、农地适度规模经营实现机制进行理论和实证研究。

（一）为黑龙江省发展农地适度规模经营提供理论依据

采用科学方法确定研究区玉米、水稻种植的农地适度经营规模，分析当前农地适度规模经营发展的限制因素，揭示农户农地经营规模决策意愿的影响因素，提出实现农地适度规模经营的参考路径与推动机制，有利于科学地认识农地适度规模经营，丰富农地适度规模经营研究理论体系，并为黑龙江省发展农地适度规模经营提供理论依据。

（二）为解决"三农"问题、推进城镇化进程提供思路创新及决策依据

农地是农业生产的物质基础，农地适度规模经营是农业现代化发展理念的重要体现和具体应用，通过农业生产中各要素的优化组合，推动农村富余劳动力与城市工商资本的双向流动，对解决"三农"问题、推进城镇化进程具有一定的现实意义。

（三）为其他区域发展农地适度规模经营提供经验借鉴

根据黑龙江省农地适度规模经营发展的实际情况，深化对农地适度规模经营的系统认识，科学地测算出农地适度规模经营的"度"，设计与构建农地适度规模经营实现机制，为其他区域，特别是粮食主产区发展农地适度规模经营提供经验借鉴。

第三节　国内外研究动态

一、国外研究动态

(一) 农地规模经营效率

国外对农地规模经营效率的研究集中在农地经营规模与生产效率之间的关系。一些早期关于发展中国家的实证研究证实了农地经营规模与生产效率呈现反向关系,即著名的"IR"关系(Inverse Relationship)。有学者(Sen,1962,1966)通过对印度农场的实证研究,发现相比大规模农户,印度小规模农户单位土地的经济产出更高;以全要素生产率度量的农业生产效率随着农场规模的增大而提高,然而,单位土地产出水平随着农场规模的增大出现下降趋势,该发现被称为农业发展中的"IR"关系。20 世纪 70 年代在巴西北部开展的农户调查显示,根据面积分组得到的农户耕地面积平均数与单位面积净收益呈反向关系,经营规模为 0 ~ 9.9 公顷的小规模农户的土地经营效益为 85.92 美元/公顷,而经营规模大于 500 公顷的大规模农户的土地经营效益仅为 2.2 美元/公顷(Berry,1979)。此后,这一现象被大量的实证研究在非洲(Collier,1983)、亚洲(Heltberg,1998;Benjamin and Brandt,2002)和欧洲(Alvarez and Arias,2003)验证。

在验证"IR"关系的同时,学者们对其进行了科学解释。有学者(Heltberg,1998)利用巴基斯坦 3 省 52 村 930 户农户面板数据进行线性回归,研究结果表明单位土地的农业净收益与经营规模呈负相关关系,其中 29 个村的反向关系显著,原因在于虽然小农户的土地禀赋少且存在信贷限制,但因为使用家庭劳动力所以获得了较高土地产出率,而大农户虽然拥有较多土地,但雇工的监督和激励问题导致生产率损失。有学者（Lamb, 2003）以印度三个不同气候区为研究区，对包括农户劳动力市场活动变量的农户利润模型进行估计，研究发现劳动力市场不完善能够解释反向关系。有学者（Juliano and Maitreesh, 2003）提出信贷市场不健全前提下，农户自身的管理能力等差别导致农户选择性就业，使经营农地规模小但种植业能力强的农民留在农业生产中，最终导致小规模农户的土地生产效率提高。有学者（Barrett et al., 2010）利用马达加斯加农户水稻生产和地块数据，采用生产函数和作物产量方程来分析不完善市场对农户规模与土地生产率间的负向关系影响，发现要素市场不完善能够解释反向关系。

有学者对"IR"关系提出疑问。有学者（Deolalikar, 1981）研究了农地经营规模与生产效率之间的反向关系，结果表明在较高技术水平条件下"IR"关系是不成立的。纽厄尔等（Newell et al., 1997）通过对印度古吉拉特400多个农场进行实证分析，发现农场规模与土地产出率之间呈负相关性，且这种关系与地区间的土地质量水平以及劳动力投入水平有关，在考虑土地肥沃因素时，这种反向关系减弱。土地质量差异这一重要解释变量是导致农业生产力研究结果差异的重要原因（Benjamin, 1995）。费德等（Feder et al., 1992）研究规模经济问题时发现在农场平均规模为0.31公顷和0.46公顷的两个县里，生产函数中各要素弹性值之和为1.056和1.15，两者都显著地不等于1，并得出"当平均土地经营面积到达1公顷时，规模经济的好处就会被耗尽"的结论。汤森等（Townsend et al., 1998）对南非西开普省葡萄生产的研究表明，全要素生产率与土地面积的关系无显著关系。有学者（Wan and Cheng, 2011）利用不同粮食主产省份的农户调查数据，建立C-D生产函数和Translog生产函数测度中国粮食生产的规模报酬效率，研究发现规模报酬不显著，规模报酬系数不会显著地异于1。

有学者通过研究表明农地经营规模与生产效率呈正相关。阿哈默德等（Ahamd et al., 2002）基于巴基斯坦农场截面数据，运用SFA模型测算小麦生产技术效率及其影响因素，研究发现小麦生产技术效率与农场经营规模呈正相关，安德鲁（Andrew, 1999）、雷纳托（Renato,

2006）的研究得到相似结论。有学者（Fan et al.，2003）从生产投入的异质性角度出发，发现农地大规模经营比小规模经营更有效率，农地规模经营是有效的，查加斯（Chavas，2008）认为土地生产率与农场规模间呈现正向关系的原因可能是农场主随着农场面积的扩大吸收新技术的结果。有学者（Sheng and Zhao，2014）通过比较澳大利亚不同规模农场农业投入的边际报酬，发现大农场通过改变生产技术获得了较高的生产率。梅塔等（Mehta et al.，2014）对印度实施农业机械化的挑战和策略的研究中发现，印度的平均农场规模较小（1.16公顷），小规模农地经营约占农地总量的85%，小规模的农地经营不适宜农业机械化使用，而农业机械化对发展中国家提高农业生产力水平具有关键作用。有学者（Tan et al.，2007）借助江西省331农户的水稻种植调查数据研究土地细碎化对生产成本的影响，研究结果表明种植面积每增加一亩地，能带来每单位产量1.4%生产成本的降低。

有学者通过研究表明农地经营规模与生产效率之间呈倒"U"型关系。有学者（Hall and LeVeen，1978）以美股加利福尼亚农场为例分析农场经营规模与经济效益之间的关系，研究结果表明中型农场在节约成本方面最优。霍格（Hoque，1988）在对孟加拉农场规模与生产效率关系的研究中发现，农场规模与生产效率之间的关系是动态变化的，当农场规模在1~7英亩时，两者呈正相关；当农场规模大于7英亩时，两者呈负相关，因此，7英亩是农场最优经营规模。卡特和维贝（Carter and Wiebe，1990）分析肯尼亚农户数据，研究发现单位英亩农业产值和农业净收入均与土地规模呈倒"U"型关系，即农业产值与土地经营规模先呈现正相关，到达拐点后呈现负相关。赫尔方德和莱文（Helfand and Levine，2004）探讨了巴西中西部地区农场规模与生产效率间的关系，研究发现农场生产效率随规模先下降后上升，土地使用权类型、进入机构和市场的途径、现代投入是导致不同规模农场生产效率差异的因素。

（二）农地经营规模变化趋势

哈泽尔等（Hazell et al.，2009）通过分析农场发展轨迹，发现在非洲、亚洲和拉丁美洲的大部分国家，1970～2000年农场规模的平均水平是降低的。劳德迩等（Lowder et al.，2016）基于世界农业人口普查数据，分析大农场、小农场和家庭农场数量和规模，研究发现农场以小规模或家庭农场为主，世界上12%的农地被小农场经营（规模小于2公顷），75%的农地被家庭农场经营；1960～2000年，平均农地经营规模在绝大数低收入、中低收入国家是降低的，在绝大数中等、中高收入国家和几乎所有高收入国家是上升的。农地经营规模在空间上存在显著的地区差异，戴宁格尔和拜尔利（Deininger and Byerlee，2012）研究发现1970～2000年，农场经营规模在农地资源丰富的拉丁美洲、东欧国家和中亚地区呈扩大趋势，在东南亚石油国家，大型种植园或大公司与农户签订土地租赁关系的数量呈上升趋势，但橡胶等作物的生产转向小农生产，20世纪70至80年代，非洲地区农业向规模经营转变以失败告终，小农经营得以持续。马斯特斯等（Masters et al.，2013）基于农村与城市人口数据分析亚洲和非洲的农场规模，从1950年开始，亚洲和非洲的平均农场规模以缩小为主要趋势，但近些年，亚洲平均农场规模已经开始上升，然而，非洲农场规模在相当长的一段时间内将保持下降趋势。杰登等（Jayne et al.，2014）研究表明非洲地区的典型特征是土地资源丰富，但多数是未开垦土地，可耕种农地集中在小部分国家，1980～2010年，非洲地区的平均农地经营规模是缩小的，但少部分农地经营规模出现扩大趋势。根据美国农业部农业资源管理调查数据，1982年、2001年和2011年美国农场平均耕地规模（Average Size of Cropland in Farm）分别为221英亩、235英亩和234英亩，然而，农场平均耕地规模表面上的稳定却掩盖了美国农业部门的重要结构性变化：大农场与小农场的数量上升，而中等规模的农场数量不断下降，耕地向大农场集中（夏益国和宫春生，2015）。

(三) 农地适度规模经营的实现机制

由于各国耕地资源禀赋、社会经济条件各不相同，因此农地规模经营具有较强的地域特征。发达国家农地适度规模经营的实现机制虽然不能完全适用于中国，但仍可以从中得到启示和借鉴。按照资源禀赋差异选择美洲、欧洲和东亚三大区域，并分别以美国、法国和日本为所在区域农业现代化国家为代表，其中，美国以大规模农场为主、日本以小规模农户为主、法国农场规模介于二者之间以发展中等农场为主（见表1-1），分析各国农地适度规模经营的实现机制。

表1-1　　美国、法国、日本不同规模农场数量和耕地面积占比

国家	数量/面积占比（％）	<1 公顷	1~2 公顷	2~5 公顷	5~10 公顷	10~20 公顷	20~50 公顷	>50 公顷
美国	数量占比	—	—	11	10	14	22	44
	面积占比	—	—	0	0	1	4	94
法国	数量占比	—	17	12	9	11	21	30
	面积占比	—	1	1	2	4	17	75
日本	数量占比	68	20	9	1	1	0	0
	面积占比	25	23	22	8	7	10	5

资料来源：周应恒、胡凌啸、严斌剑：《农业经营主体和经营规模演化的国际经验分析》，载《中国农村经济》2015年第9期。

1. 美国大规模农场型农地经营实现机制

卡普兰等（Caplat et al.，2006）认为从美国农业生产发展的历程看，美国农地经营制度经历了由小规模分散粗放型家庭经营到家庭适度规模经营阶段，最后发展到现代化、专业化、综合性的家庭大规模经营阶段，形成了美国农村土地经营制度的新格局，即农工联合企业或农工企业的诞生和普及，从而实现了产供销一体化和农业生产经营的企业化。

美国通过一系列的政策措施来实现农地适度规模经营。一是实施土

地私有化的农场经营制度。这种农场制度在相当长的时间内，一直为美国农业生产的最主要形式，大大提高了农业生产效率（汤洪俊，2016）。美国农场发展过程中，农场数目在逐渐减少，农场规模却不断增大，1950 年美国农场大约有 560 万个，平均规模为 86.2 公顷，到 1980 年，美国农场数量减少到 200 多万个，平均面积达到了 172.4 公顷（Sumner，2014）。二是鼓励土地流转。美国土地流转的主要方式是买卖和租赁，依靠市场调节供需，政府通过信贷支持、补贴、利率调节等行政与经济手段鼓励土地向农民流转。三是培育新型职业农民。根据美国农业部（United States Department of Agriculture，USDA）对职业农民的定义：一般把从事农场生产经营十年及以上的农民称为职业农民（Established Farmers and Ranchers），不足十年者为新农民（Beginning Farmers and Ranchers），与此相对应，新农民经营的农场一般称为初始农牧场（Beginning Farms and Ranches），职业农民经营的农场一般称为发展成熟农牧场（Established Farms and Ranches），为了鼓励更多新人进入农业领域，从 1994 年开始，立法要求贷款中必须划出一定比例额度专门支持新职业农民（Jim，2013），《2014 年农业法案》计划在 2014 ~ 2018 年耗资 1 亿美元对新农民进行教育培训和技术援助。四是政府补贴，完善农业社会化服务。詹姆斯等（James et al.，2013）的研究表明农作物保险保费补贴越高，农民越有能力购买保障性更高的农作物保险，农民面临的风险越小，从而刺激农场规模扩大。美国 20 世纪 30 年代开始实施的联邦农产品计划（Federal Farm Commodity Programs）减小了农产品价格波动的风险，使得农业投资的风险大大下降，投资者投资农业意愿增加，金融机构也愿意为农业提供贷款。1972 年通过的《美国农业与农村共同发展法》（Consolidated Farm and Rural Development Act of 1972，CONACT）永久授权美国农业部农场服务局（Farm Service Agency，FSA）建立"联邦农场贷款项目"，向无力从商业机构取得贷款的弱势群体（Under-represented Groups）和新农民经营的规模较小的家庭农场发放贷款。通过一系列积极的政策措施，美国耕地实现了向大规模农场集中（见表 1 - 2）。

表1-2　　　　　美国不同规模农场数量和耕地面积占比

年份	数量/面积占比（%）	1~9公顷	10~49公顷	50~99公顷	100~99公顷	200~499公顷	500~999公顷	>1000公顷
2001	数量占比	11.2	32.5	16.0	15.1	13.4	6.1	1.7
	面积占比	0.2	3.5	4.7	17.8	18.2	22.7	24.1
2007	数量占比	17.6	35.3	13.5	10.6	10.8	6.2	6.0
	面积占比	0.1	1.4	2.2	5.8	11.7	16.7	62.1
2011	数量占比	15.8	35.7	14.9	11.4	11.1	5.6	5.6
	面积占比	0.3	3.7	4.4	6.5	14.6	16.8	53.7

资料来源：汤洪俊：《中国农村土地规模经营存在的问题及国际经验借鉴》，载《世界农业》2016年第11期；2007年数据来源于2007年美国农业普查；2001年、2011年数据来源于Macdonald J M, Korb P and Hoppe R A. Farm Size and the Organization of U. S. Crop Farming [J]. *Economic Research Report*, 2013.

2. 法国中型农场农地经营实现机制

法国农业经济在欧盟乃至世界都具有举足轻重的地位，是仅次于美国的世界第二大农产品出口国和第一大农产品出口加工国（黄福江和高志刚，2016）。然而，法国农业直到20世纪50年代仍是落后的小农经济，甚至连粮食等很多农业原料都无法自给，属于经济发达行列中的农业落后国家（张珂垒和蒋和平，2008）。第二次世界大战结束后，法国政府十分重视农业生产，采取推行农地集中化、规模化等政策，仅用20余年即实现了从农业落后国家到农业发达国家行列的历史跨越。

法国政府先后颁布和实行了一系列政策措施实现农地适度规模经营。第一，实施土地集中政策。法国政府在1960~1962年先后颁布《农业指导法》和《农业指导补充法》，成立"土地整治和农村安置公司"，公司对土地享有优先购买权，以贷款方式从私人手中购买土地，再将买入的低产田、小块分散土地进行集中连片整治成标准农场，最终以低价出售给有经营能力的中型农场主（Gafsi et al., 2006）。农场主购买价格低于当初收购价格的20%~30%，也就是政府给予大农场20%~30%的资金支持（Fenske，2010）。对于购进土地的农场主给予减免税、无息或低息贷款，并规定土地不允许分割，只能由一个子女继承土地（陈英，2005）。第二，设定农场规模标准。1968 年，法国政府引入"最小经营面积"（Surface Minimum d'Installation）标准，即农户获得最低标准收入所需达到的经营面积，"最小经营面积"是农业支持政策和社会支持政策的标准，经营面积小于该标准的农场不再得到政策鼓励，且如果农户经营面积不足该标准的一半，那么就不能加入为农民及其家庭提供医疗与养老津贴的"农业社会共同基金"（Mutualité Sociale Agricole）；1999 年，修订的《农业指导法》引入"参考单位"（Unité de Référence）来替代"最小经营面积"，参考单位指一个农场实现经济可持续所需达到的规模，同时，"结构控制计划"也对"农户必须经强制性许可才能获得农地经营权"的情形做出规定（具体包括新建、扩建的农场规模超过规定的规模，该规模通常介于"参考单位"的 0.5 倍~1.5 倍；新建、扩建农场导致别的农场的规模降至规定的规模以下，该规模通常介于"参考单位"的 0.3 倍~1 倍），如果符合上述情形但没有按要求取得许可，农户将面临罚款、不能获得农业补助、不能参加"农业社会共同基金"等一系列惩罚（刘长全，2020）。第三，设置完善的机构以确保土地流转效率。法国设置了由政府部门、农业机构、环保组织、消费者、农业技术人员等组成的县级"农业方向委员会"来制定和实施有关对农场补贴、规模扩大、资金分配、防止农场土地细碎化等方面的政策；在全国范围内成立了 28 个非政府、非营利性机构"土地治理和乡村建设组织"（SAFER），以作为法国解决复杂土地流转问题的重要民间机构（樊帆和赵翠萍，2019）。第四，培育农地规模经营主体。政府规定农民必须接受职业教育，只有取得合格证书后才能取得经营农业、享受国家农业补贴和优惠贷款的资格，政府对拥有证书、符合一定条件的农民提供各类扶持政策（洪仁彪和张忠明，2013）。同时，对于转业来经营农业或扩大农场规模的青年农民，给予大量的财政补贴（Alvarez and Arias，2003）。第五，实施以干预价格、目标价格和门槛价格为基础的价格政策。干预价格用来保证农场主的收益，以法国最大粮食产区奥尔姆的粮食生产成本为依据制定，当粮食市场价格低于干预价格时，农产品干预中心按干预价格购买农场主的粮食或将市场价格与干预价格间的差额补贴给农场主；目标价格用于平抑粮食价格，保证一定的基准价位；门槛价格用来保护国内的农产品市场，当进口粮食价格低于门槛价格时征收差额关税，保证本国农产品不受国外低价市场冲击（卫荣等，2015）。这些措施对法国农业经营规模的扩大起到了积极的推动作用，虽然面积不足 5 公顷的小规模农场占比一直大于30%，但其经营耕地面积占比却维持在 2% 左右；面积超过 100 公顷的大规模农场的数量占比和耕地面积占比都在增长，2013 年分别是 8.33% 和36.86%（见表 1 - 3）。

表 1 - 3　　　　　　　法国不同规模农场数量和耕地面积占比

年份	数量/面积占比（%）	<5 公顷	5~20 公顷	20~50 公顷	50~100 公顷	>100 公顷
2005	数量占比	32.74	22.86	20.54	16.75	7.10
	面积占比	2.03	7.72	21.50	36.52	32.24
2007	数量占比	31.92	22.97	20.35	17.01	7.75
	面积占比	1.96	7.41	20.61	36.07	33.95
2010	数量占比	34.93	22.78	18.61	15.90	7.78
	面积占比	2.13	7.60	19.43	34.84	36.01
2013	数量占比	33.38	23.04	19.77	16.49	8.33
	面积占比	2.05	7.39	18.73	34.97	36.86

资料来源：欧盟统计局：http：//ec. europa. eu/eurostat/web/agriculture/data/database。

3. 日本小规模农地经营实现机制

日本是农业资源稀缺的发达国家，小规模生产引致的基础竞争力低下问题长期困扰着日本农业发展，食物自给率持续下降、农村劳力老龄化、农村凋敝都是小规模农业竞争力低下的表现形式（徐晖和李鸥，2014）。日本农业存在农民减少及老龄化、兼业化，农产品自给率下降，农村活力丧失等一系列问题（段禄峰和魏明，2021）。

为了提高农业的生产力水平，日本采取了一系列政策措施来实现农地适度规模经营。一是提出用"合意的农业经营体"替代 20 世纪 60 年代《农业基本法》中提倡的"自立经营农户"的发展思路。"合意的农业经营体"是指通过农业经营可确保主要从业人员在相同劳动时间内获得与本地区其他产业就业者同等水平的终生收入（工资收入、退职金和养老金），要达到该收入水平，如种植水稻单一农作物，农场规模至少在 15 ~ 20 公顷，如进行多样化经营，其规模至少为 5 ~ 10 公顷（郭红东，2003）。二是培育农业专业经营者。2012 年日本出台"人与农地计划"，培养年轻、有兴趣、有经营能力的专业经营者成为农地经营的主体，促进农地向核心农业经营者集中；还通过建立土地积聚协力金制度，促进农地向核心农业经营者集中，实现农地经营规模化（魏晓莎，2015）。三是发展村落营农。按照日本农林业普查的定义，村落营农是指同一村落里各个分散的农户在协商的基础上联合起来，组成一个生产合作组织，在集中起来的土地上，充分利用劳动力和机械等生产资源，实现农业生产过程部分或全面的合作。村落营农这种生产组织形式于 20 世纪 80 年代在农业资源丰富、工业化程度较高的富山县等平原地区和人口减少且老龄化严重的岛根县、广岛县等山间地区率先发展，经过多年的发展，村落营农生产组织积累了丰富的实践经验，组织形式和业务内容也日益成熟（王国华，2014）。四是多层次开展农业农村人才培育。日本政府积极倡导新增农业人才倍增计划，培育从事农业的新生力量，例如为激发青年人务农热情，日本农林水产省创设了青年务农补贴制度，对那些没有务农知识又愿意从事农业的青年，政府向其及雇佣者双方提供充沛的实践培训补贴（赵颖文等，2019）。通过积极的政策措施，日本户均规模在不断扩大（见表 1 - 4）。日本户均经营规模在 20 世纪 50 年代初为 0.8 公顷，20 世纪 80 年代中期扩大到 1.2 公顷，2016 年为 1.56 公顷，60 年间户均经营规模约扩大一倍（秦作霞等，2016）。

表 1 – 4　　　　　　　　　日本农地规模经营发展情况

年份	家庭经营		组织经营		经营主体	
	数量 （万个） （1）	经营规模 （公顷）	数量 （万个） （2）	经营规模 （公顷）	数量 （万个） （1）＋（2）	经营规模 （公顷）
2005	198. 13	1. 74	2. 81	17. 89	200. 94	1. 86
2010	164. 81	1. 94	3. 10	19. 14	167. 91	2. 19
2011	158. 61	2. 00	3. 15	25. 12	161. 76	1. 27
2012	153. 27	2. 04	3. 12	24. 95	156. 39	2. 32
2013	148. 24	2. 08	3. 17	24. 65	151. 41	2. 39
2014	143. 91	2. 13	3. 21	24. 63	147. 12	2. 45

　　资料来源：周应恒、胡凌啸、严斌剑：《农业经营主体和经营规模演化的国际经验分析》，载《中国农村经济》2015 年第 9 期。

二、国内研究动态

（一）农地规模经营效率

目前，国内学界对农地规模经营效率的研究尚未形成统一的结论。有学者从资源配置角度，提出土地经营规模适度扩大对农业生产绩效的提高有正面效应。刘玉铭、刘伟（2007）基于黑龙江省 13 个地区 1991 ～ 2004 年的面板数据分析农业规模效益，结果表明农户经营面积扩大对农业全要素生产率具有促进作用，即农业经营存在规模效益。胡初枝、黄贤金（2007）以江苏省铜山县为例，对农户土地经营规模与农业生产绩效之间的影响进行分析，研究发现土地经营规模的扩大能实现土地与资金、土地与劳动力的优化配置，并带来全要素的节约，即提高土地经营规模可以在一定水平上提高农业生产绩效。周来友（2019）利用江西省丰城市和遂川县的农户调研数据，基于农地流转的视角，重新审视农地经营规模对农业生产技术效率的影响，实证结果验证了农地经营规模对技术效率有显著的正向影响，表明随着农户经营规模的扩大，技术效率越来越高，意味着大农户和小农户在技术效率上存在差异。章德宾（2018）利用 2009～2016 年全国蔬菜主产区调查数据，研究测算蔬菜主产区种植规模和农户生产效率二者之间的相互作用关系，结果发现露地蔬菜种植户中，大规模农户比小规模农户更有效率，大户效率高的原因主要是技术进步率和整体效率高，整体效率高又是由大户规模效率较好所推动。

有学者基于马克思主义生产力构成要素理论和科布—道格拉斯生产函数，建立土地种植面积与土地生产率之间关系的计量模型，研究表明土地种植面积与土地生产率之间呈现正向的关系，不同土地经营规模条件下土地种植面积对土地生产率的影响也为正值，且当考虑农机设备的资本投入要素后土地种植面积与土地生产率之间依然呈现正向关系（范红忠和周启良，2014）。苏旭霞、王秀清（2002）以山东省莱西市为例，从投入产出角度出发测算出玉米、小麦的规模弹性系数分别为1.278 和 1.268，说明农地规模经营是有效率的。王国敏、唐虹（2014）的研究表明，即使是四川山地丘陵地区，农地规模经营仍是有效的，超小规模农业经营正逐渐失去比较优势，并提出农地适度规模经营"度"的选择要因地制宜，既要依据农地规模效率，又要考虑当地的实际状况和所处的发展阶段。

有研究表明农地经营规模与生产效率关系不显著，甚至呈负相关。刘凤芹（2006）以东北地区为例，分析农业土地规模经营效率，研究结果表明大规模农地经营与小规模家庭生产相比并没有显示出可察觉到的全要素节约优势和单位产量优势。汤建尧、曾福生（2014）认为农地适度规模经营的规模是有限的，中国的基本国情决定了农地规模经营只能是适度的、有限的，与欧美发达国家相比，只能永远是"小规模"。林善浪（2000）认为土地经营规模与土地生产率并没有直接关系，甚至呈相反方向变化，并且根据世界银行对肯尼亚农场的研究，推算出中国农场如果规模减小 10%，产量会相应地增加 7%。普罗·斯特曼等（1996）通过对包括中国在内的十几个发展中国家农地规模经营的实证研究，表明了粮食生产存在许多规模不经济事实，即使存在规模经济也是十分有限的。高梦滔（2006）对中国 8 个省份农地经营规模效率的实证分析表明农业生产效率随着农地经营规模的增大而降低。随着家庭农场的农地经营规模扩大，其平均亩产逐渐下降，规模 500 亩以上的家庭农场单产（860 公斤/亩）仅仅是规模 100～200 亩的家庭农场单产（970 公斤/亩）的 87.2%（陈定洋，2015）。罗必良（2000）认为在经济发展初期，农村劳动力过剩，土地和资本稀缺，相比较大规模经营，小农能吸收更多的劳动力替代资本和土地，使土地产出率提高。

有研究发现农地经营规模与生产效率间并不是简单的线性关系，而是呈倒 "U" 型关系。刘颖等（2016）基于江汉平原 347 户农户水稻种植微观数据，使用超越对数随机前沿方法，研究发现技术效率与经营规模呈现倒 "U" 型关系。杨春华、李国景（2016）利用 123 个国家的截面数据，运用门槛回归模型对谷物单产与农户经营规模之间的关系进行了实证分析，结果表明谷物单产与农户经营规模之间呈非线性关系，当农户经营规模小于 12.74 公顷时两者之间呈正向关系，当农户经营规模大于 12.74 公顷时两者之间呈负向关系。刘依杭（2021）基于小麦主产区河南、山东、安徽、河北 4 省份的抽样调查数据，分析了不同规模农户农业生产效率差异，研究发现在农业生产效率值分布上，家庭农场农业生产效率值一半以上介于 0.7～0.9，生产效率与经营规模呈倒 "U" 型变化；小农户农业生产效率值一半以上介于 0.6～0.8，生产效率与经营规模呈 "U" 型变化特征。冀县卿等（2019）基于上海市松江区 945 户家庭农场 2007～2017 年水稻生产的调查数据，研究发现土地经营规模与水稻生产技术效率之间呈倒 "U" 型关系，过小或过大的土地经营规模都不利于提高水稻生产效率。辛良杰等（2009）利用数理模型对吉林省农地经营规模与生产效率的关系进行计量分析，研究发现农户土地规模与土地生产率之间的关系并不是简单的直线关系，当农户经营的农地面积小于 30 亩时，农地经营规模与土地生产效率的负向关系并不明显，但农户经营土地的规模超过 30 亩后，两者之间则呈现出明显的负向关系。

（二）农地适度规模经营内涵与其影响因素

理论界对于农地适度规模经营内涵做了广泛而深入的探讨。周诚（1995）认为农地推行适度规模经营的特定内涵和基本宗旨是"地尽其力，人尽其才"。毕宝德（2011）提出农地适度经营规模就是取得最佳土地规模效益的农业土地经营规模。农地适度经营规模是一种以追求最佳经济效益为目的的生产经营方式（马增林和余志刚，2012）。王贵宸（1997）认为土地适度规模经营是指在一定生产力水平下，能够合理而充分地发挥生产要素的作用，并取得最佳效益的土地经营规模。也有学者从资源优化配置角度出发，提出土地适度规模经营是指在一定的生产力水平和经营环境下，一个农户（劳动力、农场）投入生产经营的土地规模可以满足充分发挥现有劳动力和其他要素作用获取最佳经济效益时的土地规模经营状态（张侠等，2010），通过土地经营规模的适度扩大，实现土地、资本、劳动力等要素结构的优化配置，从而改变传统低效率的农地生产方式，降低单位农产品的生产成本，提高土地的生产效率，通过规模经济的实现从而获取收益的最大化（赵颖文和吕火明，2015；马佳和马莹，2010），若此规模不能充分利用各种要素潜力，但仍能保证经营者实现最低利润目标，则称为临界经营规模（胡小平，1994）。汤建尧、曾福生（2014）认为农地适度规模经营的内涵主要体现在"适度"上，即多大规模的土地经营才是合适的，提出由于土地资源的分布不均以及区域经济发展水平的差异，农地适度规模经营的标准只能是"地方性"的。何秀荣（2016）认为无论何时何地何种作物，收入因素都应当是衡量适度农场规模的第一因素。郭庆海（2014）提出适度规模经营可以从两个角度理解：一是从规模经济理论的角度解释，适度规模应当理解为最佳经营规模，即通过以土地为核心的所有生产要素的调整，达到长期平均成本最低时所决定的土地经营规模；二是从土地供给约束性出发理解适度规模经营，即在土地可获性的约束下可实现的经营规模。赵颖文、吕火明（2015）从经济学视角对农地适度规模经营"度"的问题展开分析，认为农地适度经营规模并不存在一个普适性的标准与路径，而与一定的自然、经济、社会、市场、技术条件相适应，并受资源禀赋、生产力水平、经营主体与经营环境等多种因素影响。

目前，学界对农地适度规模经营影响因素的研究视角可分为农户微观视角与宏观视角，研究方法从最初的定性分析发展到运用数理计量分析模型的定量分析。农户微观视角层面：杨钢桥等（2011）基于湖北6个县市农户调查的实证分析，研究发现在农户追求利润最大化的情况下，农户耕地经营存在一个适度规模，此适度规模主要受农业生产技术、农产品市场价格、各投入要素市场价格和农户自家劳动力情况的影响，研究还发现平原地区农户耕地经营适度规模高于丘陵山区，农户耕地经营适度规模存在区域差异。周厚智、杨钢桥（2012）从农户效用最大化出发以长沙市两个郊区县为例探讨农地适度经营规模的影响因素，研究表明影响农地适度经营规模的因素包括农产品市场价格、农业生产技术、各生产要素的市场价格及其市场转移概率。鲁莎莎、刘彦随（2011）基于山东省利津县137个农户抽样调查数据分析了农户农地规模经营的影响因素，研究发现户主就业类型、农地租赁行为、农地资源禀赋、收入非农化程度是影响山东利津县农地规模经营意愿的主要因子。陈秧分等（2009）利用东部沿海3省1市的323个农户抽样调查数据，构建 Logistic 模型分析农户农地规模经营影响因素，研究表明户主就业类型、农地租赁行为、农业技术培训、通勤条件、农地资源禀赋是影响农地规模经营的主要因素。赵京等（2014）注意到农地整理对农地适度规模经营的影响，并以湖北省为例进行定量分析，研究发现农地整理区农户农地适度经营规模大于现有农户农地规模，农地整理区户均农地适度经营规模为1.96公顷；湖北省农地整理区户均应转入农地量为1.17公顷。

宏观视角层面：张侠等（2002）认为土地经营的适度规模受资源禀赋、经营环境（经济发展水平、农业社会化服务体系完善程度、风险和不确定性因素、政策性配套措施、其他社会经济条件）、生产力水平、劳动者素质等多种因素的影响。姜松等（2016）注意到农业生产服务对农地经营规模的影响，基于 CHIP 数据实证检验和比较其对土地适度规模经营的影响程度和方向，研究发现灌溉服务、机耕服务、防治病虫害服务和种植规划服务对土地适度规模经营的影响显著为正，边际影响系数递减。李颖明等（2015）以中国 10 个省份、1121 个农户的调研数据为基础，采用逐步回归的最小二乘法对农地经营规模和农业生产性服务业进行定量分析，结果表明农业生产性服务与农地经营规模有显著的正相关关系，借贷款服务、农业保险服务、土地流转服务、专业化农机服务等新型生产性服务对农业发展将产生越来越大的影响。丁建军、吴学兵（2016）以家庭农场为研究对象分析家庭农场规模的影响因素，研究表明资源禀赋、土地流转、雇工状况、农场主的管理水平以及农业社会化服务体系的完善程度是影响家庭农场规模的主要因素，王春来（2014）发现自然禀赋、生产传统、科技水平和社会化服务获得等因素共同决定了家庭农场的"适度规模"。各地资源禀赋、土地产出率和劳动生产率以及最终收益不同导致各地家庭农场规模差异较大（张成玉，2015）。张成玉（2015）以河南省为例，定量分析农地适度规模经营的规模大小，研究发现经济越发达、城镇在岗职工人均工资性收入越高的地方，其农村劳动力人均适度经营规模就越大。

（三）农地适度经营规模测算

学者们对中国不同地区的农地适度经营规模进行了定性分析与定量分析。张海亮、吴楚材（1998）基于农民收入水平的观点提出土地经营的最低规模应该使经营者的年收入不低于当地农村平均收入水平。卫新等（2003）认为适度规模经营的下限是"在一定经济发展水平、物质装备和生产技术条件下，能保证农户各项生产指标和经济收入达到或高于当地平均水平时所需的土地数量"；上限是"在不降低土地生产率和经营效益的前提下，农户所经营的土地面积"。许庆等（2011）基于经济效益最大化的观点，认为土地经营规模应该使农民耕种的边际收益等于边际成本。钱克明、彭廷军（2014）基于机会成本的视角，提出适度规模的目标值应当是种粮专业户的年收入与其家庭全部劳动力外出打工收入相同时的耕地经营规模。辛岭、胡志全（2015）认为由于净利润不同，达到农业适度经营规模的土地经营面积不同、产业不同、年份不同的地区存在差异，农地适度经营规模应是当地当年的打工收入除以某类产品单位面积的净获利润。程秋萍（2017）则认为适度经营规模是一个最优化的状态，但它并没有统一的模式，从不同的价值立场出发就有不同的目标函数和最优化结果。

学者们以收入标准、产出标准为主要测算标准对不同地区农地适度经营规模进行了测算。王玲娜、陈永富（2015）基于农场收益最大化角度，运用 C - D 生产函数测算其农地适度经营规模，研究表明在已有技术水平下，浙江省家庭农场的户均最优农地经营规模为 15.16 公顷，适度的劳均耕地规模为 1.81 公顷。阚酉浔、周春芳（2011）通过建立农户人均收入与土地规模的二次回归模型定量分析农户农地经营的适度规模，研究得出武汉市江夏区农户人均纯收入最大时的土地经营规模为 1.27 公顷。韩啸等（2015）基于农户收入影响模型和农户最优生产经营规模模型，以湖北、江西山地丘陵区为例探讨农户最优经营规模，研究发现现有的技术条件下两省山地丘陵区农户平均土地最优经营规模为 3.16 公顷。鲁莎莎、刘彦随（2011）基于风险厌恶理论和生产边际报酬递减规律，利用山东省利津县 137 个农户抽样调查数据，运用 C - D 生产函数对利津县农地适度经营规模进行模拟分析，测算出当时生产力条件下的农户适度经营规模为 22.2 亩。黄新建等（2013）以江西省水稻种植业为研究对象，利用单产和单位面积纯收益两个指标进行研究，结果表明 4.73 ~ 10 公顷是家庭农场的适度经营规模。杨李红（2010）通过构建农地适度经营规模测度数学模型，测算出宜春市袁州区农地的适度经营规模为每个劳动力 0.18 公顷，户均 0.60 公顷。陈秧分等（2015）认为利润最大化是经营主体决定经营规模的首要依据，适度规模经营终究要靠经营主体来实现，因此，从收入而非单产视角设计适度规模经营的控制标准更具可行性。

不同目标导向下测算得出的农地适度经营规模不同。柯福艳等（2015）基于倒"U"曲线理论，测算不同目标下蔬菜产业家庭适度经

营规模，研究发现以农户收益最大化为目标，农户的适度经营规模是
5.39 ~ 9.52 公顷；以单位耕地面积收益最大化为目标，相应的适度经
营规模为 2.37 ~ 3.72 公顷。陈海霞等（2014）对江苏省粮食生产型家
庭农场适度规模进行了测算，研究发现劳动力人均耕地面积、家庭投资
能力、达到收入期望时的规模 3 个角度测算的结果并不一致，2014 年 3
个角度下的适度规模分别是 1.03 公顷、1.18 公顷、2.73 公顷。李文明
等（2015）运用 Translog 生产函数对 22 个省（区、市）134 个村庄
1552 个水稻种植户农地适度经营规模进行测算，研究发现从保障粮食
安全的角度出发，耕地经营的适宜标准应该在 80 ~ 120 亩；从增加农民
收入的角度出发，耕地经营的适宜标准应该在 80 亩以上。宋戈等
（2016）采用 Translog 生产函数分析黑龙江省 "两大平原" 地区农地适
度经营规模，研究发现在不同的目标导向下，不同作物的适度经营规模
也不同，在追求粮食安全和农民增收的双重目标下的玉米、水稻和大豆
的经营规模分别为 60 ~ 115 亩、15 ~ 30 亩和 30 ~ 60 亩。

同一地区采用不同测算方法测算得出的农地适度经营规模也不同。
赵亚南等（2014）以中国西北地区临夏县北塬地区为例，采用劳均下
限分析法和直观评价法确定农地适度经营规模，结果发现劳均下限分析
法计算得出北塬地区农地适度经营规模下限为 0.14 公顷；直观评价法
的计算结果为北塬地区农地经营劳均适度规模为 0.25 公顷，家庭适度
规模为 0.66 公顷。同一地区不同类型农户农地适度经营规模存在差距，
朱红梅等（2015）以提高农户的收入与生产水平、保证种粮专业户人
均收入水平与城镇居民可支配人均收入基本相当来确定人均耕地适度经
营规模，研究结果表明 2013 年株洲市辖区乃至类似平原丘陵区，种粮
兼业户适度经营规模为人均 0.91 ~ 1.04 公顷，种粮大户适度经营规模
为人均 2.92 ~ 3.06 公顷。不同种植类型的规模效应呈现出不同的规律，
肖瑶等（2019）基于河北省石家庄市栾城区农户调研数据，运用
DEA – Tobit 模型探究不同类型农户农业生产效率，研究发现以 DEA 分
析得到的综合效率作为生产效率的评判标准，不同种植类型的最优经营
规模不同，粮食作物和核桃以 0.67 ~ 3.33 公顷中等规模为最优经营规

模，而草坪生产则以 0～0.67 公顷的小规模经营为最优。

（四）农地适度规模经营的实现机制

近年来，学界围绕"如何实现农地适度规模经营"做了大量有益研究，研究内容主要集中于农地适度规模经营的推进原则、实现形式、配套措施等方面。李文明等（2015）认为发展耕地适度规模经营只能在坚持和完善农村基本经营制度、稳定农村土地承包关系的前提下推行，必须综合考量坚持家庭经营制度、规模经营速度及区域差异性、土地经营权公平分配（郭庆海，2014）、农村社区及其成员的意志等问题（孙新华，2016）。土地适度规模经营的关键是进行土地使用权流转，就是拥有土地承包权的农户将土地经营权转让给农户或组织，即保留承包权，转让使用权（郭亚萍和罗勇，2010）。有学者提出农村土地规模经营需以"耕者有其田"为导向，按照"三权分置"的原则进一步推动土地承包经营制度的创新与完善，发展土地适度规模经营（赵鲲和刘磊，2016），耕者有其田的家庭农场模式可以促进更多就业，避免马尔萨斯——李嘉图危机，有利于财富的公平分配和社会稳定（段禄峰和魏明，2017），共享土地经营权是农业规模经营的有效实现形式（赵鲲，2016）。

学者们按照不同标准对农地适度规模经营的实现形式进行了划分与比较。叶琪、徐远宏（2005）将土地规模经营模式划分为政府主导型、市场主导型以及政府和市场互补型，通过对三种模式的比较得出市场主导型模式是实现我国土地规模经营的长期选择。曾福生等（2010）认为实现农村土地适度规模经营有两种形式：一是通过农户之间的自主自由流转实现适度规模经营；二是通过乡村集体组织提供中介服务实现适度规模经营，并指出实现农村土地适度规模经营应以农户之间自主自由流转土地为主。刘同山、孔祥智（2013）在实地调查的基础上，依据农户放弃土地承包经营权的程度，将适度规模经营的实现形式分为土地租赁型、农户合作型和统一服务型，通过对三种规模经营途径对比分析，发现无论是在提高农民收益、保障粮食安全方面，还是在防止农民失地成为城市流民方面，以"土地托管"为代表的统一服务型规模经营都是较优的路径选择。蒋和平、蒋辉（2014）探讨了东部发达地区、西部地区、中部粮食主产区的种植、养殖的适度规模经营情况，概括总结出政府扶持型、龙头企业带动型、农民专业合作组织推动型、"企业＋农户"合作型等典型的农业适度规模经营实现方式。

有学者注意到实现农地适度规模经营的阶段性。王志刚等（2011）从理论和现实的角度分析了中国水稻生产环节外包的本质和现状，基于全国8省24个县（市、区）2381户不同规模稻农的调查数据与实证模型分析结果，认为从劳动力密集型生产环节外包到技术密集型生产环节外包再到全生产环节外包是推进中国农业规模经营的路径之一。廖西元等（2011）提出了中国特色的农地规模经营之路：经历从生产环节流转规模经营到经营权流转规模经营，再到承包权流转的家庭农场规模经营三个阶段，实现规模经营从低级形式向高级形式发展，同时中国社会发展的地域性差异将使多种规模经营形式长期存在。郑文凯、胡建锋（2006）认为实现农地适度规模经营主要有土地集中式、合作服务式两种途径，其中，前者的规模经营只能在具备条件的地方逐步实现，不可能在广大农村普遍推行；后者规模经营在我国广大农村具有普遍意义，具有较强的适应性，是在坚持家庭承包经营基础上实现我国农地适度规模经营乃至农业现代化的重要途径。

学者们针对推进农地适度规模经营的配套改革措施进行了广泛而深入的探讨。钟涨宝、聂建亮（2010）认为农地适度规模经营需要通过国家政策、农村社会习俗、土地状况以及农民意愿等多方面的互动来实践。刘洪彬等（2014）认为推进农地适度规模经营要依靠增加农业收益、差别化引导、充分发挥典型示范作用等多种途径推进，需要多样化的资金渠道扶持、创新性的用地政策和严格的用地监督与管理机制保障，更需要完善在劳动力转移、土地流转和宅基地闲置等相关方面的配套改革措施。韩啸（2015）提出为有效地推动土地流转，逐步形成合理的农地经营规模，应在调整土地政策，进一步完善土地流转保障机制，实现农村土地流转市场健康发育；加快农村劳动力合理分流，促进农村土地流转；

降低农业生产成本，稳定粮食价格方面加强建设。蒋辉等（2014）认为推进土地适度规模经营须在土地流转机制、农业生产经营的组织基础、农业金融、农业政策性保险、农业社会化服务体系、农村社会保障、新型农业经营主体和经营体系等方面强化制度创新力度。

三、研究动态评述

国内外学者围绕农地适度规模经营开展了大量理论和实证研究，取得了许多卓有成效的研究成果。本书通过梳理和总结国内外农地适度规模经营的已有研究发现，农地适度规模经营具有一般规模经营的共性，又由于农地利用的特殊性，呈现出独有的特点。对农地规模经营效率、农地适度规模经营的实现机制的研究是国内外学者们共同关注的方向。

国外对农地规模经营相关研究起步较早，形成了较为完善的研究体系。农地规模经营效率上，国外相关主题研究结果呈现出从"农地经营规模与生产效率间负相关"到"农地经营规模与生产效率间正相关"，再到"农地经营规模与生产效率之间呈倒'U'型关系"的演变；判断依据从以全要素生产率、单位农地农业产值或农业净收入为主的单一衡量标准，向包含土地细碎化、土地肥沃因素、雇工监督和激励成本、信贷市场条件、劳动力市场条件、农地经营者本身管理能力等的复杂衡量标准转变；研究方法以线性回归、作物产量方程、SFA 模型、C－D 生产函数和Translog 生产函数为主。国外学者围绕农地经营规模变化趋势对非洲、亚洲、拉丁美洲、东欧和中亚的大部分国家和地区进行了考察。在农地适度规模经营的实现机制上，对美国的现代化、专业化、综合性的大型农场经营，法国的集约化、机械化的中型农场经营，日本的小规模农户家庭经营的实现基础、发展历程，以及政府在推行农地适度规模经营中采取的具体措施进行了分析，结果显示国家农地适度规模经营的实现路径与其自身耕地资源禀赋以及劳动力市场情况紧密相关，土地制度与政策、新型职业农民培育、政府补贴、农产品价格政策是实现农地适度规模经营的机制保障。

与国外相比，国内对农地适度规模经营的相关研究起步较晚，但发展较快，成果丰硕。国内学界主要从资源配置、生产效率等角度考察农地规模经营效率，肯定了土地经营规模适度扩大对提高农业生产效率的正面效应。围绕农地适度规模经营内涵的理论分析日益丰富，从初期的"地尽其力"到"实现土地、资本、劳动力等要素结构的优化配置"，再到"受资源禀赋、生产力水平、经营主体与经营环境等多种因素影响的综合体"。基于农户微观视角与宏观视角，国内学者围绕农地适度规模经营的影响因素展开了大量的研究，研究方法从初期的定性分析发展到运用数理计量分析模型的定量分析。基于农民收入水平视角、经济效益最大化视角、资源禀赋视角、机会成本视角，国内学者对农地适度规模经营的"度"进行了广泛而深入的理论探讨，同时对中国不同地区农地适度规模经营的"度"进行了定量测算，结果表明不同目标导向、不同地区、不同种植类型、不同计量分析方法测算得出的农地适度规模经营的"度"不同。综上所述，国内对相关主题的研究大多是针对农地适度规模经营的某单一方向展开的，对农地适度规模经营系统性、全局性的研究并不多见。

鉴于此，本书以黑龙江省农地适度规模经营为研究对象，利用样本调查数据和典型案例资料，深入考察农地规模经营主体的生成、运行与演化的一般规律，并回答"目前生产力水平条件下，黑龙江省农地适度规模经营的'度'是多少？如何实现？"以期为相关政府部门和机构提供参考与决策依据。

第四节 研究思路与研究方法

一、研究思路

本书坚持理论分析与实证研究相结合的原则，遵循"现实考察→一般规律揭示→模型设计→测算（检验）→机制构建"，研究思路如图1-1所示。

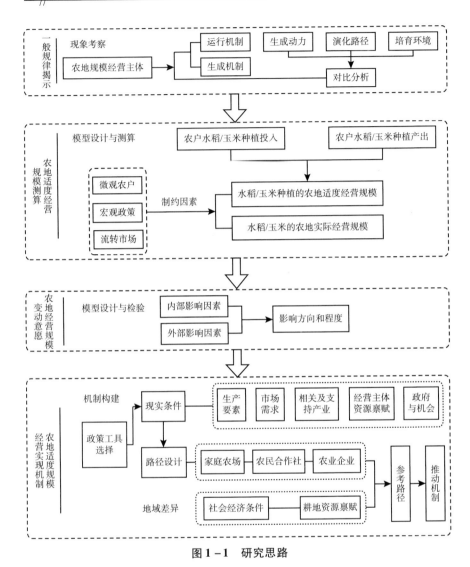

图 1-1 研究思路

二、技术路线

技术路线是解决科学问题的指导性框架，本书的技术路线如图 1-2 所示。

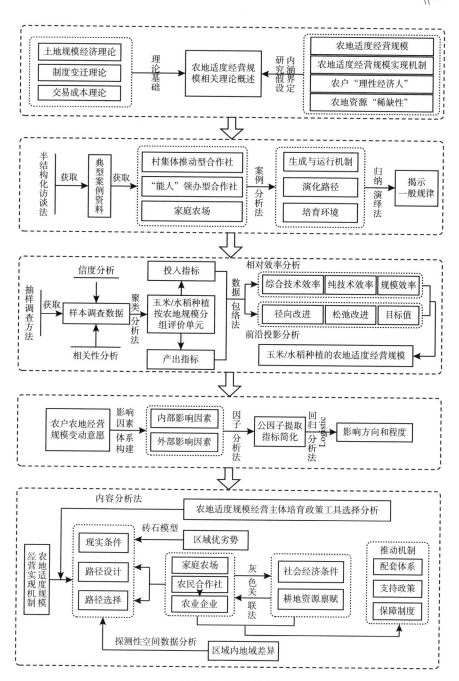

图 1 - 2 技术路线

三、研究方法

本书以国内外已有研究成果和田野调查为基础，采用理论与实证研究相结合的分析方法、定性与定量相结合的分析工具，围绕黑龙江省农地适度规模经营展开较为系统、深入的探索。

（一）归纳演绎法

归纳和演绎是现代科学研究中常用的逻辑思维方法。从个别到一般，再从一般到个别，这是发现和研究科学问题的基本要求，归纳和演绎法相辅相成。本书应用演绎方法形成研究的理论基础，将新制度经济学、土地经济学、数量经济学的相关方法运用到农地适度规模经营研究中，是从一般到个别的过程；应用归纳法通过分析农地规模化经营典型案例探究黑龙江省农地规模经营主体的生成与运行机理，是从个别到一般的过程。

（二）田野调查法

田野调查是本书的前提和基础，以普通农户、农地规模经营主体、村干部和农业管理人员为调研对象，由于需要了解样本农户不同玉米、水稻种植规模的投入产出情况、样本农户土地经营与调整状况等方面的详细数据资料、农地规模经营主体的培育环境，因此开展了田野调查，调研主要是通过课题组成员与被调研对象面对面访谈的方式进行，获取了第一手的样本调查数据和典型案例资料。

（三）案例分析法

个案研究比较适宜于现象比较复杂、有关理论又不十分完善的场合。本书以制度变迁理论、交易成本理论、博弈论为理论基础，分析典型的农地规模经营主体生成与运行机理，并对各类农地规模经营主体的生成动力、利益分配演化路径和培育环境进行对比分析。

（四）计量模型分析法

本书主要运用以下统计与计量方法：一是运用 DEA 方法测算农户玉米、水稻不同种植规模的相对效率，结合生产前沿投影分析，确定玉米、水稻种植的农地适度经营规模；二是综合运用因子分析法和 Logistic 回归分析法分析农户农地经营规模决策意愿影响因素；三是采用探测性空间数据分析法和灰色关联分析法分析区域内社会经济条件、耕地资源禀赋的空间分布格局和空间异质性，提取研究单元农地适度规模经营的相对优势度。

第五节　研究的创新点

一、研究视角创新

本书基于制度变迁理论、交易成本理论、博弈论等相关理论分析农地规模经营主体生成与组织运行机理，在此基础上，将产权理论中对剩余索取权的思考引入到村集体领办型合作社、"精英"领办型合作社的利益分配演化路径分析框架中，以内部不同行为主体对合作社剩余索取权的拥有与控制程度的演变过程，揭示农地规模经营主体利益分配演化一般规律。

二、研究内容创新

本书将各农地适度规模经营实现路径对实现条件的要求抽象为社会经济条件、耕地资源禀赋和经营主体资源禀赋 3 个维度，弥补了以往研究的不足；创新性地考虑了 3 种路径的实现条件对社会经济条件、农地的资源禀赋和经营主体资源禀赋要求上的层次性，并以"环境适应性"

进行概括表现，更科学地确定了县域单元实现农地适度规模经营的参考路径。

三、研究方法创新

本书运用数据包络分析方法测算农户不同农地经营规模的相对效率，结合生产前沿投影分析，以确定玉米、水稻种植的农地适度经营规模，同时，对无效率的农地经营规模进行比例改进、径向改进分析，以探讨非有效农地经营规模的投入、产出的调整方向与调整空间。本书运用灰色关联法，将县域单元与各类农地适度规模经营实现路径相匹配，定量研究农地适度规模经营参考路径。

第二章

核心概念与理论基础

第一节　核心概念

一、农地适度经营规模

本书中的农地是指种植玉米、水稻等大田作物的耕地，农地适度规模经营的"度"（即农地适度经营规模）是指以农户经济效益、农地资源合理利用为目标，在当前生产力水平条件下，农地经营主体通过适当扩大农地经营规模，实现可支配的农地、劳动、资金、技术装备等各类生产要素的最佳配置，其核心是实现各种生产要素的协同效应，以发挥各自最大的生产潜力。正确把握农地适度经营规模内涵需注意以下两点：第一，农地适度经营规模是"规模"和"质量"的统一。农地经营处于这样一种状态，任何一项投入的数量都无法减少，除非减少产出的数量或增加另外一种投入的数量；任何一项产出的数量都无法增加，除非增加投入的数量或减少另外一种产出的数量，即生产处于帕累托（Pareto）最优状态。第二，农地适度经营规模是一个动态概念。农地适度经营规模在当前自然、社会、经济和技术水平条件下由各种相关条件共同决定，在不同地区、不同社会经济发展阶段，农地适度经营规模都是不同的。

二、农地适度规模经营实现机制

事物变化、运动的原因在于事物的相互作用、相互联系。马克思主义社会科学证明，不但人类社会本身的各种事物、现象之间是相互依赖、相互联系的，人类社会和自然界之间也是相互制约、相互作用的。据科学实践提供的材料，事物的运动、变化和发展，正是由事物内部多方面的相互联系、相互作用以及事物与其周围许多事物的相互联系、相互作用所引起的。通常可以认为事物之间具有两种相互关系、相互作用，一种是内部关系、内部因素相互作用，另一种则是外部联系和外部因素作用，"机制"就属于事物的内部关系和内部相互作用（张坤，2013）。"机制"一词最早源于希腊文，原指机器的构造和工作原理。对机制的本义可以从以下两方面来解读：一是机器由哪些部分组成和为什么由这些部分组成；二是机器是怎样工作和为什么要这样工作。把机制的本意引申到不同领域，就产生了不同的机制，如生物机制、社会机制、治理机制、实现机制、运行机制等。

根据机制的含义，可以将本书中的实现机制定义为推动区域农业或农户的某些目标和某些行为的因素，以及区域农业或农户某些目标和某些行为实现的原理。农地适度规模经营的影响因素是众多而又复杂的，这就需要建立相应的机制通过协调和整合这些影响因素，共同推动一定区域内的农地适度规模经营。综上所述，本书中的农地适度规模经营实现机制是在掌握区域内整体农地适度规模经营现实条件的基础上，设计农地适度规模经营的实现路径，将各地域的社会经济条件、耕地资源禀赋与实现路径进行有效衔接，以确定各地域农地适度规模经营的参考路径，进而构建相应的配套体系、政策支持与制度保障以实现区域内农地适度规模经营。

第二节 理 论 基 础

一、土地规模经济理论

（一）土地规模经济理论的历史沿革

土地规模经济理论的相关研究可以追溯到西方古典经济学派。著名经济学家威廉·配第（William，1978）于17世纪在《政治算术》中提出了"报酬递减"的粗略模型，"假设英格兰只居住一个人的话，那么，全部土地的收益不过能供应这一个人的生活。但是，假设添加一个人的话，全部土地的地租即自然的恩惠就增加一倍；加入增加两个人的话，恩惠也就增加两倍。这种递增一直进行到这个地方的人口增加到土地所能养活的最大限度为止"。

亚当·斯密（Adam，2008）在《国民财富的性质和原因的研究》中对规模经济做了古典解释，他指出："分工的出现带来了劳动生产力的不断提高和人们在运用劳动时表现出的熟练、技巧和判断力"，并以制针场为例，从劳动分工与专业化的角度论证了分工有助于提高每个工人的熟练程度和劳动技巧，从而节约了由于变换工作而浪费的时间，进而提高了劳动生产，提出规模收益和分工可以提高劳动生产率。

亚当·斯密之后，马歇尔（Marshall，2007）较为系统地分析了规模经济问题，在其著作《经济学原理》中指出，规模经济的数学表达式是一个凸的齐次生产函数，单位产品的成本曲线呈"U"型，因此，企业生产规模并不是越大越好，而是存在一个最优点或一个区间，也就是单位产品的平均成本最小的点或者区间。他还论述了规模经济形成的两种途径依赖于个别企业对资源的充分利用、组织和经营效率的提高而形成的"内部规模经济"，依赖于多个企业之间因合理的分工与联合、合理的地区布局等所形成的"外部规模经济",并指出随着规模的不断扩大,规模报酬会依次经历递增、不变和递减三个阶段,而规模的不断扩大,最后又会导致市场的垄断,这样就出现了规模经济与市场垄断的矛盾,即著名的"马歇尔困境"。

马克思(2004)在《资本论》中提出大规模的生产与合作是人类社会生产力不断发展的前提,他充分肯定了规模经济发展必然性和带来的好处。在他看来,大规模生产是提高劳动生产率的有效途径,是近代工业发展的必由之路。在此基础上,"才能组织劳动的分工和结合,才能使生产资料由于大规模积聚而得到节约,才能产生那些按其物质属性来说适于共同使用的劳动资料,才能使巨大的自然力为生产服务,才能使生产过程变为科学在工艺上的应用"。马克思指出,通过扩大生产规模,可以实现产、供、销的联合和资本的扩张,从而降低生产成本。

新古典经济学派则从生产的边际收益和边际成本的角度,用边际分析方法,得出企业只有在边际收益等于边际成本时,企业规模达到最佳。这些不同的研究视角和研究方法为后来的人们更好地认识规模经济提供了更加广阔的视野和丰富的分析工具。最早对土地报酬递减规律进行较为详细论述的是18世纪法国重农学派的代表人物杜尔哥(Turgot,2007),他从投资和劳动等要素的增减变化,阐明并讨论了要素最佳投入量的选择问题,对"土地报酬递减律"的论述实际上已经运用了边际分析方法,并运用了生产函数的概念。

(二) 土地报酬递减规律

经济学中的边际报酬递减规律为分析农地规模经营中的土地、劳动、资本等生产要素的报酬问题提供了理论基础。西方经济学家认为,短期生产函数一般都遵循边际报酬递减规律,即在技术水平和其他生产要素的投入固定不变的情况下,连续地投入某一种生产要素到一定数量之后,总产量的增量即边际产量将会出现递减现象(刘辉煌,2004)。

对"土地报酬递减规律"的认识和实践起源于农业领域。法国重农学派代表人物杜尔哥提出:"撒在一块天然肥沃的土地上的种子,如果没作任何土地的准备工作，这将是一种几乎完全损失的投资。如果只添加一个劳动力，产品产量就会提高；第二个、第三个劳动力不是简单地使产品增加一倍或两倍，而是增加五倍或九倍，这样，产品产量增加的比例会大于投入增加的比例，知道产量增加与投资增加的比例达到它所能达到的最大限度为止……超过这一点，如果我们继续增加投资，产品产能也会增加，但增加得较少，而且总是越来越少，直到土地的肥力被耗尽、耕作技术也不会使土地能力提高，投资的增加就不会使产品产量有任何提高了（毕宝德，2011）。"

遵循土地报酬递减规律，选择各类土地投入的最佳点，需要对土地报酬的变化进行定量分析。农地规模经营的生产函数为：

$$Y = f(X_1, X_2, X_3, \cdots, X_n) = f(X_i)(i = 1, 2, 3, \cdots, n)$$

式中 Y 表示产量；f 表示生产函数；X_i 表示投入的资本、劳动力等要素。

为了分析各生产要素的最佳投入量，需其他生产要素固定在某一个水平上，只分析其中一种生产要素与总产出的关系。新的生产函数为：

$$Y = \Phi(X_i)$$

式中 Y 表示总产量；Φ 表示生产函数；X_i 表示投入的资本、劳动力等要素。

通过该函数可以求解生产要素 X_i 的平均产量（Y_{APP}）和边际产量（Y_{MPP}），以及生产弹性（EPP）。

$$Y_{APP} = \frac{Y}{X}$$

$$Y_{MPP} = \frac{\Delta Y}{\Delta X} 或 Y_{MPP} = \frac{dy}{dx}（当 \Phi 函数是连续函数）$$

ΔX 表示变动生产要素的增加量（$\Delta X = X_i - X_{i-1}$，i = 1，2，…，n），ΔY 表示在相应情况下总产量的增加量（$\Delta Y = Y_i - Y_{i-1}$，i = 1，2，3，…，n），Y_{MPP} 表示每增加一单位某种生产要素所增加的总产量。

生产弹性（EPP）表示报酬变化的强弱和方向，可表示为：

$$生产弹性（EPP）= \frac{Y_{MPP}}{Y_{APP}} = \frac{\Delta Y}{\Delta X} \cdot \frac{x}{y} \quad 或$$

$$生产弹性 (EPP) = \frac{Y_{MPP}}{Y_{APP}} = \frac{dy}{yx} \cdot \frac{x}{y}$$

总产量（Y_{TPP}）、平均产量（Y_{APP}）和边际产量（Y_{MPP}）的变化趋势如图 2-1 所示。

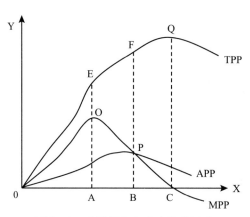

图 2-1　土地投入与产出阶段示意

资料来源：毕宝德：《土地经济学（第六版）》，中国人民大学出版社 2011 年版。

第一阶段：当生产要素 X_i 的投入量在零至 A 点的区间内，边际产量（Y_{MPP}）递增，直至达到最高点 O，总产量（Y_{TPP}）也递增，达到该曲线的拐点 E，且两条曲线均是向下凹的；平均产量（Y_{APP}）平缓递增，但尚未达到最高点。数学表达式为：

$$当 0 < X \leqslant A \text{ 时}, \frac{dy}{dx} > 0 \text{ 且 } \frac{d^2 y}{dx^2} \geqslant 0$$

当 $0 < X \leqslant A$ 时，总产量（Y_{TPP}）和平均产量（Y_{APP}）均未达到最高点，因此任何一项生产活动均不会停留在该阶段。

第二阶段：当生产要素 X_i 的投入量在 A 点至 B 点区间内，边际产量（Y_{MPP}）递减，其曲线均是向下凹，并向下延伸；总产量（Y_{TPP}）以递减的速度增加，其曲线均是向下凹，但仍并向上延伸。当 X = B 时，平均产量（Y_{APP}）达到最高点，并与边际产量曲线相交。

第三阶段：当生产要素 X_i 的投入量在 B 点至 C 点区间内，平均产量（Y_{APP}）开始递减，但其数值高于边际产量（Y_{MPP}），即 $Y_{APP} > Y_{MPP}$。当 X = C 时，边际产量（Y_{MPP}）下降至零，总产量（Y_{TPP}）达到最高。用数学表达式为：

$$当 B < X < C 时，\frac{dy}{dx} > 0 \text{ 且} \frac{d^2y}{dx^2} \geqslant 0$$

$$当 X = C 时，\frac{dy}{dx} > 0 \text{ 且 } Y_{max} = \Phi(C)$$

倘若不考虑价格因素，仅考虑产出，那么 C 点即是最优点投入点，此时总产量最高。

（三）土地规模报酬

经济学中，所有生产要素以相同的比例同时增加或减少，才是严格意义上的规模变化，这称为"纯粹规模"的变动。由"纯粹规模"变动而引起的企业经济效益的变化，称为规模报酬。现实中，"纯粹规模"变动是很少见的，规模的变动除了各生产要素规模的扩大之外，各生产要素之间的比例关系也会发生变化。土地报酬递减规律主要用来分析假定其他生产要素投入量不变的情况下，土地投入量对产出的变化规律。土地规模报酬则是分析所有投入要素均变动情况下的投入产出关系。

土地规模报酬变化可以分为土地规模报酬递增、规模报酬不变和规模报酬递减三个阶段，规模报酬递增是指各生产要素同比例增加带来产量更大比例的增加；规模报酬不变是指各生产要素同比例增加带来产量等比例的增加；规模报酬递减是指各生产要素同比例增加带来产量较小比例的增加（胡柳，2010）（见图 2-2），A 至 B 阶段属于土地规模报酬递增阶段；B 至 C 阶段属于土地规模报酬不变阶段；C 至 D 阶段属于土地规模报酬递减阶段。这里考察土地规模的扩大与规模报酬之间的相互变化关系。土地规模利用应尽可能地使土地利用处于规模报酬递增的阶段，至少也应该是处于规模报酬不变的阶段，而不是处于规模报酬递减的阶段。在这种情况下，土地规模的扩大所获得的经济利益，就是土地规模经济（毕宝德，2011）。

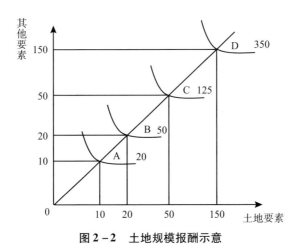

图 2 - 2　土地规模报酬示意

资料来源：胡柳：《农户耕地经营规模及其绩效研究——以湖北省为例》，华中农业大学 2010 年硕士学位论文。

（四）土地规模经济

土地规模经济的理论基础是土地报酬递减规律和要素的不可分性（何宏莲，2012）。所有的资源投入在长期中都是可变的，而所有资源投入发生变动就是土地经营规模变动，产生的收益就是规模经济或不经济。经营规模经济或不经济可以用长期平均成本曲线（LAC）的变化趋势说明（见图 2 - 3）：AM 阶段，LAC 曲线向右下方倾斜，说明平均成本随土地经营规模的扩大而下降，属于规模经济阶段；MB 阶段，LAC 曲线向右上方倾斜，说明平均成本随土地经营规模的扩大而上升，属于规模不经济阶段，因此，当土地经营规模小于 OM′时，土地经营主体应当通过扩大土地经营规模来提高收益水平；当土地经营规模大于 OM′时，土地经营主体则应当缩小土地经营规模才能提高收益水平，通常将平均成本最低点 M 相对应的经营规模 OM′称为最佳土地经营规模或者适度经营规模（毕宝德，2011）。

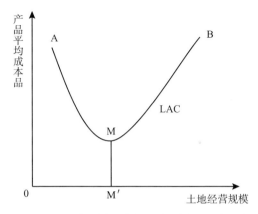

图 2 - 3　土地规模经济与土地规模不经济示意

资料来源：毕宝德：《土地经济学（第六版）》，中国人民大学出版社 2011 年版。

二、制度变迁理论

制度是影响人们经济生活的权利和义务的集合，这些权利和义务有些是无条件的，不依靠任何契约，可能是不可剥夺的；有些是通过建立契约自动获得的（Matthews，1986）。新制度经济学创始人道格拉斯·诺斯（Douglass，2014）指出制度是一个社会规则，构造了人们在社会或经济领域里交换的激励，制度变迁决定了人们历史中的社会演化方式。制度变迁是一个新旧制度的替代、转换不断演进的过程，必要条件是原有的制度均衡被打破，制度非均衡产生。制度安排下存在无法获取的潜在的外部性收益，例如规模经营、风险的降低和转移、外部经济内部化、交易费用的降低和转移等带来的收益，行为决策主体会被诱致进行制度创新以获取潜在的外部性收益（Davis and North，1970）。

制度变迁的动因。道格拉斯（2014）从经济史角度揭示制度变迁规律，发现了制度对经济增长的重要作用，并通过大量案例的研究，总结出制度变迁的一般性原则和过程：制度变迁的成本与收益之比，是促进或者推动制度变迁的关键因素，只有在预期收益大于预期成本的情况下，行为主体才会去推动直到最终实现制度变迁。拉坦（Ruttan，

1994）认为制度变迁是由于存在更为有效的制度绩效能促使经济增长，从而引起了对于新制度的需求。

制度变迁的主体。制度变迁的参与主体包括初级行动、次级行动团体，两者在制度变迁中分别承担着重要作用。初级行动集团是制度变迁的推动者，其决策能够决定制度创新进程，这是由于它们可以意识到潜在的外部性收益，采取改变制度安排的行动，获取外部性收益。次级行动集团是制度变迁的实施者，它们负责做出能够帮助初级行动团体获取外部性收益的策略决定。国家是制度变迁的重要主体，在中国建国后的农村土地制度变迁中，国家推行的强制性制度变迁占据重要地位，即使家庭联产承包责任制是诱致性制度变迁，也只有在国家政策的推动下，才能够在全国推广。

制度变迁途径与模式。制度变迁可依据变迁主体的差异分为诱致性制度变迁和强制性制度变迁。诱致性制度变迁的发生需要存在原有制度安排下无法获取的潜在性收益。诱致性制度变迁一般是在行为主体认可后逐步推进的，具有温和性和渐进性的特点。我国农村土地入股合作社的最初发生，是农民为了获得潜在性外部收益的自发性行为，具有诱致性制度变迁的典型特征。道格拉斯（2014）最早提出制度变迁的模式，制度安排从纯粹自愿的形式到完全政府控制和经营的形式都有可能，在这两个极端之间存在着广泛的半自愿半政府结构，并指出了二者之间的差别在于这种制度安排是否有选择权和退出权；同时指出，有两种力量形塑了制度变迁的路径：报酬递增，以及以明显的交易费用为其特征的不完全市场。

三、交易成本理论

交易成本存在的原因与分类。一般认为是罗纳德·科斯（Ronald，1960）最早提出交易是有成本的，并在其1937年的论文《企业的性质》中将交易成本引入经济分析，揭示在市场存在的情况下企业形成及企业规模变动的原因。罗纳德（2014）指出，市场交易需要花费一定的成本和代价，也就是说存在着交易费用，"为了进行市场交易，有必要发现谁希望进行交易，有必要告诉人们交易的愿望和方式，以及通过讨价还价的谈判缔结契约，督促契约条款的严格履行等，这些工作常常是成本很高的，而任何一定比率的成本都足以使许多在无需成本的定价制度中可以进行的交易化为泡影"。罗纳德（2014）认为商品、服务，以及代理人的表现，均具有多种属性，且属性层次的高低随样本或代理人的不同而不同，高昂的成本使得对这些层次的衡量不可能是全面的或完全精确的，辨别每一交换单位的各种属性之层次高低所需的信息成本，是这种意义上的交易费用的根源，并将交易成本分为衡量交换物之价值的成本、保护权利的成本，以及监管与实施契约的成本。奥利弗、西德尼（Oliver and Sidney, 2007）认为交易成本取决于受到限制的理性思考、机会主义和资产专用性三个因素，将交易成本定义为经济系统运转所需要的代价和费用，并将交易成本分为"事前"和"事后"交易成本。

交易信息的非对称性。交易中存在一方比另一方掌握更多有价值的信息，处于信息优势度的一方可能通过隐藏这些信息而获得额外的收益。著名的"柠檬市场"模型就建立在这一假定的基础上。阿克尔洛夫（Akerlof, 1970）于1970年在其经典论文《柠檬市场：质量的不确定性和市场机制》中，分析了产品质量与不确定性的关系及其对市场交易效率的影响，即"柠檬市场"，并指出买方一般情况下无法获取到商品的具体质量信息，往往采用市场的平均统计值作为对商品的基本认识，依据效用最大化原则，卖方被激励提供低质量的商品以实现收益最大化，最终导致交易商品质量和市场规模均退化的结果。有学者对柠檬市场模型进行了扩展，提出如若考虑买主的消费偏好及质量分布不均匀，会出现多重瓦尔拉斯均衡，多重瓦尔拉斯均衡中存在帕累托排序，其中，高价格均衡结果排序在低价格均衡结果前，这是由于价格上涨引起的商品平均质量水平的提高可以弥补卖方的效用损失（Wilson, 1979）。基姆（Kim, 2012）提出，在分散的逆向选择市场环境下，通过内生分割的方式可以提高社会福利以解决买卖双方信息不对称引发的交易效率低下问题，内生分割是指将高质量产品的卖家从低质量产品的卖家中分离出来，目的是吸引更多的买家。卡普兰（Kaplan，2007）以"柠檬"市场理论为依据分析审计报告市场，发现该市场符合阿克洛夫模型，认为适当反补贴可以有效地降低"道德风险"行为，SOA 监管改革应采取措施抵消一些"柠檬"模型的必要条件以降低审计失败的概率。有学者基于阿克洛夫的逆向选择市场分析信息不对称对交易量的影响发现，当卖方占据信息优势地位时，会降低市场需求，但也会相应地改变市场供给，交易量的增加与减少取决于这些影响的相对大小（Levin，2001）。斯科特（Scott，2015）认为信息不对称理论解释了"柠檬"市场环境下高质量产品退出市场，低质量产品占据市场主导地位的原因，运用内容分析法和分层逻辑回归方法分析"柠檬"投诉问题，研究发现相对于标准化产品，功能性产品更可能发生"柠檬"投诉。理论上"柠檬"市场会导致市场失灵，非标准化复杂产品质量的发现会增加交易成本，因此电子市场仅能提供标准化产品，买卖双方的信息不对称为"柠檬"市场的形成创造了条件，可以针对高质量细分市场设计第三方质检以缓解"柠檬"问题（Lee and Yoo，2007）。

四、农户理性经济人假设理论

最早对"经济人"假定进行系统研究的是古典经济学创始人亚当·斯密（2008），他认为人的经济行为具有利己性，每个人在从事经济活动中都以追求自身利益最大化为动机和目的。在他看来，经济主体在追求自身安全和利益的同时，在"一只看不见的手"的引导下，无意而有效地促进了社会的公共利益。"经济人"假设包含以下基本内容：（1）"经济人"具有自利性，即追求自身利益是驱使人的经济行为的根本动机；（2）每个人参与经济活动的目的在于寻求个人利益最大化；（3）在良好的市场秩序下，个人追求自身利益最大化的自由行动会在"一只看不见的手"的引导下无意而有效地增进社会公共利益（梁洪学，2003）。

　　对"经济人"假定进行开拓性的突破与发展的是赫伯特·西蒙，赫伯特（Herbert，1989）认为，在复杂多变的社会经济活动中，经济主体要实现最大化原则的前提条件难以满足：（1）理性"经济人"在决策前，拥有全部的替代方案可供选择；（2）理性"经济人"对每个方案所产生的结果都是明确的，这些结果能够按优先次序给以排列；（3）理性"经济人"在决策开始时已经有了一个明确的效用函数，也就是说，追求"最大化"的"经济人"应具有完好的理性，而"理性意味着对每个抉择的确切后果都有完完全全的和无法获知的了解。因此，人的选择或经济行为不可能是完全理性的，人的理性会受到每一备选方案所导致的后果的不确定性、不完全了解备选方案，以及必要计算无法进行的复杂性的限制（Herbert，1989）。此外，赫伯特（1989）提出"有限理性"观点，认为现实生活中作为决策者的人是介于完全理性与非理性之间的"有限理性"人。

　　西方农户理性假说理论以西奥多·舒尔茨（Theodore，1999）的理性农民理论最具有代表性。他对农户"理性经济人"假说做了精辟论述，在代表作《改造传统农业》中提出：在一个具有竞争性的市场经济中，传统农业中的农户与资本主义中的企业主一样是理性的，他们会根据市场价格的变动做出迅速而正确的反应，根据市场需求和市场机会积极利用各种资源要素，经过努力使生产要素的配置达到效率的最优化，生产要素的配置很少出现显著的无效率现象，传统的家庭农业是"有效率但贫穷"的。从事传统农业生产的农户在考虑成本、利润、风险时，与资本主义企业主具备相同的"理性"，两者均是在考虑成本收益后做出理性选择，是理性经济人。

第三章

研究区概况与数据来源

第一节　研究区概况

黑龙江省位于中国东北部，是中国位置最北、纬度最高的省份。地理位置为43°26′~53°33′N，121°11~135°05′E，东西跨14个经度，南北跨10个纬度；北、东部与俄罗斯隔江相望，西部与内蒙古自治区相邻，南部与吉林省接壤；黑龙江省共辖12个地级市、1个地区行署；有67个县（市），其中，县级市为21个；有891个乡镇，其中，乡为345个、镇为546个（截至2019年8月）①。

黑龙江省是土地资源大省，全省土地总面积为47.07万平方公里（含加格达奇区和松岭区，两区面积共1.82万平方公里），占全国土地总面积的4.9%，居全国第六位；全省农用地面积4141.32万公顷，建设用地面积165.08万公顷，未利用地面积400.52万公顷②。黑龙江省属温带大陆性季风气候，60%~70%的年降水量集中在农作物生长期，太阳辐射资源丰富，雨热条件可满足一熟制农作物需要；境内山地、丘

---

① 资料来源：黑龙江省人民政府：www.hlj.gov.cn，2020年5月13日。
② 资料来源：黑龙江省自然资源厅：www.zrzyt.hlj.gov.cn，2019年11月11日。

陵和平原相间分布，海拔高度为 50 米 ~ 250 米，有利于农业生产用地的集中经营和专业化利用（倪超等，2015）。

一、自然状况

（一）地形地貌①

黑龙江省地貌特征为"五山一水一草三分田"。地势大致是西北、北部和东南部高，东北、西南部低，主要由山地、台地、平原和水面构成。西北部为东北—西南走向的大兴安岭山地，北部为西北—东南走向的小兴安岭山地，东南部为东北—西南走向的张广才岭、老爷岭、完达山脉。兴安山地与东部山地的山前为台地，东北部为三江平原（包括兴凯湖平原），西部是松嫩平原。黑龙江省山地海拔高度大多在 300 米 ~ 1000 米，面积约占全省总面积的 58%；台地海拔高度在 200 米 ~ 350 米，面积约占全省总面积的 14%；平原海拔高度在 50 米 ~ 200 米，面积约占全省总面积的 28%。

（二）气候②

黑龙江省属于寒温带与温带大陆性季风气候。全省从南向北，依温度指标可分为中温带和寒温带。从东向西，依干燥度指标可分为湿润区、半湿润区和半干旱区。全省气候的主要特征是春季低温干旱，夏季温热多雨，秋季易涝早霜，冬季寒冷漫长，无霜期短，气候地域性差异大。黑龙江省的降水表现出明显的季风性特征。夏季受东南季风的影响，降水充沛，冬季在干冷西北风控制下，干燥少雨。

---

① 资料来源：黑龙江省人民政府：www. hlj. gov. cn/34/50/521/index. html。
② 资料来源：黑龙江省人民政府：www. hlj. gov. cn/34/50/522/index. html。

（三）水资源①

黑龙江省年平均水资源量 810 亿立方米，其中地表水资源 686 亿立方米，地下水资源 124 亿立方米。黑龙江省内江河湖泊众多，全省现有流域面积 50 平方公里及以上河流 2881 条，总长度为 9.21 万公里。全省共有黑龙江、松花江、乌苏里江和绥芬河四大水系，其中黑龙江和乌苏里江是中国与俄罗斯的界河。全省现有常年水面面积 1 平方公里及以上湖泊 253 个，其中包含淡水湖 241 个、咸水湖 12 个，较大的有兴凯湖、镜泊湖、连环湖和五大连池等湖泊，水面总面积 3037 平方公里（不含跨国界湖泊境外面积）。

（四）耕地资源②

表 3-1、表 3-2 分别表示全省农用地自然质量等别各市（地）面积、农用地自然质量等别地类面积。黑龙江省耕地面积为 1584.4 万公顷，占总面积的 35%，人均耕地面积 0.416 公顷，高于全国人均耕地水平。全省耕地资源按地区划分，松嫩平原地区耕地 6665.2 万公顷，占全省耕地的 41.7%；三江平原地区耕地 516.2 万公顷，占全省耕地的 32.4%；张广才岭、老爷岭地区耕地 132.2 万公顷，占全省耕地的 8.3%；小兴安岭地区耕地 266.3 万公顷，占全省耕地的 16.7%；大兴安岭地区耕地 14.5 万公顷，占全省耕地的 0.9%。全省耕地按坡度划分，2 度以下耕地 1221.4 万公顷，占全省耕地的 76.6%；2~6 度耕地 290.4 万公顷，占全省耕地的 18.2%；6~15 度耕地 77.7 万公顷，占全省耕地的 4.9%；15 度以上耕地 4.9 万公顷，占全省耕地的 0.3%。

---

① 资料来源：黑龙江省人民政府：www. hlj. gov. cn/34/52/531/index. html。
② 资料来源：《黑龙江省统计年鉴（2020）》；黑龙江省人民政府：www. hlj. gov. cn/34/52/527/index. html。

表 3 - 1　　黑龙江省农用地自然质量等别各市（地）面积统计

单位：公顷

市（地）	2等地	3等地	4等地	5等地	6等地	7等地	8等地	9等地	10等地	总计
哈尔滨市	—	—	—	93452.2	276417.6	344537.5	511367.8	475638.6	56353.3	1757767.0
齐齐哈尔市	—	—	5937.9	405837.7	1302911.4	382287.0	44222.2	—	—	2141196.2
牡丹江市	—	—	3232.9	305709.9	189570.3	70625.7	19891.2	2921.0	—	591951.0
佳木斯市	—	91443.6	31099.8	305133.5	272057.5	14453.4	—	—	—	714187.8
鸡西市	—	—	14818	104094.2	218109.7	60614.7	14524.4	—	—	412161.0
双鸭山市	—	49353.8	4874.1	107806.5	155221.4	22318.5	988.8	—	—	340563.1
鹤岗市	—	—	32900.7	107356.8	16571.4	1144.9	—	—	—	157973.8
七台河市	—	—	—	67840.2	64575.3	24407.0	2119.8	—	—	158942.3
大庆市	—	—	—	104816.2	278841.3	154092.4	74120.3	5963.8	—	617834.0
伊春市	—	63433.2	70627.1	1799.4	1670.6	—	—	—	—	137530.3
黑河市	—	708748.2	126195.3	47533.9	63658.4	730.1	—	—	—	946865.9
绥化市	—	—	9.7	57521.8	389655.8	523546.9	427356.8	94879.1	25077.7	1518047.8
大兴安岭地区	4625.7	63388.3	—	—	—	—	—	—	—	68014.0
农垦总局	275.3	598480.6	200843.7	943066.2	355569.9	118221.7	9971.9	1541.8	131.6	2228102.7
森工总局	—	4408.2	6361.3	55470.9	23737.5	7058.1	272.3	—	—	97308.3
总计	4901.0	1579255.9	496900.5	2707439.4	3608568.1	1724037.9	1104835.5	580944.3	81562.6	11888445.2

资料来源：中国耕地质量等级调研与评定（黑龙江卷），大地出版社 2010 年版。

表 3-2　黑龙江省农用地自然质量等别地类面积统计

单位：公顷

地类名称	2 等地	3 等地	4 等地	5 等地	6 等地	7 等地	8 等地	9 等地	10 等地	总计
旱地	3657.7	1210633.9	430714.9	2508044.4	3173041.6	1456084.7	1007065.6	457163.2	34267.0	10280673.0
水田	—	29458.2	63866.9	166182.0	323570.4	175095.8	83321.6	105430.1	43582.6	990507.6
水浇地	—	0.7	—	15.1	41177.9	49968.7	6835.7	—	—	97998.1
保护性菜地	—	221.4	289.3	1024.4	4870.4	3407.0	2834.7	—	—	12647.2
一般菜地	1243.3	9953.4	663.7	5907.8	12952.9	115515.0	1737.7	18351.0	3713.0	66037.8
规划中的宜农地	—	328988.3	1365.7	26265.7	52954.9	27966.7	3040.2	—	—	440581.5
总计	4901.0	1579255.9	496900.5	2707439.4	3608568.1	1724037.9	1104835.5	580944.3	81562.6	11888445.2

资料来源：中国耕地质量等级调研与评定（黑龙江卷），大地出版社 2010 年版。

二、社会经济状况

（一）人口与经济

2019 年，黑龙江省常住总人口为 3751.3 万人，其中，城镇人口为 2284.5 万人，占总人口的 60.9%，乡村人口 1466.8 万人，占总人口的 39.1%（见图 3 - 1）。截至 2019 年，黑龙江省城镇人口增长显著，从 2001 年的 1996.2 万人增长至 2019 年的 2284.5 万人，所占总人口比例从 2001 年的 52.40% 上升至 2019 年的 60.9%。

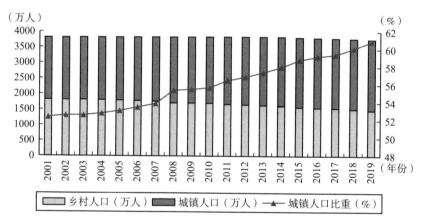

图 3 - 1 2001 ~ 2019 年研究区人口数量与人口结构

资料来源：《黑龙江省统计年鉴 2020》。

2019 年，黑龙江省地区生产总值（GDP）13612.7 亿元，按可比价格计算，比上年增长 4.2%。其中，第一产业增加值 3182.5 亿元，增长 2.4%；第二产业增加值 3615.2 亿元，增长 2.7%；第三产业增加值 6815.0 亿元，增长 5.9%（见图 3 - 2）。三次产业结构为 23.4 : 26.6 : 50.0。全省人均地区生产总值实现 36183 元，比上年增长 4.7%。2001 ~ 2019 年，黑龙江省产业结构调整明显，其中，第一产业占比从 2001 年

的 12.80% 上升至 2019 年的 23.4%；第二产业占比从 2001 年的 54.7%
下降至 2019 年的 26.6%；第三产业占比从 2001 年的 31.3% 上升至
2019 年的 50.0%。

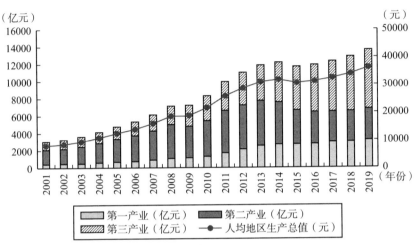

图 3 - 2 2001 ~ 2019 年研究区地区生产总值与人均地区生产总值

资料来源：《黑龙江省统计年鉴 2020》。

（二）农业生产情况

2019 年，黑龙江省粮食产量 7503.01 万吨，比 2018 年减少了
0.05%，连续 9 年位列全国第一，其中，水稻、小麦、玉米和大豆分别
为 2663.5 万吨、20.4 万吨、3939.8 万吨和 780.8 万吨。2001 ~ 2019
年，农用柴油使用量、农药使用量、农用化肥使用量、农作物总播种面
积呈上升趋势，农用柴油使用量从 2001 年的 81.6 万吨增长至 2019 年
的 137.4 万吨；农药使用量从 2001 年的 3.1 万吨增长到 2019 年的 6.42
万吨；农用化肥使用量从 2001 年的 123.2 万吨增长到 2019 年的 223.3
万吨；农作物总播种面积从 2001 年的 9989.19 千公顷增长到 2019 年的
14770.1 千公顷（见表 3 - 3）。

表 3 - 3　　　　　　　2001~2019 年黑龙江省历年农业生产情况

年份	农用柴油使用量（万吨）	农药使用量（万吨）	农用化肥使用量（万吨）	农作物总播种面积（千公顷）	粮食产量（万吨）
2001	81.56	3.10	123.24	9989.19	2651.70
2002	82.32	3.54	129.72	9858.35	2941.20
2003	85.40	3.66	125.70	9802.67	2512.30
2004	92.63	4.72	143.81	9888.40	3001.00
2005	99.66	4.75	150.92	10083.66	3092.00
2006	105.20	5.79	162.20	11678.34	3843.50
2007	104.63	8.17	175.20	12270.97	3880.98
2008	110.23	6.24	180.73	12389.77	4627.26
2009	118.64	6.68	198.87	12840.66	4788.87
2010	127.86	7.38	214.89	13347.65	5632.9
2011	133.64	7.80	228.44	13749.58	6212.57
2012	139.22	8.05	240.28	13929.68	6598.60
2013	140.33	8.40	244.96	14211.99	7055.11
2014	144.97	8.74	251.93	14497.68	7403.80
2015	145.02	8.29	255.31	14811.88	7615.78
2016	145.46	8.25	252.75	14829.46	7416.13
2017	146.82	8.32	251.20	14767.59	7410.34
2018	147.42	7.42	245.64	14673.33	7506.80
2019	137.4	6.43	223.27	14770.08	7503.01

资料来源：国家统计局：https：//data.stats.gov.cn/。

2019 年，黑龙江省粮食作物播种面积 14338.10 千公顷，其中稻谷、玉米和豆类的播种面积分别是 3812.55 千公顷、5874.63 千公顷、4419.07 千公顷，分别占粮食作物总播种面积的 26.59%、40.97%、30.82%（见表 3 - 4）。2001~2019 年，黑龙江省粮食作物播种面积表现出两方面变化，一是粮食作物播种总面积显著提高，从 2001 年的

8534.00 千公顷上升至 2019 年的 14338.10 千公顷；二是粮食作物播种结构调整明显，主要表现为玉米播种面积的增加和豆类播种面积的下降。其中，玉米播种面积占粮食作物播种面积比例从 2001 年的 24.99% 上升至 2019 年的 40.97%；稻谷播种面积占粮食作物播种面积比例从 2001 年的 18.36% 上升至 2019 年的 26.59%；豆类播种面积占粮食作物播种面积比例从 2001 年的 43.38% 下降至 2019 年的 30.82%。

表 3-4　　　　2001～2019 年黑龙江省历年粮食作物播种面积　　单位：千公顷

年份	稻谷播种面积	小麦播种面积	玉米播种面积	豆类播种面积	薯类播种面积
2001	1567.00	423.30	2132.70	3702.00	423.30
2002	1564.40	260.80	2285.60	3381.20	444.00
2003	1290.90	229.60	2053.80	3813.00	434.60
2004	1587.80	255.00	2179.50	3913.60	346.40
2005	1650.30	248.50	2220.20	4032.00	301.10
2006	1992.20	243.47	3305.13	4547.45	205.67
2007	2287.78	232.65	4055.40	4346.76	157.79
2008	2629.15	238.11	3849.37	4417.68	221.48
2009	2695.35	291.82	4361.63	4419.50	281.22
2010	3139.44	278.39	4756.16	3948.62	259.63
2011	3437.31	295.65	5179.71	3596.79	268.90
2012	3630.70	208.24	6100.52	2979.08	252.46
2013	3860.81	131.65	6571.19	2754.51	225.32
2014	3968.48	143.99	6707.81	2915.49	188.56
2015	3918.35	70.13	7361.15	2763.48	135.11
2016	3925.33	78.58	6528.42	3411.50	154.91
2017	3948.89	101.79	5862.81	3982.13	165.74
2018	3783.10	109.41	6317.82	3741.87	160.18
2019	3812.55	55.96	5874.63	4419.07	115.46

资料来源：国家统计局：https://data.stats.gov.cn/。

第二节 数 据 来 源

一、样本数据

为了较好地收集到本书所需的实证研究数据资料，田野调查时间选择在中国的传统节日春节前后开展，实施时间为 2015 年 1 ~ 3 月。调研对象为从事农业生产的农户，不包括林牧渔专业户。调查采用抽样调查方法，首先，按行政区划选绥化市、齐齐哈尔市、大庆市、鹤岗市、鸡西市、伊春市、哈尔滨市、牡丹江市、佳木斯市作为样本调查区域；然后，根据社会经济条件、地理区位条件与耕地资源特点，在每个样本调查区域内选择 1 ~ 4 个县（区）；最后，根据区域类型、农业经营、距离远近结合、社会经济水平高低搭配、调查乡镇与行政村的大小选取 20 个行政村，每个行政村随机选取 10 ~ 25 户农户进行问卷调查。

调查包括农户和行政村调查两部分，其中农户调查采取入户访谈方式进行，问卷由调研员本人提问并记录受访者回答，填写问卷 401 份，有效问卷 380 份，有效率为 94.76%；行政村调查采用访谈方式进行，访谈 20 个行政村，填写问卷 20 份，有效问卷 20 份，有效率为 100%（见表 3 - 5）。绥化市、齐齐哈尔市、大庆市、鹤岗市、鸡西市、伊春市、哈尔滨市、牡丹江市、佳木斯市 9 市级样本农户分别占样本总量的 10.79%、25.51%、9.74%、5.26%、5.26%、10.52%、9.21%、15.53%、8.16%；按照不同的区域类型，样本中丘陵、平原、山地类型的行政村分别为 5 个、14 个、1 个，丘陵、平原、山地地区的样本农户数量分别为 96 户、274 户和 10 户，分别占总样本的 25.26%、2.63% 和 72.11%。

表3-5　　　　　　　　　　　样本村概况

地级市	县（区）	乡镇	行政村	区域类型	农户数量	占样本比例（%）（保留两位小数）
绥化市	北林县	宝山乡	林场村	平原	20	5.26
	安达市	吉星岗镇	中星村	平原	21	5.53
	拜泉县	大众乡	勤俭村	平原	20	5.26
	—	—	利国村	平原	17	4.47
齐齐哈尔市	梅里斯县	达呼店镇	巨宝山村	平原	20	5.26
	克山县	西联乡	合兴村	平原	20	5.26
	铁峰区	扎龙乡	向阳村	平原	20	5.26
大庆市	肇源县	古龙镇	道宝村	平原	21	5.53
	—	古恰乡	仓粮村	平原	16	4.21
鹤岗市	绥滨县	绥滨镇	东升村	平原	20	5.26
鸡西市	密山市	白泡子乡	临湖村	丘陵	20	5.26
伊春市	新青区	—	—	丘陵	20	5.26
	铁力市	双丰镇	曙光村	平原	20	5.26
哈尔滨市	阿城区	新利乡	新农村	丘陵	19	5.00
	香坊区	成高子镇	东升村	丘陵	16	4.21
牡丹江市	海林市	海林镇	模范村	平原	19	5.00
	—	—	共和村	平原	19	5.00
	—	—	马北村	丘陵	21	5.53
佳木斯市	桦南县	土龙乡	新源村	山区	10	2.63
	富锦市	向阳川镇	仁和村	平原	21	5.53
合计	16	17	20	—	380	100.00

资料来源：调查有效问卷。

二、典型案例资料

为了从微观视角揭示研究区农地经营方式由传统的"一家一户"小规模经营向农地适度规模经营演变的机理，本书选取齐齐哈市克山县作为农地规模经营案例来源地区。克山县位于黑龙江省西部、齐齐哈尔市东北部，地处松嫩平原腹地，以平原和丘陵漫岗地形为主。全县幅员面积 3320 平方千米，辖 7 镇 8 乡、122 个行政村、666 个自然屯和 9 个农林渔牧场；共有耕地面积 2013 平方千米，是国家重点商品粮生产基地。2012 年克山县被评为全国农村土地承包经营权流转规范化和服务化试点县；2014 年，全县农地规模经营面积达 1.8×10^5 公顷，各类合作社发展到 682 个；2015 年，全县耕地流转面积为 1.87×10^5 公顷，占总耕地面积的 92.7%（宋戈和林彤，2016）。

课题组于 2015 年 6 月前往黑龙江省齐齐哈尔市克山县，通过与县政府、农业管理部门访谈，根据县域内乡镇的农地规模经营实践路径的地区差异，选取西城镇西城村、兴胜村、北两镇新兴村、古北乡永胜村、双河乡群兴村 5 个农地规模经营典型村庄进行田野调查。在对农地规模经营案例进行调查时，课题组采用了半结构化访谈法。访谈对象主要包括案例合作社、家庭农场（种田大户）等的发起人、核心成员、普通成员 3 类代表，形成了大量图像记录、录音记录和文字访谈记录，获取了农地规模经营典型案例资料。

调查发现农地规模经营呈现以下 5 点特征：（1）农地经营规模面积大，被访种田大户、家庭农场、合作社的农地经营面积均在百亩以上，最大经营面积达万亩；（2）农地规模经营以种植大田粮食作物玉米为主；（3）农地规模经营主体呈现多样化特征，包括本村"精英"、村集体组织、城市工商资本下乡转入农地进行农地规模经营；（4）农地规模经营主体在转入农地自营的同时为其他农户提供代耕服务；（5）农地规模经营主体转入农地的流转期限较短，其中，仅古北乡永胜村旭光家庭农场与农户所签订的流转合同流转期限为 5 年，其他农地规模经营主体与农户所签订的流转合同流转期限为 1 年。

三、其他数据来源

社会经济数据主要来源于黑龙江省 13 个地级以上城市统计年鉴、

《中国农村统计年鉴（2002~2020）》《黑龙江省统计年鉴（2002~2020)》，以及国家统计局网站（https：//data. stats. gov. cn/）。土地利用数据、气象要素空间差值数据、地形地貌数据、土壤数据来源于中国科学院资源环境科学数据中心（http：//www. resdc. cn）。

第三节　样本调查数据分析

一、户主与其家庭基本状况

问卷调查中，户主与农户家庭的基本状况是田野调查资料收集的内容之一。从调查的结果来看（见表3-6），农户户主以男性为主，占样本总量的94.47%，这符合中国的传统习俗。户主的平均年龄是45.48，集中分布在41~50岁，占样本总量的47.63%。户主的受教育程度较低，主要分布在小学和初中教育程度内，未受过教育的占3.7%。样本农户的家庭人口在3人及以下、4~6人两个区间内均匀分布。样本平均每户农户家庭总收入为58516元，在2万~5万元区间内集中分布，占样本总量的39.74%。参加新型农村合作医疗、新型农村养老保险的受访农户分别占总样本量的95.53%和67.37%。

表3-6　　　　　　　　　农户户主与家庭状况

项目	分布	样本数量	占总样本比例（%） （保留两位小数）
户主性别	男	359	94.47
	女	21	5.53
户主年龄	30岁及以下	21	5.53
	31~40岁	74	19.47
	41~50岁	181	47.63
	51~60岁	102	26.84
	61岁及以上	2	0.53

项目	分布	样本数量	占总样本比例（%）（保留两位小数）
户主受教育程度	未上过学	14	3.7
	小学	157	41.31
	初中	173	45.53
	高中或中专	31	8.16
	高中以上	5	1.32
户主就业性质	纯务农	223	58.68
	兼业以务农为主	78	20.53
	兼业以务工为主	30	7.89
	纯务工	37	9.74
	其他	12	3.16
家庭人口数量	3 人及以下	186	48.95
	4~6 人	180	47.37
	7 人及以上	14	3.68
家庭年均收入	2 万元及以下	70	18.42
	2 万~5 万元	151	39.74
	5 万~8 万元	79	20.79
	8 万~11 万元	43	11.32
	11 万元以上	37	9.74
是否参加新农合	参加	363	95.53
	未参加	17	4.47
是否参加新农保	参加	256	67.37
	未参加	124	32.63

资料来源：调查有效问卷。

二、农户农地经营基本状况

农户农地规模经营意愿是推进农地规模经营的前提，农户农地经营规模决策意愿是农户家庭对未来通过转入土地以扩大、转出土地以缩小、保持农地经营规模的意愿表达。从农户农地生产经营情况来看（见表3－7），样本总体中超过一半的农户表示有扩大农地经营规模的意愿。样本农户的家庭平均农地经营规模是53.42亩，然而，在样本总体中，农户家庭之间的农地经营规模存在显著差异，最大的为400亩，最小的仅为0.5亩，标准差达到59.19。样本农户农业收入占家庭总收入的平均比重是61%，集中分布在80%～100%。总体样本中的家庭农业劳动力数量以2人为主，占总样本的48.95%。样本农户的家庭平均生产性固定资产是2.82万元，然而，在总样本中，农户家庭之间的生产性固定资产存在两极分化，固定资产在小于1万元、大于等于4万元区间的农户占总样本的46.84%和16.32%，这与样本农户的家庭农地经营规模的分布状况相适应。

表3－7　　　　　　　　　农户农地生产经营状况

项目	分布	样本数量 （个）	占样本总量比（%） （保留两位小数）
农户农地经营 规模决策意愿	扩大经营规模	201	52.89
	缩小经营规模	77	20.26
	维持现有经营规模	102	26.85
农地经营规模	<10 亩	83	21.84
	10 亩～30 亩	115	30.26
	30 亩～50 亩	46	12.11
	50 亩～70 亩	26	6.84
	≥70 亩	110	28.95
农业收入占家庭 总收入比重	<20%	58	15.26
	20%～40%	67	17.63
	40%～60%	60	15.79
	60%～80%	68	17.89
	80%～100%	127	33.42

续表

项目	分布	样本数量 （个）	占样本总量比（%） （保留两位小数）
生产性固定资产	<1万元	178	46.84
	1万~2万元	81	21.32
	2万~3万元	40	10.53
	3万~4万元	19	5.00
	≥4万元	62	16.32
家庭农业 劳动力数量	1人	138	36.32
	2人	186	48.95
	3人	43	11.32
	4人	15	3.95

资料来源：调查有效问卷。

三、农户耕地要素基本状况

农户拥有的耕地是指根据家庭联产承包责任制由村集体分配给农户进行承包经营的耕地面积（黄善林和张少良，2013）。从农户耕地状况来看（见表3-8），总体样本中，涉及耕地总面积10461.5亩，单个农户拥有的耕地面积主要集中分布在20亩以内，共计198户，占样本总量的52.11%，平均每个农户家庭拥有的耕地面积为27.53亩。然而，在总样本中，农户家庭之间的耕地资源数量存在显著差异，最大的为200亩，最小的仅为2亩，标准差达到23.62。耕地细碎化是指农户拥有分散的、面积不等的几块耕地（King and Burton，1982），或者农户经营至少一块以上且分散的耕地（Nguyen et al.，1996）。地块数量是衡量耕地细碎化程度的指标之一（文高辉等，2016），总样本中，农户拥有地块数量最多的为18块，最小的为1块，平均每户拥有3.21块耕地。耕地资源质量状况是农户对其拥有耕地总体质量的一种主观评价，分为质量低、质量中等和质量高三个等级。从总样本来看，其耕地质量

低、中、高的农户分别占样本总体的4.21%、72.11%、23.68%。耕地
基础设施条件与耕地机械化难易程度和耕地利用过程紧密相关，耕地基
础设施条件分为差、较差、一般、较好、好五个等级；耕地机械化难易
程度分为难、一般、容易三个等级。其耕地基础设施条件差、较差、一
般、较好、好分别占样本总体的8.68%、12.63%、46.32%、25.00%、
7.37%。认为其耕地机械化难易程度难、一般、容易分别占样本总体的
7.89%、60.53%、31.58%。

表3－8 农户耕地状况

项目	分布	样本数量（个）	占样本总量比（%）（保留两位小数）
农户耕地面积	<10 亩	82	21.58
	10 亩 ~ 20 亩	116	30.53
	20 亩 ~ 30 亩	84	22.11
	30 亩 ~ 40 亩	37	9.74
	≥40 亩	61	16.05
耕地地块数	1 块	65	17.11
	2 块	106	27.89
	3 块	86	22.63
	4 块	57	15.00
	5 块级以上	66	17.37
承包耕地质量状况	质量低	16	4.21
	质量中等	274	72.11
	质量高	90	23.68
耕地基础设施条件	差	33	8.68
	较差	48	12.63
	一般	176	46.32
	较好	95	25.00
	好	28	7.37

续表

项目	分布	样本数量 （个）	占样本总量比（％） （保留两位小数）
耕地机械化难易程度	难	30	7.89
	一般	230	60.53
	容易	120	31.58

资料来源：调查有效问卷。

四、农地流转环境基本状况

农地规模经营在一定程度上受制于农地流转环境与农地集中程度。从农户农地流转市场来看（见表 3－9），总样本中，接近一半农户所在的村庄有土地流转服务组织。将农地流转服务项目分为以下五类：提供流转信息服务、提供担保或作为见证人、指导合同签订服务、提供流转价格指导服务、提供纠纷调解服务。总样本中，30.53％的农户表示所在村庄没有为其提供过农地流转服务，分别有 25.26％、9.21％、16.32％、18.68％的农户表示所在村庄为其提供 1 项、2 项、3 项、4 项及以上的农地流转服务；农户旱田、水田的农地流转价格均集中分布在小于等于 300 元/亩、300～400 元/亩两个区间内。

表 3－9　　　　　　　　　农地流转环境状况

指标	测量	样本数量 （个）	占样本总量比（％） （保留两位小数）
农地流转服务组织	本村有土地流转服务组织	185	48.68
	本村没有土地流转服务组织	195	51.32
农地流转服务	不提供	116	30.53
	提供 1 项	96	25.26
	提供 2 项	35	9.21
	提供 3 项	62	16.32
	提供 4 项及以上	71	18.68

指标	测量	样本数量（个）	占样本总量比（％）（保留两位小数）
旱田流转价格（元/亩）	＜300	116	30.53
	300～400	163	42.89
	400～500	61	16.05
	≥500	40	10.53
水田流转价格（元/亩）	＜300	174	45.79
	300～400	148	38.95
	400～500	38	10.00
	≥500	20	5.26

资料来源：调查有效问卷。

第四章

黑龙江省农地规模经营主体的
生成与运行机理

第一节　村集体领办型合作社的生成与运行机理

一、村集体领办型合作社案例介绍：新兴村农机专业合作社

黑龙江省克山县北联镇新兴村位于克山县城北部，2003 年 6 月，省政府将新兴村作为实施农机作业合作社试点村，投入 100 万元引入大型农机械。新兴村集体经济组织以此为契机，以"反租倒包"方式对本村耕地集中实施规模化经营。2003 年 7 月，村集体以 160 元/亩（当时农民自行农地流转价格是 120 元/亩）的价格与村内 490 户农户签订土地流转合同，实现了 1.3 万亩耕地规模化经营，同时，农户以 3 元/亩出资入股，组建农机专业合作社。农地规模化经营后有两个显著变化特征：一是取消了农户之间作为地界的"堑沟"1800 余条，实现新增耕地 600 余亩；二是原由 1 千余名劳动力耕种的农地，只用 32 人操作、管理的 52 台大型配套农业机械即可实现，节约了劳动力。

2003 年，专业合作社经过 1 个生产周期的实践，实现收入 74.9 万

元，纯收入 20.2 万元，当年组建，当年盈利。2005 年，合作社经营的 1.3 万亩耕地纯收入 100 万元，人均纯收入 4260 元，与组建前的 2002 年相比增加了 1430 元。2006 年，合作社实现收入 152 万元，纯收益 50.6 万元，农户按每股 6 元进行分红。由于大型机械的使用，耕地得到深松深翻，抗旱防涝效果突出，即使在 2007 年的大旱之年，合作社大豆产量仍达到 140 公斤/亩[①]。

2013 年，农机专业合作社农地经营面积扩大到 5.78 万亩，实现总盈余 4059.02 万元，入社农民分得 702.25 元/亩，当地未入社农民每亩收入 253.6 元，比当地未入社成员亩均增收 448.65 元[②]。近几年，新兴村每年转移劳动力 2100 余人，其中 1570 余名劳动力在沈阳、大连、天津等地务工，530 余名劳动力实现就地转移，从事二、三产业和养殖业。经过多年经营，合作社不仅提高了农民的收入，增加了集体的积累，而且增强了集体公共物品供给能力，大大促进了农村集体经济的有效实现（高海，2014）。

二、村集体领办型合作社的生成机理

村集体组织作为集体土地所有权的实际拥有者，集体资产、资源的经营管理者，农民与基层政府的连接者，可通过向基层政府申请拨款、以集体资产为抵押向金融机构贷款等方式筹集资金，具备推动农地流转、组建合作社实施农地规模化经营的能力。村集体组织是否会牵头推进农地流转成立合作社、在村集体组织的推动下农户是否会入股取决于双方博弈结果（周敏和李菁，2015）。

村集体组织和农户作为博弈的参与人，农户的策略选择是入股和不入股合作社，概率分别是 α 和 $1-\alpha$，其行动空间是（入股，不入股）；

---

① 宁春旭、侯巍：《大地飞歌沃野生金　克山县北联镇新兴村发展纪实》，东北网，https://heilongjiang.dbw.cn/system/2012/07/06/054035087_01.shtml。

② 李文孝：《探索发展新模式　奏响时代最强音》，共产党员网，http://zgm.12371.cn/2014/04/18/ARTI1397791142269818.shtml。

村集体组织的策略选择是推进与不推进合作社成立、演化，概率分别是 β 和 1 - β，其行动空间是（推进，不推进）。假设：①当村集体组织采取"推进"策略时，农户选择"入股"策略时的收益是 R_1，选择"不入股"策略时的收益是 R_2；村集体组织采取"不推进"策略时，农户选择"入股"策略时的收益是 R_3，选择"不入股"策略时的收益是 R_4；②农户在村集体组织采取"推进"策略时的收益是 U_1，"不入股"的收益是 U_2；在村集体组织采取"不推进"策略时的收益是 U_3，"不入股"的收益是 U_4（见表 4 - 1）。

表 4 - 1　　　　　　村集体组织与农户之间的博弈矩阵

村集体组织	农户	
	入股	不入股
推进	R_1，U_1	R_2，U_2
不推进	R_3，U_3	R_4，U_4

（一）村集体组织的策略均衡

在农户选择入股策略的概率 α 一定的情况下，村集体组织选择推进（β = 1）、不推进农地流转（β = 0）的预期收益分别是：

$$\pi_1^1(a) = aR_1 + (1-a)R_2 = a(R_1 - R_2) + R_2 \qquad (4-1)$$

$$\pi_1^2(\alpha) = \alpha R_3 + (1-\alpha)R_4 = \alpha(R_3 - R_4) + R_4 \qquad (4-2)$$

当 $\pi_1^1(\alpha) > \pi_1^2(\alpha)$ 时，即 $\alpha > \dfrac{R_4 - R_2}{(R_1 - R_3) + (R_4 - R_2)}$，村集体组织的最优策略选择是推进农地流转；当 $\pi_1^1(\alpha) < \pi_1^2(\alpha)$ 时，即 $\alpha < \dfrac{R_4 - R_2}{(R_1 - R_3) + (R_4 - R_2)}$，村集体组织的最优策略选择是不推进农地流转；当 $\pi_1^1(\alpha) = \pi_1^2(\alpha)$ 时，即 $\alpha = \dfrac{R_4 - R_2}{(R_1 - R_3) + (R_4 - R_2)}$，村集体组织的策略选择对其收益没有影响，此时达到均衡状态。

（二）农户的策略均衡

在村集体组织选择推进农地流转策略的概率 β 一定的情况下，农户选择入股（$\alpha=1$）、不入股（$\alpha=0$）的预期收益分为是：

$$\pi_2^1(\beta) = \alpha U_1 + (1-\alpha)U_3 = \alpha(U_1 - U_3) + U_3 \qquad (4-3)$$

$$\pi_2^2(\beta) = \alpha U_2 + (1-\alpha)U_4 = \alpha(U_2 - U_4) + U_4 \qquad (4-4)$$

当 $\pi_2^1(\beta) > \pi_2^2(\beta)$ 时，即 $\beta > \dfrac{U_4 - U_3}{(U_1 - U_2) + (U_4 - U_3)}$，农户的最优策略选择是入股合作社；当 $\pi_2^1(\beta) < \pi_2^2(\beta)$ 时，即 $\beta < \dfrac{U_4 - U_3}{(U_1 - U_2) + (U_4 - U_3)}$，农户的最优策略选择是不入股合作社；当 $\pi_2^2(\beta) = \pi_2^2(\beta)$ 时，即 $\beta = \dfrac{U_4 - U_3}{(U_1 - U_2) + (U_4 - U_3)}$，农户的策略选择对其收益没有影响，此时达到均衡状态。

（三）博弈的纳什均衡

村集体组织和农户博弈的混合战略纳什均衡是 $\alpha^* = \dfrac{R_4 - R_2}{(R_1 - R_3) + (R_4 - R_2)}$，$\beta^* = \dfrac{U_4 - U_3}{(U_1 - U_2) + (U_4 - U_3)}$，即农户以 $\dfrac{R_4 - R_2}{(R_1 - R_3) + (R_4 - R_2)}$ 的概率选择入股合作社，村集体组织以 $\dfrac{U_4 - U_3}{(U_1 - U_2) + (U_4 - U_3)}$ 的概率选择推进合作社演化。

根据混合战略均衡条件，可得到：

$$\alpha^* = 1 - \frac{1}{1 + \dfrac{R_4 - R_2}{R_1 - R_3}} \qquad \beta^* = 1 - \frac{1}{1 + \dfrac{U_4 - U_3}{U_1 - U_2}} \qquad (4-5)$$

因此，村集体组织和农户之间的博弈最终达到何种均衡状态，取决于双方在博弈中的净收益，净收益等于预期收益减去预期成本。村集体组织推进农地流转的预期收益有：（1）取得政绩。合作社的创建及发展状况是当地政绩考核的重要指标，村集体组织可从中获得政绩激励；（2）壮大集体经济实力，提高村内公共物品和公共服务的供给能力；（3）增强农民对村集体组织决策的执行力，提高农户信任度。预期成本主要包括搜集信息、制度设计、谈判协调、组织宣传所付出的成本。农户入股的预期收益有：（1）获得高额地租，2003 年入股合作社可获得 160 元/亩的地租，而当年市场的农地流转价格仅为 120 元/亩；（2）获取农业超额收益，通过农地规模化经营获取超额收益，进而获得货币分红；（3）释放的剩余劳动力转移到第二、第三产业，从而增加工资性收入；（4）响应村集体组织号召，从而得到精神上的满足；（5）享受由于村集体经济实力壮大后村内基础设施的改善带来的福利。预期成本主要包括：失去选择农作物种植品种的决策权。

　　基于上述分析，村集体经济组织为了提高政绩、壮大集体经济实力，会采取积极的态度推进农地流转成立土地入股合作社。农户个体为了获取农业的超额收益、劳动力转移带来的工资性收入，会以农地经营权入股合作社。因此，村集体领办型合作社的生成是村集体组织与农户间博弈后的结果，是村集体组织与农户根据预期成本和预期收益进行策略选择后达到的纳什均衡状态。

三、村集体领办型合作社的运行机理

（一）合作社出资与股权设置

　　新兴村农机合作社出资来源包括三部分。第一部分是国投资金，2003 年 6 月，省政府将新兴村设为实施农机作业合作社试点村，投入 100 万元引入大型农机械；第二部分是农户出资，农户按 3 元/亩出资作为股本金；第三部分是集体资产，村集体以场库棚等集体资产参股。股权设置上，将 2003 年国投 100 万元大型农机械按村集体发包农地面积平均分摊，以 1 亩地为 1 股计算，每股为 46.95 元，加上农户每亩地出资的 3 元，股份合计为 49.95 元/股。2008 年和 2009 年，新兴村获得两个 1000 万元的中央财政投入大型农机具项目，补助参照 2003 年的分配方式将国投资产在社员间平均分配。

（二）合作社的农地经营规模扩张路径

2003 年，新兴村村两委动员村民以承包农地入股的方式加入农机合作社，2004 年，农机合作社集中了该村 490 户农户的 1.3 万亩承包地，村内 90% 的土地入股了合作社，进行规模化经营。2007 年，村内农地入股合作社的比例达到 100%，合作社农地经营规模达到 2.2 万亩。2013 年，合作社农地经营规模达到 5.78 万亩，其中，经营外村农地数量为 3.5 万亩。

截至 2015 年，合作社农地经营规模扩张了近三倍，但经营并未向产业化链条中的上游或下游延伸，而是在农业产业链中"种"的单一环节扩张，增加农作物播种面积，即采取横向一体化的扩张路径，具体途径包括两方面。一方面，增加社员数量，合作社入股农户由 2003 年的 49 户增长至 2014 年的 1857 户，收入由 2003 年的 20.2 万元增长至 2014 年的 3353 万元；另一方面，合作社扩展入股、非入股农户业务，为入股农户提供公共物品与服务，具体包括投资 1300 万元改造泥草房 376 户，新建住宅楼 34 栋、标准化住房 342 所，为 18 户孤寡老人新建住宅 9 所，硬化道路 31 公里，安装路灯 40 盏、铁栅栏 5000 米，栽绿化树 4500 株，年出资 9 万元扶持贫困户、孤寡老人和大学生（王旭飞和林彦军，2010）。非入股农户业务方面主要包括提供代耕服务。

（三）合作社的利益分配结构

分配结构是合作社收入如何进行分配的问题。合理的分配结构是保证组织有效运作以及充分调动成员积极性的一个重要因素（何官燕，2008）。2012 年及以前，合作社采取"土地保底金 + 入社分红"的利益分配结构，分配顺序上，土地保证金在前，入社分红在后。以 2006 年为例，当年合作社实现了总收入 152 万元，纯收入 50.6 万元，土地保底金为 180 元/亩，入社分红 6 元/股。2013 年以后，合作社实行利益共享、风险共担的分配机制，取消土地保底金，采取"土地分红+股权分红+公积金"的利益分配结构（见图4—1），以农户入股土地面积作为交易量进行土地分红，将财政资金投入产生的收益平均分配至每个入股农户，并将公积金按分红比例计入农户个人账户，视为农户追加投资。分配顺序上，先提取盈余公积金，用来增加集体积累，用于集体公共物品供给或扩大组织规模时进行抵补，然后进行土地分红，最后是股权分红。首先，在40%的纯收益中提取40%作为公积金；然后，提取总收益的60%作为土地分红，按农户入股合作社的土地面积分配；最后，按农户和集体组织拥有的合作社股权进行股权分红。

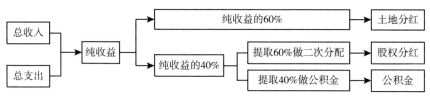

图4—1 新兴村合作社利益分配结构

（四）合作社组织与决策机制

新兴村农机合作社建立了以成员（代表）大会、理事会和监事会为内容的民主管理机构和制度（见图4—2）。成员代表大会拥有对理事会成员和监事会成员的选举和罢免等决策控制权，成员代表大会每年召开一次，审议批准合作社年度业务经营、财务预算、盈余分配方案、业务报告等。理事会作为合作社的执行机构，由成员大会选举产生，执行成员（代表）大会决议。监事会作为合作社的监督机构，负责监督理事会对成员（代表）大会决议和合作社章程的执行情况，同时负责合作社财务审核检查工作。合作社经理由理事会聘任或解聘，对理事会负责，行使合作社经营管理职权，主要包括主持合作社的生产经营工作，组织实施理事会决议，组织实施年度生产经营计划和投资方案等。

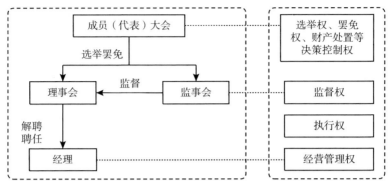

图 4 - 2 新兴村合作社组织结构

第二节 "精英" 领办型合作社的生成与运行机理

一、"精英" 领办型合作社案例介绍: 仁发农机合作社

2009 年 10 月, 克山县仁发村李某等 7 位村民, 共筹集 850 万元[①], 财政配套 1234 万元农机具购置补贴资金[②], 以乡政府院子做合作社场地, 成立了仁发现代农机专业合作社 (以下简称仁发合作社)。

2010 年初, 仁发合作社正式运营, 以每亩 240 元的市场价从农民手里转入 1100 亩地进行自营, 同时, 为周边农户的 6 万亩农地提供代耕服务, 由于租赁的土地较为分散, 因此无法使用大型机械进行规模化经营, 当年按规定提取折旧亏损 187 万余元[③]。通过一系列制度创新,

---

① 李某出资 550 万元, 其余 6 户每家出资 50 万元。

② 2008 年黑龙江省出台了 "发展现代农业、支持规模化农机合作社" 的具体措施, 规定凡注册资金达到 400 万元以上的大型农机合作社, 将有机会获得政府 1.5 倍的配套资金补贴。1234 万元包括中央农机具购置补贴与黑龙江省对农机合作社购置大型农业机械的两项专项补贴。

③ 李东福、郑联邦、李世武:《仁发合作社的锐变》, 载《中国农民合作社》2013 年第 12 期。

2011 年，仁发合作社以每亩 350 元的土地保底价格推动农民入社，入社农户达到 314 户，统一经营土地面积达到 1.5 万亩，总收入 2763.7 万元（其中自营土地收入 2045.2 万元，代耕服务收入 718.5 万元），扣除农机具折旧、人员工资、管理费用等 1421.5 万元，依托现代科技和规模经营实现净盈利 1342.2 万元（刘同山和孔祥智，2014）。2012 年，仁发合作社被评为"全国农民专业合作社示范社"。

至 2013 年底，仁发合作社的成员由最初的 7 人增长至 2436 户，入社土地达 50159 亩，其中，种植玉米 3 万亩、马铃薯 1 万亩、大豆 1 万亩、西瓜和香瓜 159 亩，统一经营和代耕土地面积分别增加了 45 倍和 6 倍，总收入 1.05 亿元，实现了从亏损到净盈利 5200 万元的跨越发展（刘同山和孙祥智，2014）。

二、"精英"领办型合作社的生成机理

精英是历史前进的领导者和推动者，对历史的进步与发展发挥着重要作用。精英理论认为在所有社会中，包括现代民主国家的社会，权力均有少数精英掌握，他们控制了社会、经济、政治、文化、军事等机构的领导权，对重大决策起决定性的作用（刘欣，2009）。精英是一个社会分层概念，分为社会、经济、政治、文化精英，本书中的"精英"主要是经济意义上的，具体是指掌握一定资金、社会资本且具备一定市场经济意识与管理能力的理性经济人。仁发合作社由 7 户本村农户联合，共同出资 850 万元发起成立，这 7 户合作社发起者在当前的农村具备"农村精英"的基本特征。在传统农业生产方式下，存在降低交易成本等潜在的外部收益，即存在制度变迁的动因。农村精英是否会起到制度变迁中初级行动集团[①]的作用创建合作社，需构建农村精英与一般农户之间的博弈模型进行分析。

---

① 初级行动集团是制度变迁的推动者，其决策决定制度创新进程，正是由于它们能够意识到潜在的外部性收益，因此才会采取改变制度安排的行动，获取外部性收益。

农村精英与一般农户作为博弈的参与人,他们的策略选择是领办和等待加入合作社,行动空间是(领办,等待加入);农村精英的策略选择概率分别是 α 和 1 − α,一般农户的策略选择概率分别是 β 和 1 − β。假设:(1)领办合作社的总成本是 C,合作社的预期总收益是 R。(2)当农村精英采取"领办"策略而一般农户采取"等待加入"策略时,农村精英的收益是 R_1;当农村精英采取"领办"策略且一般农户也采取"领办"策略时,农村精英的收益是 R_2;当农村精英采取"等待加入"策略而一般农户采取"领办"策略时,农村精英的收益是 R_3;当农村精英采取"等待加入"策略且一般农户也采取"等待加入"策略时,农村精英的收益是 0。(3)当农村精英采取"领办"策略而一般农户采取"等待加入"策略时,一般农户的收益是 $R − R_1$;当农村精英采取"领办"策略且一般农户也采取"领办"策略时,一般农户的收益是 $R − R_2$;当农村精英采取"等待加入"策略而一般农户采取"领办"策略时,一般农户的收益是 $R − R_3$;当农村精英采取"等待加入"策略且一般农户也采取"等待加入"策略时,一般农户的收益是 0(见表 4 − 2)。

表 4 − 2 农村精英与一般农户之间的博弈矩阵

农村精英	一般农户	
	领办	等待加入
领办	$R_2 − C/2$,$R − R_2 − C/2$	$R_1 − C$,$R − R_1$
等待加入	R_3,$R − R_3 − C$	0,0

(一)农村精英的策略均衡

在一般农户选择领办策略的概率 β 一定的情况下,农村精英选择领办(α = 1)、等待加入(α = 0)的预期收益分别是:

$$\pi_1^1(a) = a(R_2 − C/2) + (1 − a)(R_1 − C) \qquad (4 − 6)$$

$$\pi_1^2(\alpha) = \alpha R_3 + (1-\alpha)0 \qquad (4-7)$$

当 $\pi_1^1(\alpha) > \pi_1^2(\alpha)$ 时，农村精英的最优策略选择是领办合作社；当 $\pi_1^1(\alpha) < \pi_1^2(\alpha)$ 时，农村精英的最优策略选择是等待加入合作社；当 $\pi_1^1(\alpha) = \pi_1^2(\alpha)$ 时，农村精英的策略选择对其收益没有影响，此时达到均衡状态。

（二）一般农户的策略均衡

在农村精英选择领办策略的概率 α 一定的情况下，一般农户选择领办（$\beta=1$）、等待加入（$\beta=0$）的预期收益分为是：

$$\pi_2^1(\beta) = \alpha(R - R_2 - C/2) + (1-\alpha)(R - R_3 - C) \qquad (4-8)$$
$$\pi_2^2(\beta) = \alpha(R - R_3 - C) + (1-\alpha)0 \qquad (4-9)$$

当 $\pi_2^1(\beta) > \pi_2^2(\beta)$ 时，一般农户的最优策略选择是领办合作社；当 $\pi_2^1(\beta) < \pi_2^2(\beta)$ 时，一般农户的最优策略选择是等待加入合作社；当 $\pi_2^1(\beta) = \pi_2^2(\beta)$ 时，一般农户的策略选择对其收益没有影响，此时达到均衡状态。

（三）博弈的纳什均衡

当一般农户选择领办合作社策略时，农村精英有选择领办和等待加入两种策略：领办合作社和等待加入合作社。选择领办合作社策略需要与一般农户共同承担成本 C、共同分配收益 R；选择等待加入合作社则不需要共同承担成本，其实质是一种"搭便车"的行为。当农户选择领办合作社策略时，由于 $R_3 > R_2 - C/2$，农村精英的理性策略选择是等待加入合作社。然而，现实中领办合作社不仅需要转入农地的租金成本、购置农机械的生产成本等资金投入，还需要与农地承包户谈判转入其承包地的社会资本投入，一般农户往往不具备足够资源禀赋来领办合作社，更多的是采取等待加入合作社策略。在领办合作社存在净收益（$R_1 - C > 0$）的情况下，农村精英的最优选择策略是领办合作社。在农村精英选择领办合作社策略时，一般农户的策略选择取决于 $R - R_2 -$

$C/2$ 和 $R-R_1$ 的相对大小，农村精英独立领办合作社时取得的收益往往大于共同领办合作社时取得的收益，即 $R_1>R_2$，然而，当一般农户选择等待加入合作社策略的时候是不需要支付成本的，因此，理性且重视短期收益的一般农户会选择等待加入合作社。综上所述，农村精英与一般农户博弈的纳什均衡是"农村精英选择领办合作社，一般农户选择等待加入合作社策略"。

三、"精英"领办型合作社的运行机理

（一）合作社出资与股权设置

2009 年 10 月，仁发村李某出资 550 万元，联合本村 6 户农民（每家出资 50 万元），由李某担任理事长，其他农户各自负责不同的业务，经注册后成立仁发合作社。仁发合作社成立后获得了 1234 万元政府农机具购置配套补贴，购置了 30 余台（套）大型农机具。7 户农户按出资比例分配股权，共同享有国家配套补贴，因此，仁发合作社实际上是一个只有 7 个股东的投资者股份合作社。2011 年，为了吸引农户将土地入股合作社进行大规模的连片耕作，以此降低生产成本、获得规模效益，仁发合作社将国家配套补贴资金 1234 万元按户均量化给入社社员，让所有社员获得配套补贴，并参与合作社经营盈余分配。

（二）合作社的农地经营规模扩张路径

2010 年 3 月正式运营的仁发合作社一方面采取了与大部分农机合作社相同的经营策略，同时为周边农户提供代耕服务，另一方面还利用自有农机的优势，流转土地进行规模经营，形成了"代耕服务 + 租地自营"的发展模式。表 4 - 3 为仁发合作社的经营与发展历程。

表4-3 仁发合作社经营与发展历程

年份	成员数量（户）	经营土地规模（公顷）	代耕土地（公顷）	单位土地收益（元/公顷）	总收入（万元）	总盈余（万元）
2010	7	73.3	2666.7	3600	100.0	-172.0
2011	314	1000.0	11470.0	10650	2763.7	1342.2
2012	1222	2008.6	14062.9	10960	5594.0	2758.6
2013	2436	3343.9	27333.3	13830	10367.9	5328.8

资料来源：吴天龙、刘同山、孔祥智：《农民合作社与农业现代化——基于黑龙江仁发合作社个案研究》，载《农业现代化研究》2015年第3期。

仁发合作社成立后，农地经营规模不断扩大，经营以农业产业链条中的最强环节"种"为中心，向产业链条中的上游延伸，实现产中和产后环节的纵向一体化，使种、产、供、销各个环节环环相扣，从而实现合作社规模的扩张。具体途径包括两方面：一方面，增加入股农户数量，合作社农户数量由2010年的7户增加至2013年的2436户，实现了农地经营规模的扩张；另一方面，塑造产品品牌，开发绿色有机农牧产品，提高产品附加值，将产品直接推向市场。

（三）合作社的利益分配结构

仁发合作社利益分配方式的变化分为以下三阶段：2010年为第一阶段，7户出资农户享有全部剩余索取权；2011~2012年为第二阶段，资本、土地共同享有剩余索取权；2013年及以后为第三阶段，资本、土地与劳动要素共同享有剩余索取权。

仁发合作社实行总盈余按要素分配结构（见图4-3）。首先，从总收入中提取10%作为折旧费，从总盈余中提取3%作为管理人员工资，其中20%为理事长工资，80%为监事长等其他管理人员工资；然后，土地、资本分别按60%和40%的比例分配盈余，即入股土地回报率=

总盈余×0.97×0.6/入股土地总面积，资本回报率＝总盈余×0.97×0.4/(国家配套补贴＋股东出资＋公积金)，根据入股土地面积、出资、享有的国家配套补贴资金和公积金份额编制入股社员账户和年终盈余分配表，入股社员获得相应收益；最后，从资本分红中提取50%作为公积金，仁发合作社于2011年经社员代表大会表决开始提取公积金，按分红比例记在个人账户。

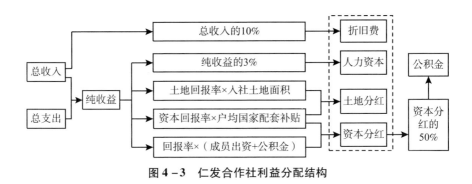

图4-3 仁发合作社利益分配结构

(四) 合作社组织与决策机制

仁发合作社内部成立党支部，形成"党支部＋理事会＋监事会＋成员代表大会"的"一部三会"组织架构。农户通过成员代表大会实现其享有的合作社决策权。仁发合作社制订《克山县仁发现代农业农机专业合作社章程》，规定每32~34名成员自愿推选1名成员代表，成员可直接推荐1名其信任的亲属、朋友为成员代表，组成合作社成员代表大会。合作社成员代表大会每年至少召开两次，合作社经营决策问题由理事会提供决策方案，提交成员代表大会讨论通过，在表决时执行一户一票制，不按股权表决。社员大会表决通过的决策方案再由监事会全程监督执行。

第三节　家庭农场的生成与运行机理

一、家庭农场案例介绍：旭光家庭农场

黑龙江省克山县旭光家庭农场位于克山县古北乡永胜村十组，2013年4月19日，由村民王某筹资480余万元在工商局注册兴办。注册资金包括自筹资金158万元，贷款100万元，赊购农资等222万元。家庭农场成立之初，投入11万元购置农机具25台套（见表4-4），投入244万元转入农地0.61万亩。成立当年，玉米产量为3000余吨，大豆产量为230余吨，实现纯收益163万元，其中玉米纯收益140万元，大豆纯收益23万元。2015年，家庭农场规模经营农地1.26万亩（农地来源于永胜村境内620户的农户土地，承包期限为5年），全部连片种植，其中种植玉米0.57万亩，大豆0.59万亩，甜玉米0.05万亩，马铃薯0.02万亩，高粱0.03万亩，实现净利润100余万元。

表4-4　　　　　　　　旭光家庭农场的农机械情况

农机车				农机具			
名称	数量（台）	名称	数量（台）	名称	数量（台）	名称	数量（台）
雷沃大胶轮	3	东方红1302	1	玉米大型气吸播种机	2	旋耕机	1
山东鲁中四轮车	7	拖拉机304	1	深松浅翻旋转犁	1	中爬	1
东方红454	1	玉米收割机	1	大豆大型气吸播种机	1	喷药设备	6
大豆收割机	1	玉米脱粒机	1	马铃薯播种机	2	小型自动犁	7
—	—	—	—	前后缺口重耙	1	中型自动犁	3

资料来源：田野调查获取的典型案例资料。

二、家庭农场的生成机理

家庭农场应是指拥有较大经营规模、能保证农户家庭主要劳动力充分就业的农业产业组织形态，在现阶段，家庭农场的主体应该是现有农村居民（堂国英，2013）。家庭农场本质上是扩大了的农户经营，但其经营方式既不同于生计小农户，也有别于雇工农场，家庭农场是在克服小农经营劣势基础上的适度规模经营（朱启臻等，2014）。家庭农场的特征可以归纳为家庭经营、适度规模、市场化经营、企业化管理四个显著特征（高强等，2013），基本构成要件包括适度规模性土地、农场经营者、市场参与能力（施国庆和伊庆山，2015）。家庭农场是一种特殊的诱致性制度变迁，下面从制度变迁动力和制度变迁环境两方面分析家庭农场生成机制。

普通家庭农户向家庭农场演化的动力来自制度供给与制度需求。制度供给方面在于国家的政策导向，如引导农地有序流转、实施"三农"补贴等，制度供给对家庭农户向家庭农场演化形成外生性推动力；制度需求方面在于城市化、工业化的快速推进导致的农村劳动力从事农业生产机会成本的上升，以及农户小规模分散经营与农业科学技术进步之间的矛盾，制度需求对家庭农户向家庭农场演化形成内生性需求。在内生性需求和外生性推动力的共同作用下，家庭农户向家庭农场演化的制度变迁环境初步形成（见图4-4）。

家庭农场生成的环境条件包括以下三点：第一，区域内集体土地产权稳定，保障农地有序流转；第二，以专业化分工为基础的劳动力市场形成，专业化是指让个人或国家各自集中精力去完成某一种（或一系列）任务——这使得每个人和每个国家都能够发挥其特殊技能和资源优势（Paul and William，2012），专业化分工推动农村劳动力职业分化不仅能够满足家庭农场的雇工需求，还能为家庭农场扩大农地经营规模提供空间；第三，"种田能手"等农村精英阶层完成扩大农地经营规模的资本积累。

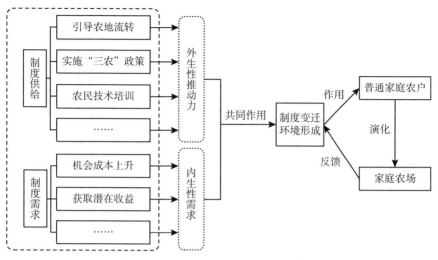

图 4 - 4　家庭农场的生成理论分析框架

永胜村位于克山县古北乡，自 1998 年第二次发包土地以来，实行"生不增，死不减"的土地政策，尚未发生过土地调整，村内地权稳定，这为农地流转提供了制度保障。同时，村内大量劳动力转移，从农业转移到第二、第三产业，为农地流转提供了条件。村民郭某自 1998 年即开始转入本村与自家承包地临近的农地从事种植业，发展亚麻生产，当年承包耕地 100 余亩，依靠规模化经营获得了超额经营效率。随着永胜村外出务工人数剧增，村内被流转的农地越来越多，村民郭某种植规模逐年增大。2004 年村民郭某连片种植亚麻 600 余亩、2005 年连片种植亚麻超过 2000 亩。1998 ～ 2012 年，15 年间郭某通过规模化种植亚麻，形成了扩大农地经营规模的资本积累。工业化、城镇化的加速推进，为村民郭某进一步扩大农地经营规模提供了可能。

三、家庭农场的运行机理

与新兴村合作社、仁发合作社相比较，旭光家庭农场组织运行机理较简单，农场从农户手中转入农地从事农业生产，农户不享有农场经营的参与决策权，仅获得土地租金，农户与农场之间是一种纯粹的市场交易关系。家庭农场内部实施岗位负责制，具体岗位包括场主、会计、现金员、信息员、机械师、技术员和管理员。岗位职责如下：场主负责农场的全面工作；会计、现金员负责农场日常收支及相关农资农机采购、账据管理等；机械师负责驾驶拖拉机、收获机械等；信息员负责农产品加工和销售等动态搜集；技术员负责科学种田、农机具使用与维修工作；管理员负责管理农场的所有物资。

第四节 农地规模经营主体的对比分析

一、农地规模经营主体生成机理对比分析

1978 年实施的家庭联产承包责任制极大地调动了农民生产积极性，使农业生产力得到极大发展，然而，随着改革开放后市场经济体制的逐步确立和我国经济发展水平的不断提高，家庭联产承包责任制的劣势日益显现（周敏，2013）。按人口分配农地的方式导致户均耕地面积过小，大型农机械无法有效投入使用，小规模农业生产中，农户作为买方在购买农药、种子、化肥等生产资料时需要支付高昂的交易成本，且无法享受批发价格；农户作为卖方在出售农产品时缺少市场价格谈判话语权。国家为了增加农民收入、发展农村经济，采取了许多措施，如农业产业结构调整、农业科技成果推广与应用、农产品和农业技术的对外交流，以及提高农民的科学文化素质等，但普遍缺乏有效的落实，在农业和农村经济加快市场化的进程中，农户的分散经营与千变万化的大市场之间出现了"小生产与大市场"的矛盾（陈江虹，2007）。村集体领办型合作社、"精英"领办型合作社与家庭农场 3 类农地的规模经营主体生成的根本动力是"小生产与大市场"之间的矛盾。

农地规模经营主体生成是一个较长的过程，这是由于行为主体对新

型农业生产方式的认同或意识到潜在的外部性收益需要一个较长的过程，因此将农地规模经营作为一种制度安排，农地规模经营主体的生成与发展则是制度变迁。结合农地规模经营主体的特点，将制度变迁分为以下四个阶段（见图 4-5）。（1）潜在性收益。传统农业生产制度安排中，交易成本包括价格发现成本、谈判成本、合约订立成本和履约监督成本等，农民专业合作社在某种程度上起着联系市场与农户的作用（万江红和管珊，2013），能够实现交易成本的降低。在农产品生产环节，合作社与固定供应商之间订立大批量购置生产资料契约，替代以往一家一户式的小农与多个不同供应商之间的交易契约，通过降低交易频次实现交易成本的节约，通过提升谈判地位降低农业生产资料购买成本实现规模经济。在农产品销售环节，合作社与固定农产品需求方订立大批量销售农产品契约，替代小农与多个不同购买商之间的交易契约，通过降低交易频次实现交易成本的节约，通过提升谈判地位提高农产品销售价格以实现规模经济。（2）制度非均衡出现。国家"三农"政策的实施、农户从事农业生产机会成本的上升等外部环境的改变对传统农业生产方式形成外部作用力，农户期望值降低交易成本、获取潜在规模收益等内在需求对传统农业生产制度安排形成内部作用力，在外部作用力和内部作用的共同作用下，传统农业生产制度安排被打破。（3）行动集团及其设计、选择行动方案。微观农户层面，农户受自身资源禀赋影响对环境变化进行反馈，农村精英在获取与解读国家"三农"政策、资金获取渠道等方面处于优势地位，作为优势农户通过转入农地、信贷融资等方式实现农地规模经营，演化为农地规模经营主体；村集体层面，通过基层政府申请拨款、以集体资产为抵押向金融机构贷款等方式筹集资金，通过"反租倒包"等方式实现农地规模经营，演化为农地规模经营主体。（4）新的制度均衡形成。集体领办型合作社、"精英"领办型合作社与家庭农场生成。

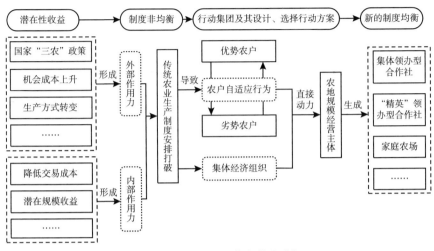

图 4 - 5　农地规模经营主体生成机理

　　孔祥智、史冰清（2009）以农户在合作社成立中所充当的角色为标准，将合作社分为内生型和外生型合作社，内生型合作社的主要特征是：在组建的过程中农民是合作社的主要发起人和创办者，外生型合作社则是由其他非农户个人的部门和组织发起和创建。在农地规模经营主体生成的制度变迁中，集体领办型合作社、"精英"领办型合作社与家庭农场 3 类农地规模经营主体生成的主要差异在于行动集团的不同，原有农业生产制度安排被打破后，需要行动集团通过设计、选择行动方案来推动制度变迁以实现潜在的外部收益内部化。村集体组织作为制度变迁的行动集团推动新兴村村合作社生成；7 户"精英"作为制度变迁的行动集团推动仁发合作社生成；依托家庭劳动力的农民"王某"作为制度变迁的行动集团推动旭光家庭农场生成。

二、农地规模经营主体演化路径对比分析

　　本书基于合作社剩余索取权的再分配来讨论合作社利益分配演化路径。新兴村合作社经历了从"土地保底金 + 入社分红"到"土地分红 + 股权分红 + 公积金"的利益分配模式演变，两种模式的本质区别在

于农户是否享有国家财政投入资金对合作社的剩余索取权。"土地保底金 + 入社分红"利益分配模式下，农户一方面凭借流转给合作社的农地获得约定好的土地保底金，另一方面凭借自身出资的股本金得到入社分红，村集体组织几乎享有合作社全部的剩余索取权。"土地分红 + 股权分红 + 公积金"利益分配模式下，农户虽然不能够获得固定的土地租金收入，但凭借入股土地和国家财政资金投入能够享有合作社部分剩余索取权。仁发合作社经历了从"出资农户享有全部剩余索取权"到"资本、土地共同享有剩余索取权"，再到"资本、土地与劳动要素共同享有剩余索取权"的利益分配模式演变。第一种利益分配模式下，普通农户通过将土地流转给合作社获得土地租金，7 位出资人享有合作社全部剩余索取权。后两种利益分配模式下，农户凭借土地要素与出资人共同享有合作社剩余索取权。

在农户仅享有土地流转租金、不享有合作社剩余索取权的利益分配模式下，合作社相对是一种比较松散的强弱联合的组织，普通农户通过流转土地获得稳定的租金收入，合作社发起人承担合作社生产经营风险，并享有合作社全部的剩余索取权。这种组织结构符合当前中国农村市场经济发展的现状，有利于高效率地集中优势资源和生产要素。但当合作社寻求进一步发展、带动更多的农民增收，就受到了较大的限制。让普通农户享有合作社剩余索取权有利于扩大合作社紧密型社员规模，促使合作社有序、健康发展。

三、农地规模经营主体培育环境对比分析

本书从农地流转市场和资金来源渠道两个维度分析农地规模经营主体的培育环境。表 4 - 5 是农地规模经营主体培育环境对比。新兴村合作社成立时间最早，且在成立初期经营规模已达到 1.3 万亩，其资金全部来自国家财政投入。新兴村合作社培育环境要素包括以下几点：（1）资金来源方面，依靠国家财政投资获得了足够的农机械；（2）村集体方面，村集体组织作为农地流转转入方与农户签订土地租

赁合同；（3）农地流转市场方面，农户外出务工较少导致农地流转市场缺乏供给，农户农地流转以亲戚之间流转为主，转出方与转入方之间以口头契约为主。仁发合作社培育环境要素包括以下几点：（1）资金来源方面，7户农户出资和国家财政投入共同出资；（2）村集体方面，村集体组织协助合作社发起人转入土地，并传达、解读国家农业补贴的相关政策；（3）农地流转市场方面，农地流转市场相对成熟。旭光家庭农场培育环境要素包括以下几点：（1）资金来源方面，农场发起人自筹全部资金；（2）村集体方面，村集体组织协助农场发起人转入土地，并传达、解读国家农业补贴的相关政策；（3）农地流转市场方面，村内农户外出务工较多，农地流转市场相对成熟。

表 4 – 5 　　　　　　　　农地规模经营主体培育环境对比

主体	发起主体	规模（初期）	初始资金	扩张路径	经营模式（初期）
新兴村合作社	村集体	1.30 万亩	国家财政	横向一体化	自营
仁发合作社	7 户农户	0.11 万亩	国家财政 + 自筹	纵向一体化	自营 + 代耕
旭光家庭农场	家庭	0.61 万亩	自筹	横向一体化	自营

资料来源：根据田野调查资料自行整理。

第五节　本章小结

本章运用制度变迁理论、交易成本理论、博弈论等理论分析研究区农地规模经营主体生成与运行机理，并对各类农地适度规模经营主体的生成机理、演化路径和培育环境进行对比分析，得出以下主要结论。

运用博弈论方法分析村集体领办型合作社和"精英"领办型合作社生成机理发现，村集体领办型合作社的生成是村集体组织与农户间博弈的结果，博弈的纳什均衡是"村集体领办合作社，农户入股合作社"；"精英"领办型合作社的生成是农村精英与一般农户间博弈的结果，博弈的纳什均衡是"农村精英选择领办合作社，一般农户选择等待加入合作社策略"。运用制度变迁的相关理论分析家庭农场的生产机理发现，普通家庭农户向家庭农场演化的动力来自制度供给与制度需求，制度供给对家庭农户向家庭农场演化形成外生性推动力；制度需求对家庭农户向家庭农场演化形成内生性需求，在内生性需求和外生性推动力的共同作用下，家庭农户向家庭农场演化的制度变迁环境初步形成，进而普通农户演化为家庭农场。

通过对村集体领办型合作社、"精英"领办型合作社和家庭农场 3 类农地规模经营主体的生成机理对比研究发现，"小生产与大市场"之间的矛盾是农地规模经营主体生成的根本动力；国家"三农"政策实施等外部环境改变、农户期望降低交易成本等内在需求对传统农业生产制度安排形成外部作用力、内部作用力，在两种作用力的共同作用下，传统农业生产制度安排被打破，制度非均衡出现，各行动集团采取自适应行为依据自身资源禀赋对环境变化进行反馈，进行设计、选择行动方案，形成村集体领办型合作社、"精英"领办型合作社和家庭农场等农地规模经营主体。

基于剩余索取权的再分配来讨论农地规模经营主体利益分配演化路径发现，集体领办型合作社、"精英"领办型合作社均由松散型的强弱联合组织逐渐向紧密型的强强联合组织演化，其实质是组织内成员对合作社剩余索取权的竞相控制与拥有，即合作社剩余索取权的再分配过程。

第五章

黑龙江省农地适度经营规模测算

第一节　数据包络分析概述

一、数据包络分析及其效率评价模型

（一）数据包络分析简介

数据包络分析（Data Envelopment Analysis，DEA）是一个用来分析一组决策单元效率的数学工具（Mozaffaria，2014），是一种基于被评价对象间相对比较的非参数效率分析方法，是数学、运筹学、数理经济学和管理科学的一个交叉领域。1978 年，查恩斯等（Charnes et al.，1978）在《欧洲运筹学杂志》（*European Journal of Operational Research*）上发表了"Measuring the efficiency of decision making units"一文，创立了 DEA 理论方法。在计量经济学中，估计有效生产前沿面通常使用回归等统计方法，运用混合有效和非有效 DMU 估计出来的函数实际上是非有效的，并非实际的生产前沿面，DEA 方法利用线性规划，将多投入与多产出的 DMU 数据直接在空间坐标上投射，以最大产出或最小投入连线为效率边界，并以此边界来衡量 DMU 的生产效率（董四平，

2010)。使用 DEA 方法和模型可以确定生产前沿面的结构、特征和构造方法，因此又可将 DEA 看作是一种非参数的统计估计方法；由于 DEA 具有"天然"的经济背景，因此根据 DEA 方法、模型和理论，可以直接利用输入和输出数据建立非参数的 DEA 模型进行经济分析，同时，使用 DEA 对 DMU 进行效率评价可以得到很多管理信息（魏权龄，2004）。DEA 的优势在于其使用指标数据的客观信息进行评价、权系数为客观变量，剔除了人为因素带来的误差，且无须进行无量纲处理、无须显示建立输入输出之间的函数关系式等（柳顺和杜树新，2010）。目前，DEA 分析方法广泛应用于工业环境效率分析（Chen and Jia，2016）、工业部门环境绩效评价（Juan et al.，2016）、机场绩效评价（Laya et al.，2016）、二氧化碳利用率评价（Fana et al.，2015）、农业生产效率评价（Zeeshan et al.，2015）等经营管理领域。

（二）DEA 的效率评价模型

1. 固定规模报酬的 CCR 模型

CCR 模型假设规模收益不变（Constant Returns to Scale，CRS），得出的技术效率包含了规模效率的成分，因此通常被称为综合技术效率（成刚，2014）。

假设测量一组共有 n 个 DMU 的技术效率，记为 DUM_j（j = 1，2，3，…，n），每个 DMU 有 m 种投入，记为 x_i（i = 1，2，3，…，m），投入的权重表示为 v_i（i = 1，2，3，…，m）；有 q 种产出，记为 y_i（i = 1，2，3，…，q），投入的权重表示为 u_i（i = 1，2，3，…，q）。当前要测量 DMU 记为 DMU_k，投入产出比表示为：

$$h_k = \frac{u_1 y_{1k} + u_2 y_{2k} + \cdots + u_q y_{qk}}{v_1 y_{1k} + v_2 y_{2k} + \cdots + v_m y_{mk}} = \frac{\sum_{r=1}^{q} u_r y_{rk}}{\sum_{i=1}^{m} v_i x_{ik}} \quad (v \geq 0; \ u \geq 0) \quad (5-1)$$

对要测量的技术效率值附加条件，将所有 DMU 采用上述权重得出的效率值 θ_j 限定在 [0，1] 区间内，则基于规模收益不变的 CCR 模型的线性规划模型表示为：

$$\max \frac{\sum_{r=1}^{q} u_r y_{rk}}{\sum_{i=1}^{m} v_i x_{ik}}$$

$$\text{s. t.} \begin{cases} \dfrac{\sum_{r=1}^{q} u_r y_{rj}}{\sum_{i=1}^{m} v_i x_{ij}} \leqslant 1 \\[2mm] v \geqslant 0; \ u \geqslant 0 \\[2mm] i = 1, \ 2, \ 3, \ \cdots, \ m; \ r = 1, \ 2, \ 3, \ \cdots, \ q; \ j = 1, \ 2, \ 3, \ \cdots, \ n \end{cases}$$

$$(5-2)$$

模型（5-2）中的 CCR 模型是非线性规划，并且存在无穷多个最优解，假设向量 u^* 和 v^* 是模型（5-2）的一个最优解，则 tu^* 和 tv^* 也是该模型的最优解（$t > 0$）。模型（5-2）的约束等价于：

$$\text{s. t.} \quad \sum_{r=1}^{q} u_r y_{rj} - \sum_{i=1}^{m} v_i x_{ij} \leqslant 0 \qquad (5-3)$$

令 $t = \dfrac{1}{\sum_{i=1}^{m} v_i x_{ik}}$，则模型（5-2）的目标函数变为：

$$\max t \sum_{r=1}^{q} u_r y_{rk} = \sum_{r=1}^{q} t u_r y_{rk} \qquad (5-4)$$

令 $\mu = tu$，$\nu = tv$，非线性模型（5-2）变化为等价的线性规划模型：

$$\max \sum_{r=1}^{q} \mu_r y_{rk}$$

$$\text{s. t.} \begin{cases} \sum_{r=1}^{q} \mu_r y_{rj} \sum_{i=1}^{m} \nu_i x_{ij} \leqslant 0 \\[2mm] \sum_{i=1}^{m} \nu_i x_{ij} = 1 \\[2mm] \nu \geqslant 0; \ \mu \geqslant 0 \\[2mm] i = 1, \ 2, \ 3, \ \cdots, \ m; \ r = 1, \ 2, \ 3, \ \cdots, \ q; \ j = 1, \ 2, \ 3, \ \cdots, \ n \end{cases}$$

$$(5-5)$$

模型（5-5）是以求解 DMU_k 为例来表述投入导向 CCR 模型的线性规划，对于每个决策单元均需分别建立规划式。其对偶模型为：

$$\min \theta$$

$$s.t. \begin{cases} \sum_{j=1}^{n} \lambda_j x_{ij} \leqslant \theta x_{ij} \\ \sum_{j=1}^{n} \lambda_j x_{ij} \geqslant y_{rk} \\ \lambda \geqslant 0 \\ i = 1, 2, 3, \cdots, m; r = 1, 2, 3, \cdots, q; j = 1, 2, 3, \cdots, n \end{cases}$$

$$(5-6)$$

模型（5-6）中，λ 表示 DMU 的线性组合系数，模型的最优解 θ^* 代表效率值，$\theta^* \in (0, 1]$。

产出导向的 CCR 模型的规划式：

$$\min \sum_{i=1}^{m} \nu_i x_{ik}$$

$$s.t. \begin{cases} \sum_{r=1}^{s} \mu_r y_{rj} - \sum_{i=1}^{m} \nu_i x_{ij} \leqslant 0 \\ \sum_{r=1}^{q} \mu_i y_{rk} = 1 \\ \nu \geqslant 0; \mu \geqslant 0 \\ i = 1, 2, 3, \cdots, m; r = 1, 2, 3, \cdots, q; j = 1, 2, 3, \cdots, n \end{cases}$$

$$(5-7)$$

模型（5-7）的对偶模型为：

$$\min \varphi$$

$$s.t. \begin{cases} \sum_{j=1}^{n} \lambda_j x_{ij} \leqslant x_{ik} \\ \sum_{j=1}^{n} \lambda_j y_{rj} \geqslant \varphi y_{rk} \\ \lambda \geqslant 0 \\ i = 1, 2, 3, \cdots, m; r = 1, 2, 3, \cdots, q; j = 1, 2, 3, \cdots, n \end{cases}$$

$$(5-8)$$

2. 可变规模报酬的 BCC 模型

1984 年班克等（Banker et al.，1984）在 *Management Science* 杂志上发表了 "Some models for estimating technical and scale in efficiencies in data envelopment analysis"，提出了估计规模效率的 DEA 模型，即 BCC 模型，以三位作者姓氏的首字母命名。BCC 模型基于规模收益可变（Variable Returns to Scale，VRS），得出的技术效率排除了规模的影响，因此被称为"纯技术效率"（Pure Technical Efficiency，PTE）。

BCC 模型是在 CCR 对偶模型的基础上增加了约束条件 $\sum_{j=1}^{n} \lambda_j = 1$（$\lambda \geq 0$）构成的，是为了使投影点的生产规模与被评价单元的生产规模处于同一水平。投入导向的 BCC 模型规划式：

$$\min\theta$$

$$\text{s. t.} \begin{cases} \sum_{j=1}^{n} \lambda_j x_{ij} \leqslant \theta x_{ik} \\ \sum_{j=1}^{n} \lambda_j y_{rj} \geqslant y_{rk} \\ \sum_{j=1}^{n} \lambda_j = 1(\lambda \geqslant 0) \\ i = 1,\ 2,\ 3,\ \cdots,\ m;\ r = 1,\ 2,\ 3,\ \cdots,\ q;\ j = 1,\ 2,\ 3,\ \cdots,\ n \end{cases}$$

$$(5-9)$$

模型（5-7）的对偶规划式为：

$$\max \sum_{r=1}^{s} \mu_r y_{rk} - \mu_0$$

$$\text{s. t.} \begin{cases} \sum_{r=1}^{q} \mu_r y_{rj} - \sum_{i=1}^{m} \nu_i x_{ij} - \mu_0 \leqslant 0 \\ \sum_{i=1}^{m} \nu_i x_{ik} = 1 \\ \nu \geqslant 0;\ u \geqslant 0;\ u_0\ \text{free} \\ i = 1,\ 2,\ 3,\ \cdots,\ m;\ r = 1,\ 2,\ 3,\ \cdots,\ q;\ j = 1,\ 2,\ 3,\ \cdots,\ n \end{cases}$$

$$(5-10)$$

产出导向的 BCC 模型规划式：

$$\min\phi$$

$$\text{s. t.}\begin{cases} \sum\limits_{j=1}^{n} \lambda_j x_{ij} \leqslant x_{ik} \\[2mm] \sum\limits_{j=1}^{n} \lambda_j y_{rj} \geqslant \phi y_{rk} \\[2mm] \sum\limits_{j=1}^{n} \lambda_j = 1; \ \lambda \geqslant 0 \\[2mm] i = 1, 2, 3, \cdots, m; \ r = 1, 2, 3, \cdots, q; \ j = 1, 2, 3, \cdots, n \end{cases}$$

$$(5-11)$$

产出导向的 BCC 模型的对偶规划式：

$$\min \sum_{i=1}^{m} \nu_i x_{ik} + \nu_0$$

$$\text{s. t.}\begin{cases} \sum\limits_{r=1}^{q} \mu_r y_{rj} - \sum\limits_{i=1}^{m} \nu_i x_{ij} - \nu_0 \leqslant 0 \\[2mm] \sum\limits_{r=1}^{s} \mu_r y_{rj} = 1 \\[2mm] \nu \geqslant 0; \ u \geqslant 0; \ \nu_0 \text{free} \\[2mm] i = 1, 2, 3, \cdots, m; \ r = 1, 2, 3, \cdots, q; \ j = 1, 2, 3, \cdots, n \end{cases}$$

$$(5-12)$$

二、规模效率、规模收益与规模弹性

（一）规模效率

数据包络分析方法中的"规模有效"是指投入的规模既不偏小，也不偏大。这里的"偏小"是指当投入成倍增大时，产出会高于投入的同倍数的增长；"偏大"是指当投入成倍增大时，产出会低于投入的同倍数的增长，即"规模有效"是规模收益不变的生产方式（魏权龄，

2004）。BCC 模型为计算规模效率提供了方法，基于规模收益不变计算出的效率值（Technical Efficiency，TE）并非纯粹的技术效率，而是包含了规模效率的成分。基于规模收益可变得出的效率值是纯技术效率（Pure Technical Efficiency，PTE），规模效率值（Scale Efficiency，SE）可通过计算 CRS 效率值和 VRS 效率值分离得出，计算公式为：

$$SE = TE/PTE \tag{5-13}$$

（二）规模收益

1984 年，班克（Banker，1984）最早运用 DEA 模型的 CCR 和 BCC 模型评估决策单元的规模收益状况，有学者（Wei et al.，2002）从生产可能集出发，针对一般的 DEA 模型给出了关于规模收益三阶段的严格定义。一般来说，规模收益先后经历规模收益递增（Increasing Returns to Scale，IRS）、规模收益不变（CRS）和规模收益递减（Decreasing Returns to Scale，DRS）三个阶段。通过数据包络模型和乘数模型可以判定规模收益的所处阶段。

根据数据包络模型判断：

（1）如果规模效率 = 1，则说明该 DMU 处于 CRS 阶段；

（2）如果规模效率 < 1，并且在任意最优解中 $\sum \lambda^* < 1$，则该 DMU 处于 IRS 阶段；

（3）如果规模效率 > 1，并且在任意最优解中 $\sum \lambda^* > 1$，则该 DMU 处于 DRS 阶段。

根据乘数模型来判断：

根据线性规划的对偶理论，规模收益状态可以通过乘数模型判断。如果边际产出大于边际成本，说明当前生产处于 IRS 阶段；如果边际产出等于边际成本，说明当年生产处于 CRS 阶段；如果边际产出小于边际成本，说明当年生产处于 DRS 阶段。因此，可以通过比较被评价单元在有效前沿上投影点的边际产出和平均产出来判断规模收益阶段。

将 $\sum_{i=1}^{m} \nu_i \theta_k^* x_{ik}$ 和 $\sum_{r=1}^{q} \mu_r y_{rk}$ 看作是一个虚拟的投入和一个虚拟的产出，

即 $x = \sum_{i=1}^{m} \nu_i \theta_k^* x_{ik}$，$y = \sum_{r=1}^{q} \mu_r y_{rk}$。

$\sum_{r=1}^{q} \mu_r y_{rk} - \sum_{i=1}^{m} \nu_i \theta_k^* x_{ik} - \mu_{0k} = 0$，简记为 $y - x - \mu_{0k} = 0$，通过该投影点的前沿支撑面来计算该投影点的边际产出：

$$MP = \frac{dy}{dx} = 1 \qquad (5-14)$$

根据 $\sum_{r=1}^{q} \mu_r y_{rk} - \sum_{i=1}^{m} \nu_i \theta_k^* x_{ik} - \mu_{0k} = 0$ 和 $\sum_{i=1}^{m} \nu_i \theta_k^* x_{ik} = 1$，计算该投入点的平均产出为：

$$AP = \frac{\sum_{r=1}^{q} \mu_r y_{rk}}{\sum_{i=1}^{m} \nu_i \theta_k^* x_{ik}} = \sum_{r=1}^{q} \mu_r y_{rk} = 1 + \mu_{0k} \qquad (5-15)$$

表 5-1 是投入导向乘数模型规模收益状态的判断方法。

表 5-1　　　　投入导向乘数模型规模收益状态的判断方法

项目	MP 和 AP 比较	μ_0
IRS	在所有解中 MP > AP	在所有解中 $\mu_o^* < 0$
CRS	在任一解中 MP = AP	在任一解中 $\mu_o^* = 0$
DRS	在所有解中 MP < AP	在所有解中 $\mu_o^* > 0$

资料来源：成刚：《数据包络分析方法与 MaxDEA 软件》，知识产权出版社 2014 年版。

（三）规模弹性

规模弹性是对规模收益的量化，是指产出指标的等比例变动的比例与投入指标等比例变动的比例之比值。当所有其他变量保持不变，如果一个变量的变动会引起另一个变量的变动，后者变动的比例与前者的比例之比值就是后者对前者的弹性，用公式表达为：

$$E = \frac{\Delta x_2 / x_2}{\Delta x_1 / x_1} \qquad (5-16)$$

在生产领域，当所有其他投入要素保持不变，一种投入要素的变动会引起产量的变动，所引起的产量变动的比例与该投入要素变动的比例之比值，称为产出弹性或生产弹性，表示产量变动对生产要素投入量变动的敏感性程度。规模弹性可以通过数据包络模型和乘数模型来求解。

通过数据包络模型直接求解规模弹性，步骤如下：

第一步，计算所有 DMU 目标值，以 DMU K 为例求解下模型，获得其在前沿的投影点 K′：

$$\max\varphi + \varepsilon \sum (s^- + s^+)$$

$$\text{s. t.} \begin{cases} \sum\limits_{j=1}^{n} \lambda_j x_{ij} + s_i^- = x_{ik} \\ \sum\limits_{j=1}^{n} \lambda_j y_{rj} - s_r^+ = \phi y_{rk} \\ \sum\limits_{j=1}^{n} \lambda_j = 1 ; \; \lambda \geqslant 0 ; \; s^- \geqslant 0 ; \; s^+ \geqslant 0 \\ i = 1, 2, 3, \cdots, m ; \; r = 1, 2, 3, \cdots, q ; \; j = 1, 2, 3, \cdots, n \end{cases}$$

$$(5-17)$$

投影点 K′ 的投入和产出向量分别记为：

$$\hat{x}_{ik} = x_{ik} - s_i^{-*} \quad \hat{y}_{ik} = \varphi^* y_{rk} + s_i^{+*} \qquad (5-18)$$

在 DEA 模型数据中，用目标值替代原始数值。

第二步，计算上方的规模弹性。

以 DMU K 的投影点 K′ 为例，将其各项投入等比例增加后构建一个新的 DMU K_+，增加比例记为 ε，DMU K_+ 的投入向量为 $x_{ik_+} = (1+\varepsilon)\hat{x}_{ik}$，产出向量 $y_{ik_+} = \hat{y}_{rk}$。将 DMU K_+ 加入 DEM 数据中，则共有 $n+1$ 个决策单元，求解模型获得增加的比例 β。

$$\max\beta$$

$$\text{s. t.} \begin{cases} \sum\limits_{j=1}^{n} \lambda_j \hat{x}_{ij} \leqslant x_{ik_+} \\ \sum\limits_{j=1}^{n} \lambda_j \hat{y}_{rj} \geqslant (1+\beta) y_{rk_+} \\ \sum\limits_{j=1}^{n} \lambda_j = 1 \\ \lambda_j \geqslant 0 \\ i = 1, 2, 3, \cdots, m ; \; r = 1, 2, 3, \cdots, q ; \; j = 1, 2, 3, \cdots, n \end{cases}$$

$$(5-19)$$

下方规模弹性等为：

$$E_u = \beta^* / \varepsilon \qquad (5-20)$$

第三步，计算下方的规模弹性。

以 DMU K 的投影点 K′ 为例，将其各项投入等比例减少后构建一个新的 DMU K_，DMU K_ 的投入向量为 $x_{ik_-} = (1-\varepsilon)\hat{x}_{ik}$，产出向量 $y_{ik_-} = \hat{y}_{rk}$，获得产出减少比例 β，DMU K_ 位于前沿以外，在下面模型中将其排除，参考集的决策单元共有 n 个。

$$\max \beta$$

$$s.t. \begin{cases} \sum\limits_{j=1}^{n} \lambda_j \hat{x}_{ij} \leqslant s_{ik_-} \\ \sum\limits_{j=1}^{n} \lambda_j \hat{y}_{rj} \geqslant (1-\beta) y_{rk_-} \\ \sum\limits_{j=1}^{n} \lambda_j = 1 \\ \lambda_j \geqslant 0 \\ i=1,2,3,\cdots,m;\ r=1,2,3,\cdots,q;\ j=1,2,3,\cdots,n \end{cases}$$

$$(5-21)$$

下方规模弹性等为：

$$E_d = \beta^* / \varepsilon \qquad (5-22)$$

根据上述乘数模型计算投影点的边际产出和平均产出的方法，规模弹性等于边际产出之比，即 SE = MP/AP。以产出导向模型为例：

$$MP = \frac{dy}{dx} = 1$$

$$AP = \frac{\sum\limits_{r=1}^{q} \mu_r \varphi_k^* y_{rk}}{\sum\limits_{i=1}^{m} \nu_i x_{ik}} = \frac{\sum\limits_{r=1}^{q} \mu_r \varphi_k^* y_{rk}}{\sum\limits_{r=1}^{q} \mu_r \varphi_k^* y_{rk} - \nu_{0k}} = \frac{1}{1-\nu_{0k}}$$

$$E = \frac{MP}{AP} = \frac{1}{\dfrac{1}{1-\nu_{0k}}} = 1 - \nu_{0k} \qquad (5-23)$$

通过求解模型（5-10），可以得到 ν_0 的最小（最大）值，进而计算规模弹性的最小（最大）值。

$$\min(\max) \nu_0$$

$$s. t. \begin{cases} \sum_{r=1}^{q} \mu_r \varphi_j^* y_{rj} - \sum_{i=1}^{m} \nu_i x_{ij} - \nu_0 \leq 0 \\ \nu \geq 0; \ u \geq 0; \ \nu_0 \text{free} \\ i = 1, \ 2, \ 3, \ \cdots, \ m; \ r = 1, \ 2, \ 3, \ \cdots, \ q; \ j = 1, \ 2, \ 3, \ \cdots, \ n \end{cases}$$

$$E_{max} = 1 - \nu_{0, min}^*$$

$$E_{min} = 1 - \nu_{0, max}^*$$

$$E_u = E_{min}$$

$$E_d = E_{max} \tag{5 - 24}$$

第二节 指标选取与模型构建

一、指标选取与说明

著名经济学家保罗·萨缪尔森等（Paul et al., 2012）将投入划分为三个基本范畴：土地、劳动和资本，土地指的是生产过程中大自然赋予人民的礼物；劳动指人们花费在生产过程中的时间和精力；资本是一个经济体为了生产其他的物品而生产出来的耐用品。现代西方经济学认为最重要的投入生产要素是劳动、土地和资本，对于农业生产而言，这三者也是其最主要的经济投入要素，农业经济产出很大程度上要受到劳动、土地和资本的制约（张宏永，2011）。

学者们在评价农地经营效率时，因研究角度和研究尺度的不同在投入、产出指标的选取上也不尽相同。贺正楚（2011）基于两型社会农业生产本质要求，选取农业耕地面积、农用化肥、农业机械动力和农业劳动力作为投入指标，选取农业总产值作为产出指标评价中国各省市农业投入与产出效率。梁树广等（2007）选取耕地面积、资本和劳动力数量作为投入指标，选取农业产值作为产出指标分析新疆各地区农业生产效率。康鑫等（2013）选取乡村人口数、农业工地面积、农村水电建设和发电量总投资作为投入指标，选择农业总产值和谷物单位面积产量作为产出指标评价中国粮食主产区农业生产资源投入产出效率。龙海峰（2015）选择农作物播种面积、农机械总动力和农业人口数作为投入指标，选取农业生产总值、地区生产总值和农村居民家庭人均纯收入作为产出指标评价贵阳市农业发展投入产出效率。

参考现有研究成果，同时兼顾指标的可量化、可靠性与可获取性原则，基于微观农户经济收益最大化视角，选取劳动力投入、间接投入、直接投入和农地投入作为投入指标；选取能够反映农户微观目标的纯收入作为产出指标（见表 5－2）。各指标的具体范围如下：（1）劳动力投入，指农户当年从事农地生产经营的实际用工量，本书指家庭农业劳动力投入，雇工成本核算在直接投入中；（2）间接投入，指各项间接成本支出，包括固定性资产投入折旧、税金、管理费、销售费等，在玉米、水稻种植中，主要指生产性固定性资产投入；（3）直接投入，指各项直接成本支出，包括种子、农药、化肥、灌溉、水电费等，在玉米、水稻种植中，主要指种子、农药和化肥；（4）农地投入，指农户当年经营农地的实际面积，既包括家庭承包经营农地，也包括通过租赁等方式转入的农地；（5）纯收入，指农户经营一定规模农地所获得的纯收益。

表 5－2　　　　　　　　　农地经营规模效率评价指标

指标类型	指标	指标含义	计量单位
投入指标	劳动力投入	农业生产中所用劳动力	人
	间接投入	大中型铁木农具、农机械、生产用房等	元
	直接投入	种子、农药、化肥、灌溉、水电费等	元
	农地投入	农户当年经营农地的实际面积	亩
产出指标	纯收入	农户经营农地所获得的纯收益	元

二、农地经营效率的 DEA 模型构建

(一) 农地经营效率测算

测算农地经营效率的目的是确定农地适度经营规模。本书从微观农户视角出发，采用固定规模报酬 CCR 模型（CRS 模型）和可变规模报酬 BCC 模型（VRS 模型）对样本农户不同玉米、水稻种植规模的生产效率进行测量。CCR 模型和 BCC 模型均不需要对样本农户农地经营的生产函数和无效率项做分布假设，而是借助数据包络分析的方法构建农地经营的生产前沿面，将所有 DMU 最生产前沿面进行对比分析，得出每个 DMU 的效率值。

本书测算农户农地经营中的 3 个效率值：纯技术效率、综合技术效率和规模效率。纯技术效率反映的是在当前技术条件下，包括土地在内的所有投入要素在农户农地经营中是否充分发挥了其生产潜能（是否存在着浪费）。综合技术效率则反映农户农地经营中包括农地在内的所有要素投入规模是否达到农户总体收入最大化所要求的规模。规模效率是指在这两个效率的基础上，对农户农地经营中最重要的生产要素——农地投入规模效率的评价。各效率测算方法如下：（1）运用 VRS 模型计算的是农户农地经营的纯技术效率（PTE）；（2）运用 CRS 模型计算的是农户农地经营中包含规模效率的综合技术效率（TE）；（3）根据公式 SE = TE/PTE，计算得出农户农地经营的规模效率（SE）；（4）综合运用数据包络模型和乘数模型判断农户农地生产经营规模收益阶段，并计算农户农地经营的规模弹性。

根据对效率的测量方式，DEA 模型可分为投入导向、产出导向和非导向。投入导向模型是从投入的角度对 DMU 无效率程度进行测量，关注的是在不减少产出的条件下，要达到技术有效各项投入应该减少的程度；产出导向模型是从产出的角度对 DMU 无效率进行测量，关注的是在不增加投入的条件下，要达到技术有效各项产出应该增加的程度；

非导向模型则是同时从投入和产出两个方向进行测量（成刚，2014）。基于如下原因选取产出导向模型：（1）本书基于农户视角确定农地适度经营规模，在现有生产力水平下，引导农户经营合理的农地规模，获得规模收益，进而实现农户经营收益最大化的目标；（2）在测度不同农地经营规模生产效率的基础上进行进一步的投影分析，从管理角度考虑，将增加产出作为提高农户农地经营效率的主要途径。

（二）农地经营要素松弛改进

通过 DEA 模型可得出不同农地经营规模农户的生产效率状态。有效状态可以分为两种情况：一是强有效，指农户农地经营中，农地、资本、劳动力等投入项的数量均无法减少，除非降低经济收入或增加其他投入的数量，判断强有效的标准是 $\theta^* = 1$，且 s^- 和 s^+ 均为零；二是弱有效，指农户农地经营中，农地、资本、劳动力等投入项中的一项或几项可以减少，判断弱有效的标准是 θ^* 是否等于 1，不需要考虑是否存在松弛问题。

生产可能集理论中，CCR、BCC 模型的生产可能集可以用式（5-18）表示，其中，约束条件是以不等式来表达的，因此会产生松弛变量，代表投入和产出的可自由处置性，其含义是：如果投入 x 能生产产出 y，则更多地投入 $x + \Delta x$ 也能生产产出 y；如果投入 x 能生产产出 y，则投入 x 也能生产更少的产出 $y - \Delta y$。

$$\left\{ (x,y) \mid x \geq \sum_{j=1}^{n} \lambda_j x_{ij}, \ y \leq \sum_{j=1}^{n} \lambda_j y_{rj}; \right.$$
$$i = 1, 2, \cdots, m; \ r = 1, 2, \cdots, q; \ j = 1, 2, \cdots, n \right\}$$

$$(5-25)$$

采用松弛变量对农地经营中的投入要素和产出进行改进，以达到生产强有效的目标。为了获得完全的松弛变量值，在模型的目标函数中增加投入和产出的松弛变量 s^- 和 s^+，以投入导向径向模型为例，增加松弛变量后的目标函数规划式为：

$$\min\theta - \varepsilon \sum (s^- + s^+)$$

$$
s.t.
\begin{cases}
\sum_{j=1}^{n} \lambda_j x_{ij} + s_i^- = \theta x_{ik} \\[2mm]
\sum_{j=1}^{n} \lambda_j y_{rj} - s_r^+ = y_{rk} \\[2mm]
\sum_{j=1}^{n} \lambda_j = 1 ; \ \lambda \geqslant 0; \ s^- \geqslant 0; \ s^+ \geqslant 0 \\[2mm]
i = 1, 2, 3, \cdots, m; \ r = 1, 2, 3, \cdots, q; \ j = 1, 2, 3, \cdots, n
\end{cases}
$$

$$(5-26)$$

其中，ε 是一个常量，表示非阿基米德无穷小，可以理解为一个足够小的正数，在实际应用中可知为 0.00001（成刚，2014）。上式的对偶模型为：

$$\max \sum_{r=1}^{s} \mu_r y_{rk} - \mu_0$$

$$
s.t.
\begin{cases}
\sum_{r=1}^{q} \mu_r y_{rj} - \sum_{i=1}^{m} \nu_i x_{ij} - \mu_0 \leqslant 0 \\[2mm]
\sum_{i=1}^{m} \nu_i x_{ij} = 1 \\[2mm]
\nu \geqslant \varepsilon; \ \mu \geqslant \varepsilon; \ \mu_0 \text{free} \\[2mm]
i = 1, 2, 3, \cdots, m; \ r = 1, 2, 3, \cdots, q; \ j = 1, 2, 3, \cdots, n
\end{cases}
$$

$$(5-27)$$

为了消除 ε 的影响，本书采用两阶段方法求解投入和产出松弛变量。第一阶段求 θ 的最优解 θ^*，第二阶段求下面规划式：

$$\max \sum (s^- + s^+)$$

$$
s.t.
\begin{cases}
\sum_{j=1}^{n} \lambda_j x_{ij} + s_i^- = \theta_k^* x_{ik} \\[2mm]
\sum_{j=1}^{n} \lambda_j y_{rj} - s_r^+ = y_{rk} \\[2mm]
\sum_{j=1}^{n} \lambda_j = 1 ; \ \lambda \geqslant 0; \ s^- \geqslant 0; \ s^+ \geqslant 0 \\[2mm]
i = 1, 2, 3, \cdots, m; \ r = 1, 2, 3, \cdots, q; \ j = 1, 2, 3, \cdots, n
\end{cases}
$$

$$(5-28)$$

第三节 基于 DEA 的农地适度经营规模测算

一、样本检验与处理

(一) 样本检验

1. 样本描述性统计

380 份有效问卷中,种植玉米的有效样本 320 个,种植水稻的有效样本 68 个 (8 位受访农户种植玉米和水稻两种作物),形成 320 个玉米种植 DMU 和 68 个水稻种植 DMU,表 5 - 3 和表 5 - 4 是指标变量的统计性描述。

表 5 - 3 玉米种植农户样本投入 - 产出指标变量的统计性描述

描述	劳动力投入 (人)	间接投入 (元)	直接投入 (元)	农地投入 (亩)	纯收入 (元)	Valid N
最小值	0.30	1000.00	600.00	2.00	748.00	320
最大值	4.00	500000.00	180000.00	400.00	400000.00	——
均值	1.8916	30291.5625	17763.5994	53.3431	33231.5656	
标准差	0.7664	48164.4807	22548.7851	57.1339	42751.4804	

资料来源:运用 SPSS 22.0 运算得出。

表 5 - 4 水稻种植农户样本投入 - 产出指标变量的统计性描述

描述	劳动力投 (人)	间接投入 (元)	直接投入 (元)	农地投入 (亩)	纯收入 (元)	Valid N
最小值	0.30	1000.00	250.00	0.50	600.00	68
最大值	4.00	500000.00	252000.00	275.00	272000.00	

续表

描述	劳动力投（人）	间接投入（元）	直接投入（元）	农地投入（亩）	纯收入（元）	Valid N
均值	1.8559	35676.4706	38311.7647	50.0147	47803.8235	—
标准差	0.7879	70516.5253	59131.5723	65.4054	59463.8243	—

资料来源：运用 SPSS 22.0 运算得出。

2. 样本信度分析

信度分析是评价样本是否具有稳定性和可靠性的有效的分析方法。本书采用克朗巴哈 α 信度系数法对玉米、水稻种植农户样本进行信度分析（见表 5-5）。种植玉米农户信度分析的有效样本数为 320 个，排除在外的数据个数为 0；种植水稻农户信度分析的有效样本数为 68 个，排除在外的数据个数为 0。玉米、水稻种植农户样本的克朗巴哈 α 信度系数均在 0.80~0.90，说明样本信度相当好。

表 5-5   克朗巴哈 α 信度系数计算结果

类别	Cronbach's Alpha	基于标准化项的 Cronbachs Alpha	项目个数
玉米种植农户	0.638	0.874	5
水稻种植农户	0.647	0.840	5

资料来源：运用 SPSS 22.0 运算得出。

3. 样本相关性分析

数据处理中，相关性分析是指描述和分析两个或两个以上变量之间相关的性质及其相关程度，相关系数（r）是说明两个变量之间相关程度以及相关方向的统计指标，变量相关的方向用相关系数（r）的符号表示，$0 \leqslant r \leqslant 1$ 表示正相关，$0 \geqslant r \geqslant -1$ 表示负相关；变量的相关程度用（r）的大小判断，$|r| = 0$ 表示完全不相关、$0 < |r| \leqslant 0.3$ 表示微弱相关、$0.3 < |r| \leqslant 0.5$ 表示低度相关、$0.5 < |r| \leqslant 0.8$ 表示显著相关、

0.8 < |r| ≤1 表示高度相关、|r| =1 表示完全相关。

本书分别对玉米、水稻种植农户的产出指标与各投入指标的相关性进行分析（见表5-6和表5-7）。玉米种植农户样本中，纯收入与农地投入之间高度相关，相关系数达到0.915；纯收入与直接投入之间显著相关，相关系数达到0.790；纯收入与间接投入之间低度相关，相关系数仅为0.326。水稻种植农户样本中，纯收入与直接投入和农地投入之间显著相关，相关系数分别为0.675和0.793；纯收入与间接投入之间低度相关，相关系数仅为0.352。在玉米种植农户样本和水稻种植农户样本中，劳动力投入对纯收入变化的影响均不显著，这可能是由黑龙江省农业生产机械化程度较高导致的。

表5-6　　　　玉米种植农户投入指标与产出指标的相关分析

项目		纯收入	劳动力投入	间接投入	直接投入	农地投入
纯收入	Pearson 相关性	1	0.143*	0.326**	0.790**	0.915**
	显著性（双侧）	—	0.011	0.000	0.000	0.000
	N	320	320	320	320	320
劳动力投入	Pearson 相关性	0.143*	1	0.081	0.078	0.163**
	显著性（双侧）	0.011	—	0.148	0.165	0.003
	N	320	320	320	320	320
间接投入	Pearson 相关性	0.326**	0.081	1	0.208**	0.304**
	显著性（双侧）	0.000	0.148	—	0.000	0.000
	N	320	320	320	320	320
直接投入	Pearson 相关性	0.790**	0.078	0.208**	1	0.853**
	显著性（双侧）	0.000	0.165	0.000	—	0.000
	N	320	320	320	320	320
农地投入	Pearson 相关性	0.915**	0.163**	0.304**	0.853**	1
	显著性（双侧）	0.000	0.003	0.000	0.000	—
	N	320	320	320	320	320

注：＊表示在0.05水平（双侧）上显著相关，＊＊表示在0.01水平（双侧）上显著相关。
资料来源：运用SPSS 22.0运算得出。

表5－7　　　水稻种植农户样本项投入指标与产出指标的相关分析

项目		纯收入	劳动力投入	间接投入	直接投入	农地投入
纯收入	Pearson 相关性	1	0.188	0.352**	0.675**	0.793**
	显著性（双侧）	—	0.126	0.003	0.000	0.000
	N	68	68	68	68	68
劳动力投入	Pearson 相关性	0.188	1	0.182	0.362**	0.423**
	显著性（双侧）	0.126	—	0.137	0.002	0.000
	N	68	68	68	68	68
间接投入	Pearson 相关性	0.352**	0.182	1	0.617**	0.570**
	显著性（双侧）	0.003	0.137	—	0.000	0.000
	N	68	68	68	68	68
直接投入	Pearson 相关性	0.675**	0.362**	0.617**	1	0.958**
	显著性（双侧）	0.000	0.002	0.000	—	0.000
	N	68	68	68	68	68
农地投入	Pearson 相关性	0.793**	0.423**	0.570**	0.958**	1
	显著性（双侧）	0.000	0.000	0.000	0.000	—
	N	68	68	68	68	68

注：** 表示在 0.01 水平（双侧）上显著相关。
资料来源：运用 SPSS 22.0 运算得出。

（二）样本处理

本书并未对所有玉米、水稻种植农户有效样本 DMU 逐一进行测算效率。对每个样本农户测算的做法在大样本下既不现实也缺乏一定的科学性，因为再详细的调查与分析也很难把影响农户生产的所有信息均考虑到，毕竟每个样本农户在个体特征、家庭特征、生产环境、生活环境等方面存在较大差异，这一切都可能对农户的农地规模效率产生影响（张忠明，2008）。聚类分析又称为群分析，是研究分类问题的一种统计方法，为农地经营规模的划定分组提供了思路。为了考察不同农地经营规模的农户生产效率状况，本书对玉米、水稻种植农户有效样本根据农地投入规模进行聚类。玉米种植规模大于 230 亩样本占总样本的 1.56%，不具有普遍代表性，且呈分散分布，将其划为一类；水稻种植规模大于 200 亩样本占总样本的 2.94%，不具有普遍代表性，且呈分散分布，将其化为一类。得出最终分组结果（见表 5-8，表 5-9），比较符合田野调查中被访谈者依据自身实践经验按照农地经营规模（农户实际经营的耕地面积）进行划定分组的结果。

表 5-8 玉米种植农户样本分组情况

DUM	规模区间（亩）	劳动力投入（人）	间接投入（元）	直接投入（元）	农地投入（亩）	纯收入（元）
1	[2, 31]	1.80	21047.56	5436.70	15.71	9702.24
2	(31, 65]	1.91	29088.71	13755.20	47.40	30599.35
3	(65, 100]	1.86	45269.23	28139.06	86.40	49676.62
4	(100, 120]	2.06	26615.38	40268.54	113.80	62140.69
5	(120, 130]	4.00	20000.00	83850.00	129.00	45150.00
6	(130, 136]	2.40	56000.00	56835.00	134.50	81150.00
7	(136, 145]	2.27	14333.33	59066.67	142.33	88416.67
8	(145, 152.5]	2.20	54000.00	48044.00	150.40	100655.00
9	(152.5, 160]	1.40	66666.67	48000.00	160.00	118400.00
10	(160, 166]	4.00	26000.00	29880.00	166.00	64740.00
11	(166, 184]	3.60	40000.00	45080.00	184.00	126960.00
12	(184, 190]	2.00	60000.00	57000.00	190.00	152000.00
13	(190, 195]	2.30	50000.00	117000.00	195.00	117000.00
14	(195, 200]	1.83	46666.67	71333.33	200.00	119333.33
15	(200, 230]	2.50	33500.00	70804.75	227.75	137212.50
16	(230, 400]	2.04	134000.00	108920.00	310.00	240700.00

资料来源：运用 SPSS 22.0 运算得出。

表 5 – 9　　　　　　　　　　水稻种植农户样本分组情况

DMU	规模区间 （亩）	劳动力投入 （人）	间接投入 （元）	直接投入 （元）	农地投入 （亩）	纯收入 （元）
1	[0.5, 3]	1.43	8333.33	1116.67	2.28	1401.11
2	(3, 7]	1.62	12111.11	3555.56	5.33	5450.00
3	(7, 12]	1.64	19222.22	5877.78	10.11	10811.11
4	(12, 15]	2.30	33000.00	9510.00	14.70	17460.00
5	(15, 19]	2.30	20000.00	11600.00	18.50	20650.00
6	(19, 21]	1.95	19833.33	12333.33	20.17	29333.33
7	(21, 30]	1.90	23750.00	18375.00	30.00	32250.00
8	(30, 40]	1.40	17500.00	26000.00	40.00	53000.00
9	(40, 60]	2.50	25000.00	30000.00	60.00	54000.00
10	(60, 100]	2.20	44000.00	70000.00	100.00	118000.00
11	(100, 105]	2.00	10000.00	42000.00	105.00	168000.00
12	(105, 111]	1.20	20000.00	77700.00	111.00	177600.00
13	(111, 130]	1.60	55000.00	91000.00	130.00	156000.00
14	(130, 141]	2.00	70000.00	126900.00	141.00	112800.00
15	(141, 160]	2.00	100000.00	112000.00	160.00	272000.00
16	(160, 198]	4.00	30000.00	158400.00	198.00	79200.00
17	(198, 200]	2.40	30000.00	200000.00	200.00	116666.67
18	(200, 275]	3.00	400000.00	219500.00	242.50	121250.00

资料来源：运用 SPSS 22.0 运算得出。

二、玉米种植的农地适度经营规模

（一）农地经营效率分析

微观农户视角下的玉米、水稻种植的综合技术效率、纯技术效率和规模效率的相关计算在 MaxDEA pro6.19 中完成。表 5 – 10 是不同玉米种植规模的农户生产效率情况，其中，Technical Efficiency Score 是综合技术效率，Pure Technical Efficiency Score 是纯技术效率，Scale Efficiency Score 是规模效率，RTS 是规模报酬阶段。综合技术效率等于 1 表示该农地经营规模区间的各项投入要素得到了充分利用，没有出现资源浪费现象，同时各项生产要素的结构配置合理，实现了生产技术效率和资源配置规模的最佳。

从表 5 - 10 可以看出，综合技术效率、规模效率随玉米种植规模的扩大总体呈波动式上升趋势，玉米种植规模在（120，130］亩的综合技术效率值最低，仅为 0.525238，种植规模在 [2，31] 亩的规模效率值最低，仅为 0.771782，种植规模在（136，145］、（166，184］、（184，190］、（200，230］和（230，400］亩的综合技术效率和规模效率最高，效率值等于 1；纯技术效率随玉米种植规模的扩大总体呈先下降后上升趋势，种植规模在（120，130］亩的纯技术效率最低，仅为 0.539932，种植规模在 [2，31]、（136，145］、（152.5，160］、（166，184］、（184，190］、（195，200］、（200，230］和（230，400］亩的纯技术效率最高，效率值等于 1。

表 5 - 10　　　　　　　　玉米种植农户生产效率

DMU	规模区间（亩）	综合技术效率（Technical Efficiency Score）	纯技术效率（Pure Technical Efficiency Score）	规模效率（Scale Efficiency Score）	规模报酬阶段（RTS）
1	[2，31]	0.771782	1	0.771782	Increasing
2	(31，65]	0.827224	0.926293	0.893048	Increasing
3	(65，100]	0.718669	0.740414	0.970631	Increasing
4	(100，120]	0.746068	0.822359	0.907229	Increasing
5	(120，130]	0.525238	0.539932	0.972785	Increasing
6	(130，136]	0.754182	0.760641	0.991509	Increasing
7	(136，145]	1	1	1	Constant
8	(145，152.5]	0.836561	0.841118	0.994582	Increasing

续表

DMU	规模区间 （亩）	综合技术效率 （Technical Efficiency Score）	纯技术效率 （Pure Technical Efficiency Score）	规模效率（Scale Efficiency Score）	规模报酬阶段 （RTS）
9	(152.5，160]	0.986143	1	0.986143	Increasing
10	(160，166]	0.779041	0.990365	0.78662	Increasing
11	(166，184]	1	1	1	Constant
12	(184，190]	1	1	1	Constant
13	(190，195]	0.802914	0.816498	0.983363	Decreasing
14	(195，200]	0.92698	1	0.92698	Increasing
15	(200，230]	1	1	1	Constant
16	(230，400]	1	1	1	Constant

资料来源：运用 MaxDEA pro6.19 运算得出。

从不同玉米种植规模的相对效率来看，玉米种植的适度经营规模区间并不是唯一的。决策单元 7、11、12、15 和 16 的综合技术效率、纯技术效率和规模效率值均等于 1，即上述决策单元农地经营规模的综合技术效率、纯技术效率和规模效率同时达到最优，均处于规模报酬不变阶段，说明这几组农地经营规模的所有投入要素整体上是有效率的。且 5 个决策单元的所有投入和产出的松弛变量均为 0（见表 5-11），说明 5 个决策单元均为强有效。强有效是指生产处于这样一种状态，任何一项投入的数量都无法减少，除非减少产出的数量或增加另外一种投入的数量；任何一项产出的数量都无法增加，除非增加投入的数量或减少另外一种产出的数量，即生产处于帕累托（Pareto）最优状态（成刚，2014）。因此，决策单元 7、11、12、15 和 16 的玉米种植规模是玉米种植的农地适度经营规模，即玉米种植的农地适度经营规模区间是（136，145]、（166，190]、（200，400] 亩。

（二）农地经营的生产前沿投影分析

无效的决策单元在前沿上的投影值代表其改进的目标值，假设其投入和产出指标达到了目标值，如果在当前的数据集中再次对其进行评价（其他决策单元的投入和产出保持不变），则评价结果将变为"弱有效"或"强有效"（成刚，2014）。因此，可利用其分析非有效农户农地经营的投入与产出的调整方向和调整空间。本书目标值的计算选择在强有效前沿的投影值（Projection to Strong Efficient Frontier），被评价决策单元的改进值包括两部分，一是比例改进值（Projection Movement），二是松弛改进值（Slack Movement），即：

$$强有效目标值 = 原始值 + 比例改进值 + 松弛改进值$$

在 MaxDEA 的分析结果中，投入的松弛改进值用负数表示，产出的松弛改进值用正数表示。表 5-11 和表 5-12 是 CRS 和 VRS 模型决策单元的径向改进、松弛改进和目标值。从表 5-11 可以看出，劳动力投入、间接投入和直接投入冗余是造成投入要素配置比例失调的主要原因，在 11 个综合技术效率非有效的玉米种植规模区间，劳动力投入、间接投入和直接投入分别有 8 个、6 个和 8 个规模区间存在投入冗余（松弛改进值）。一些投入要素没有发挥作用，存在浪费，加大了农地经营成本，进而影响了各项生产要素的利用率。以玉米种植规模区间 [2, 31] 亩为例，要实现既定产出，根据非有效决策单元投影到最佳有效面的结果可知，该规模区间内农户劳动力投入、间接投入和直接投入均存在冗余，劳动力的实际投入量比最佳投入量多 1.64 人，间接投入的实际投入量比最佳投入量多 16085.24 元，直接投入的实际投入量比最佳投入量多 722.49 元。投入冗余的现象在农地投入方面较少，仅有 3 个规模区间存在农地投入冗余，其中，最大的农地投入冗余为 45.37 亩。

从表 5-12 可以看出，劳动力投入、间接投入、直接投入和农地投入均存在冗余，在 8 个纯技术效率非有效的玉米生产规模区间，劳动力投入、间接投入、直接投入和农地投入分别有 5 个、4 个、5 个和 4 个

表 5-11　产出导向的 CRS 模型径向改进、松弛改进和目标值（玉米种植）

DUM	Score	SumLambda	input 1			input 2			input 3			input 4			output 1		
			Proportionate Movement	Slack Movement	Projection	Proportionate Movement	Slack Movement	Projection	Proportionate Movement	Slack Movement	Projection	Proportionate Movement	Slack Movement	Projection	Proportionate Movement	Slack Movement	Projection
1	0.77	0.08	0.00	-1.64	0.17	0.00	-16085.24	4962.32	0.00	-722.49	4714.21	0.00	0.00	15.71	2868.98	0.00	12571.22
2	0.83	0.25	0.00	-1.34	0.58	0.00	-14951.85	14136.86	0.00	0.00	13755.20	0.00	0.00	47.40	6391.04	0.00	36990.40
3	0.72	0.45	0.00	-0.95	0.91	0.00	-17983.81	27285.43	0.00	-2217.90	25921.15	0.00	0.00	86.40	19446.46	0.00	69123.08
4	0.75	0.68	0.00	-0.63	1.43	0.00	0.00	26615.38	0.00	-1145.16	39123.37	0.00	0.00	113.80	21150.21	0.00	83290.90
5	0.53	0.85	0.00	-2.12	1.88	0.00	0.00	20000.00	0.00	-34063.81	49786.19	0.00	0.00	129.00	40811.09	0.00	85961.09
6	0.75	0.71	0.00	-0.98	1.42	0.00	-13526.32	42473.68	0.00	-16485.00	40350.00	0.00	0.00	134.50	26450.00	0.00	107600.00
7	1.00	1.00	0.00	0.00	2.27	0.00	0.00	14333.33	0.00	0.00	59066.67	0.00	0.00	142.33	0.00	0.00	88416.67
8	0.84	0.79	0.00	-0.62	1.58	0.00	-6505.26	47494.74	0.00	-2924.00	45120.00	0.00	0.00	150.40	19665.00	0.00	120320.00
9	0.99	0.70	0.00	0.00	1.40	0.00	-13054.22	53612.45	0.00	0.00	48000.00	0.00	-8.46	151.54	1663.77	0.00	120063.77
10	0.78	0.66	0.00	-1.65	2.35	0.00	0.00	26000.00	0.00	0.00	29880.00	0.00	-45.37	120.63	18362.13	0.00	83102.13
11	1.00	1.00	0.00	0.00	3.60	0.00	0.00	40000.00	0.00	0.00	45080.00	0.00	0.00	184.00	0.00	0.00	126960.00
12	1.00	1.00	0.00	0.00	2.00	0.00	0.00	60000.00	0.00	0.00	57000.00	0.00	0.00	190.00	0.00	0.00	152000.00
13	0.80	1.10	0.00	0.00	2.30	0.00	0.00	50000.00	0.00	-53216.53	63783.47	0.00	0.00	195.00	28719.13	0.00	145719.13
14	0.93	0.87	0.00	0.00	1.83	0.00	0.00	46666.67	0.00	-19172.74	52160.59	0.00	-27.79	172.21	9400.10	0.00	128733.43
15	1.00	1.00	0.00	0.00	2.50	0.00	0.00	33500.00	0.00	0.00	70804.75	0.00	0.00	227.75	0.00	0.00	137212.50
16	1.00	1.00	0.00	0.00	2.04	0.00	0.00	134000.00	0.00	0.00	108920.00	0.00	0.00	310.00	0.00	0.00	240700.00

资料来源：运用 MaxDEA pro6.19 运算得出。

表 5-12　产出导向的 VRS 模型径向改进、松弛改进和目标值（玉米种植）

DUM	Score	SumLambda	input 1			input 2			input 3			input 4			output 1		
			Proportionate Movement	Slack Movement	Projection	Proportionate Movement	Slack Movement	Projection	Proportionate Movement	Slack Movement	Projection	Proportionate Movement	Slack Movement	Projection	Proportionate Movement	Slack Movement	Projection
1	1.00	1.00	0.00	0.00	1.80	0.00	0.00	21047.56	0.00	0.00	5436.70	0.00	0.00	15.71	0.00	0.00	9702.24
2	0.93	1.00	0.00	0.00	1.91	0.00	-2282.87	26805.84	0.00	0.00	13755.20	0.00	-1.93	45.47	2434.84	0.00	33034.19
3	0.74	1.00	0.00	0.00	1.86	0.00	-7945.85	37323.38	0.00	-1792.89	26346.17	0.00	0.00	86.40	17416.40	0.00	67093.02
4	0.82	1.00	0.00	0.00	2.06	0.00	0.00	26615.38	0.00	0.00	40268.54	0.00	-4.02	109.78	13423.27	0.00	75563.96
5	0.54	1.00	0.00	-1.83	2.17	0.00	0.00	20000.00	0.00	-32721.06	51128.94	0.00	0.00	129.00	38471.69	0.00	83621.69
6	0.76	1.00	0.00	-0.46	1.94	0.00	-8404.10	47595.90	0.00	-16254.93	40580.07	0.00	0.00	134.50	25536.40	0.00	106686.40
7	1.00	1.00	0.00	0.00	2.27	0.00	0.00	14333.33	0.00	0.00	59066.67	0.00	0.00	142.33	0.00	0.00	88416.67
8	0.84	1.00	0.00	-0.24	1.96	0.00	-2850.49	51149.51	0.00	-2759.84	45284.16	0.00	0.00	150.40	19013.13	0.00	119668.13
9	1.00	1.00	0.00	0.00	1.40	0.00	0.00	66666.67	0.00	0.00	48000.00	0.00	0.00	160.00	0.00	0.00	118400.00
10	0.99	1.00	0.00	-1.50	2.50	0.00	0.00	26000.00	0.00	0.00	29880.00	0.00	-67.55	98.45	629.82	0.00	65369.82
11	1.00	1.00	0.00	0.00	3.60	0.00	0.00	40000.00	0.00	0.00	45080.00	0.00	0.00	184.00	0.00	0.00	126960.00
12	1.00	1.00	0.00	0.00	2.00	0.00	0.00	60000.00	0.00	0.00	57000.00	0.00	0.00	190.00	0.00	0.00	152000.00
13	0.82	1.00	0.00	-0.16	2.14	0.00	0.00	50000.00	0.00	-56572.35	60427.65	0.00	0.00	195.00	26294.82	0.00	143294.82
14	1.00	1.00	0.00	0.00	1.83	0.00	0.00	46666.67	0.00	0.00	71333.33	0.00	0.00	200.00	0.00	0.00	119333.33
15	1.00	1.00	0.00	0.00	2.50	0.00	0.00	33500.00	0.00	0.00	70804.75	0.00	0.00	227.75	0.00	0.00	137212.50
16	1.00	1.00	0.00	0.00	2.04	0.00	0.00	134000.00	0.00	0.00	108920.00	0.00	0.00	310.00	0.00	0.00	247000.00

资料来源：运用 MaxDEA pro6.19 运算得出。

规模区间存在投入冗余。一些投入的浪费导致农地经营无效。以玉米种植规模区间（130，136〕亩为例，在实现既定产出的前提下，根据非有效决策单元投影到最佳有效面的结果可知，该区间内农户劳动力投入存在0.46人的冗余，间接投入存在8404.10元的冗余，直接投入存在16254.93元的冗余。冗余导致决策纯技术效率的非有效，各非有效决策单元的投入和产出量根据强有效目标值公式进行调整可实现纯技术效率有效，该区间若要实现纯技术的有效，劳动力投入、间接投入和直接投入需要依次减少0.46人、8404.10元和16254.93元，同时，纯收入需要增加25536.40元。

（三）农地经营的规模弹性分析

表5-13是产出导向下玉米种植的规模收益状态和规模弹性。有5个决策单元的规模收益处于规模报酬不变阶段，经营规模区间分别是（136，145〕、（166，184〕、（184，190〕、（200，230〕和（230，400〕。决策单元1、7和9的规模弹性（上限）出现极大值，玉米种植规模在〔2，31〕、（136，145〕和（152.5，160〕区间的前沿投影点位于样本农户农地经营规模的下限，说明产量变动对生产要素投入量变动的敏感性程度最低；决策单元16的规模弹性（下限）为0，玉米种植规模在（200，230〕区间的前沿投影点位于样本农户农地经营规模的上限，说明产量变动对生产要素投入量变动的敏感性程度最高。

表5-13　　　产出导向下玉米种植的规模收益状态和规模弹性

DMU	规模区间（亩）	RTS	规模弹性（上限）	规模弹性（下限）
1	〔2，31〕	Increasing	1E+30	1.322363
2	（31，65〕	Increasing	2.772447	1.142016
3	（65，100〕	Increasing	3.070424	1.474807
4	（100，120〕	Increasing	1.774858	1.248721
5	（120，130〕	Increasing	2.661184	1.185127

续表

DMU	规模区间（亩）	RTS	规模弹性（上限）	规模弹性（下限）
6	(130，136]	Increasing	2.30205	1.029316
7	(136，145]	Constant	1E+30	0.412714
8	(145，152.5]	Increasing	2.160802	1.026136
9	(152.5，160]	Increasing	1E+30	1.046347
10	(160，166]	Increasing	1.895694	1.287508
11	(166，184]	Constant	1.46118	0.498401
12	(184，190]	Constant	1.913888	0.524527
13	(190，195]	Decreasing	1.560099	0.822695
14	(195，200]	Increasing	2.874098	1.5899
15	(200，230]	Constant	1.584927	0.251404
16	(230，400]	Constant	1.619573	0

资料来源：运用 MaxDEA pro6.19 运算得出。

三、水稻种植的农地适度经营规模

（一）农地经营效率分析

表 5-14 是不同水稻种植规模的农户生产效率情况，从中可以看出，综合技术效率、规模效率随水稻种植规模的扩大总体呈先上升后下降趋势，水稻种植规模在（160，198]亩的综合技术效率最低，仅为0.248351；经营规模在 [0.5，3] 亩的规模效率最低，仅为 0.377357；种植规模在（100，105]、（105，111）和（141，160]亩的综合技术效率和规模效率最高，效率值等于1；纯技术效率随水稻种植规模的扩大总体上呈波动式下降趋势，种植规模在（160，198]亩的纯技术效率最低，仅为 0.414419，种植规模在 [0.5，3]、（100，105]、（105，111] 和（141，160]亩的纯技术效率最高，效率值等于1。

表 5 - 14 水稻种植农户生产效率

DMU	规模区间（亩）	综合技术效率（Technical Efficiency Score）	纯技术效率（Pure Technical Efficiency Score）	规模效率（Scale Efficiency Score）	规模报酬阶段（RTS）
1	[0.5, 3]	0.377357	1	0.377357	Increasing
2	(3, 7]	0.605058	0.82036	0.737552	Increasing
3	(7, 12]	0.643944	0.739927	0.870281	Increasing
4	(12, 15]	0.706025	0.77226	0.914233	Increasing
5	(15, 19]	0.666129	0.713308	0.933859	Increasing
6	(19, 21]	0.870712	0.926095	0.940198	Increasing
7	(21, 30]	0.643392	0.668021	0.96313	Increasing
8	(30, 40]	0.795984	0.846216	0.940639	Increasing
9	(40, 60]	0.55102	0.557649	0.988114	Increasing
10	(60, 100]	0.708675	0.712772	0.994253	Increasing
11	(100, 105]	1	1	1	Constant
12	(105, 111]	1	1	1	Constant
13	(111, 130]	0.724687	0.725262	0.999207	Increasing
14	(130, 141]	0.477402	0.477452	0.999895	Increasing
15	(141, 160]	1	1	1	Constant
16	(160, 198]	0.248351	0.414419	0.599276	Decreasing
17	(198, 200]	0.388445	0.610465	0.63631	Decreasing
18	(200, 275]	0.295443	0.445772	0.662768	Decreasing

资料来源：运用 MaxDEA pro6.19 运算得出。

从不同水稻种植规模的相对效率来看，水稻种植的适度经营规模区间并不是唯一的。决策单元 11、12 和 15 的综合技术性效率、纯技术效率和规模效率值均等于 1，即上述决策单元的综合技术效率、纯技术效率和规模效率同时达到最优，且均处于规模报酬不变阶段。另外，3 个决策单元的所有投入和产出的松弛变量均为 0，说明 3 个决策单元均为强有效。因此，决策单元11、12和15的水稻种植规模是水稻种植的农地适度经营规模，即水稻种植的农地适度经营规模区间是（100，111］和（141，160］亩。

（二）农地经营的生产前沿投影分析

表5－15和表5－16是CRS和VRS模型各决策单元的径向改进、松弛改进和目标值。从表5－15可以看出，劳动力投入、间接投入和直接投入冗余是造成投入要素配置比例失调的主要原因，在15个综合技术效率非有效的水稻种植规模区间，劳动力投入、间接投入和直接投入有12个、9个和7个规模区间存在投入冗余。生产要素的浪费降低了生产效率，在既定产出目标下，投入较少的生产要素即可获取当前的产出。以水稻种植规模区间［0.5，3］亩为例，要实现既定产出，根据非有效决策单元投影到最佳有效面的结果可知，该规模区间内农户劳动力投入和间接投入均存在冗余，劳动力的实际投入量比最佳投入量多1.39人，间接投入的实际投入量比最佳投入量多7753.42元。投入冗余的现象在农地投入方面较少，仅有1个规模区间存在农地投入冗余，农地投入冗余为12.29亩。

从表5－16可以看出，劳动力投入、间接投入、直接投入和农地投入均存在冗余，在14个纯技术效率非有效的水稻种植规模区间，劳动力投入、间接投入、直接投入和农地投入有11个、9个、7个和3个规模区间存在投入冗余。以水稻种植规模区间（200，275］亩为例，在实现既定产出的前提下，根据非有效决策单元投影到最佳有效面的结果可知，该区间内农户劳动力投入存在1.00人的冗余，间接投入存在300000.00元的冗余，直接投入存在107500.00元的冗余。各非有效决策单元的投入和产出量根据强有效目标值公式进行调整可实现纯技术效率有效，该区间若要实现纯技术的有效，劳动力投入、间接投入和直接投入需要依次减少1.00人、300000.00元和107500.00元，同时，纯收入需要增加150750.00元。

表5-15 产出导向的 CRS 模型径向改进、松弛改进和目标值（强有效投影值）

DUM	Score	SumLambda	input 1			input 2			input 3			input 4			output 1		
			Proportionate Movement	Slack Movement	Projection	Proportionate Movement	Slack Movement	Projection	Proportionate Movement	Slack Movement	Projection	Proportionate Movement	Slack Movement	Projection	Proportionate Movement	Slack Movement	Projection
1	0.38	0.02	0.00	-1.39	0.04	0.00	-7753.42	579.92	0.00	0.00	1116.67	0.00	0.00	2.28	2311.85	0.00	3712.96
2	0.61	0.04	0.00	-1.55	0.07	0.00	-9091.71	3019.40	0.00	0.00	3555.56	0.00	0.00	5.33	3557.41	0.00	9007.41
3	0.64	0.08	0.00	-1.49	0.15	0.00	-15021.83	4200.40	0.00	0.00	5877.78	0.00	0.00	10.11	5977.78	0.00	16788.89
4	0.71	0.10	0.00	-2.10	0.20	0.00	-25189.88	7810.12	0.00	0.00	9510.00	0.00	0.00	14.70	7270.00	0.00	24730.00
5	0.67	0.13	0.00	-2.04	0.26	0.00	-10821.43	9178.57	0.00	0.00	11600.00	0.00	0.00	18.50	10350.00	0.00	31000.00
6	0.87	0.15	0.00	-1.66	0.29	0.00	-10378.31	9455.03	0.00	0.00	12333.33	0.00	0.00	20.17	4355.56	0.00	33688.89
7	0.64	0.22	0.00	-1.47	0.43	0.00	-9635.42	14114.58	0.00	0.00	18375.00	0.00	0.00	30.00	17875.00	0.00	50125.00
8	0.80	0.30	0.00	-0.81	0.59	0.00	0.00	17500.00	0.00	-2247.19	23752.81	0.00	0.00	40.00	13584.27	0.00	66584.27
9	0.55	0.51	0.00	-1.49	1.01	0.00	-8690.48	16309.52	0.00	0.00	30000.00	0.00	0.00	60.00	44000.00	0.00	98000.00
10	0.71	0.74	0.00	-0.72	1.48	0.00	0.00	44000.00	0.00	-10476.40	59523.60	0.00	0.00	100.00	48507.87	0.00	166507.87
11	1.00	1.00	0.00	0.00	2.00	0.00	0.00	10000.00	0.00	0.00	42000.00	0.00	0.00	105.00	0.00	0.00	168000.00
12	1.00	1.00	0.00	0.00	1.20	0.00	0.00	20000.00	0.00	0.00	77700.00	0.00	0.00	111.00	0.00	0.00	177600.00
13	0.72	0.98	0.00	0.00	1.60	0.00	0.00	55000.00	0.00	-2617.61	88382.39	0.00	0.00	130.00	59265.35	0.00	215265.35
14	0.48	0.99	0.00	-0.01	1.99	0.00	0.00	70000.00	0.00	-38464.04	88435.96	0.00	0.00	141.00	123478.65	0.00	236278.65
15	1.00	1.00	0.00	0.00	2.00	0.00	0.00	100000.00	0.00	0.00	112000.00	0.00	0.00	160.00	0.00	0.00	272000.00
16	0.25	1.82	0.00	-0.37	3.63	0.00	0.00	30000.00	0.00	-72889.89	85510.11	0.00	0.00	198.00	239703.37	0.00	318903.37
17	0.39	1.71	0.00	0.00	2.40	0.00	0.00	30000.00	0.00	-82100.00	117900.00	0.00	-12.29	187.71	183676.19	0.00	300342.86
18	0.30	1.57	0.00	0.00	3.00	0.00	-256666.67	143333.33	0.00	-49750.00	169750.00	0.00	0.00	242.50	289150.00	0.00	410400.00

资料来源：运用 MaxDEA pro6.19 运算得出。

表5-16　产出导向的VRS模型径向改进、松弛改进和目标值（强有效投影值）

DUM	Score	SumLambda	input 1			input 2			input 3			input 4			output 1		
			Proportionate Movement	Slack Movement	Projection	Proportionate Movement	Slack Movement	Projection	Proportionate Movement	Slack Movement	Projection	Proportionate Movement	Slack Movement	Projection	Proportionate Movement	Slack Movement	Projection
1	1.00	1.00	0.00	0.00	1.43	0.00	0.00	8333.33	0.00	0.00	1116.67	0.00	0.00	2.28	0.00	0.00	1401.11
2	0.82	1.00	0.00	-0.18	1.44	0.00	-2001.92	10109.19	0.00	-290.74	3264.81	0.00	0.00	5.33	1193.43	0.00	6643.43
3	0.74	1.00	0.00	-0.18	1.47	0.00	-7717.85	11504.37	0.00	0.00	5877.78	0.00	0.00	10.11	3799.94	0.00	14611.05
4	0.77	1.00	0.00	-0.82	1.48	0.00	-18076.45	14923.55	0.00	0.00	9510.00	0.00	0.00	14.70	5148.97	0.00	22608.97
5	0.71	1.00	0.00	-0.80	1.50	0.00	-3944.98	16055.02	0.00	0.00	11600.00	0.00	0.00	18.50	8299.64	0.00	28949.64
6	0.93	1.00	0.00	-0.44	1.51	0.00	-3621.62	16211.72	0.00	0.00	12333.33	0.00	0.00	20.17	2340.90	0.00	31674.23
7	0.67	1.00	0.00	-0.35	1.55	0.00	-3437.32	20312.68	0.00	0.00	18375.00	0.00	0.00	30.00	16026.90	0.00	48276.90
8	0.85	1.00	0.00	0.00	1.40	0.00	-5170.90	12329.10	0.00	0.00	26000.00	0.00	0.00	40.00	9631.75	0.00	62631.75
9	0.56	1.00	0.00	-0.79	1.71	0.00	-4783.94	20216.06	0.00	0.00	30000.00	0.00	0.00	60.00	42835.18	0.00	96835.18
10	0.71	1.00	0.00	-0.34	1.86	0.00	0.00	44000.00	0.00	-11589.27	58410.73	0.00	0.00	100.00	47550.95	0.00	165550.95
11	1.00	1.00	0.00	0.00	2.00	0.00	0.00	10000.00	0.00	0.00	42000.00	0.00	0.00	105.00	0.00	0.00	168000.00
12	1.00	1.00	0.00	0.00	1.20	0.00	0.00	20000.00	0.00	0.00	77700.00	0.00	0.00	111.00	0.00	0.00	177600.00
13	0.73	1.00	0.00	0.00	1.60	0.00	0.00	55000.00	0.00	-1466.84	89533.16	0.00	0.00	130.00	59094.57	0.00	215094.57
14	0.48	1.00	0.00	0.00	2.00	0.00	0.00	70000.00	0.00	-38492.83	88407.17	0.00	0.00	141.00	123453.90	0.00	236253.90
15	1.00	1.00	0.00	0.00	2.00	0.00	0.00	100000.00	0.00	0.00	112000.00	0.00	0.00	160.00	0.00	0.00	272000.00
16	0.41	1.00	0.00	-2.00	2.00	0.00	0.00	30000.00	0.00	-100844.44	57555.56	0.00	-80.78	117.22	111911.11	0.00	191111.11
17	0.61	1.00	0.00	-0.40	2.00	0.00	0.00	30000.00	0.00	-142444.44	57555.56	0.00	-82.78	117.22	74444.44	0.00	191111.11
18	0.45	1.00	0.00	0.00	2.00	0.00	-300000.00	100000.00	0.00	-107500.00	112000.00	0.00	-82.50	160.00	150750.00	0.00	272000.00

资料来源：运用 MaxDEA pro6.19 运算得出。

(三) 农地经营的规模弹性分析

表 5 –17 是产出导向下水稻种植的规模收益状态和规模弹性。有 3 个决策单元的规模收益处于规模报酬不变阶段,经营规模区间分别是 (100,105]、(105,111] 和 (141,160]。决策单元 1 和 12 的规模弹性 (上限) 出现极大值,水稻种植规模在 [0.5,3] 和 (105,111] 区间的前沿投影点位于样本农户农地经营规模的下限,说明产量变动对生产要素投入量变动的敏感性程度最低;决策单元 15 和 18 的规模弹性 (下限) 为 0,水稻种植规模在 (141,160] 和 (200,275] 区间的前沿投影点位于样本农户农地经营规模的上限,说明产量变动对生产要素投入量变动的敏感性程度最高。

表 5 –17　　产出导向下水稻生产的规模收益状态和规模弹性

DMU	规模区间 (亩)	RTS	规模弹性 (上限)	规模弹性 (下限)
1	[0.5,3]	Increasing	1E + 30	2.682742
2	(3,7]	Increasing	4.929668	1.354893
3	(7,12]	Increasing	2.782649	1.161365
4	(12,15]	Increasing	2.152037	1.104282
5	(15,19]	Increasing	1.899713	1.081442
6	(19,21]	Increasing	1.82232	1.074436
7	(21,30]	Increasing	1.53952	1.048837
8	(30,40]	Increasing	1.415865	1.110002
9	(40,60]	Increasing	1.268976	1.024348
10	(60,100]	Increasing	1.157331	1.014242
11	(100,105]	Constant	5.94996	0.068783
12	(105,111]	Constant	1E + 30	0.146647
13	(111,130]	Increasing	1.121093	1.032031
14	(130,141]	Increasing	1.110247	1.00998

DMU	规模区间（亩）	RTS	规模弹性（上限）	规模弹性（下限）
15	(141，160]	Constant	1.09598	0
16	(160，198]	Decreasing	1.136289	0.181395
17	(198，200]	Decreasing	1.136289	0.181395
18	(200，275]	Decreasing	1.09598	0

资料来源：运用 MaxDEA pro6.19 运算得出。

第四节　农地适度规模经营的制约因素分析

从前面分析得知玉米生产的农地适度经营规模区间是（136，145]，（166，190] 和 （200，400]；水稻生产的农地适度经营规模区间是（100，111] 和 （141，160]，而从样本调研数据来看，目前农户玉米、水稻种植的平均规模分别是 53.34 亩和 50.01 亩，均小于测算得出的农地适度经营规模的 "门槛" 规模。本书借鉴已有研究成果，结合田野调查和样本数据的统计分析，分析研究区农地适度规模经营的制约因素。

一、农户农地经营基础的薄弱性

（一）农户兼业化生产

阿瑟·刘易斯（1989）创立的著名的二元经济理论认为，在由传统向现代发展的过程中，一国的经济被分为两大主要部门：农业和工业部门。它们之间不同的劳动边际收益率促使农村劳动力从农业部门向工业部门流动，工资差异是农业劳动力配置的基本动因。中国社会经济发展过程中，农户兼业化生产是农村劳动力从农业部门向工业部门流动的特征。胡浩、王图展（2003）认为农户兼业是一种农户改变以往单纯从事农业生产的状况，在从事农业生产的同时又从事非农业生产的经营形式，是经济发展过程中农业经营主体在行业选择上所发生的必然变化。童毅（2014）通过研究表明兼业化程度对农户的经营规模决策具有显著的负向影响。从样本调查数据来看，28%的受访农户存在兼业化生产行为，其中，兼业以务工为主、兼业以农业为主农户的平均农地经营规模分别是 23.96 亩、57.27 亩，均低于纯务农农户的平均农地经营规模 70.10 亩。

在农民外出务工环境上，相比较城市中第二、第三产业中比较稳定的就业岗位，农民往往从事的是临时、短期、体力消耗较重、工时较长、劳动条件较差的就业岗位，且一般不能满足其长期就业要求，最终导致农民在农业生产和外出务工上来回移动。在农户农业生产特征上，研究区农业种植以一年一季为主，春种秋收的农忙时间较短，这为农村富余劳动力以"候鸟"形式在城乡之间进行季节性奔波提供了可能。一方面，农户进行兼业化生产时，无法摆脱向非农产业资源、时间、精力投入上的倾斜，无法扩大农地经营规模；另一方面，农民在城市中基本上处于间歇性失业状态，也不会将农地流转出去。兼业化生产农户的大量存在，给整个农村和社会带来深刻影响，其中之一就是将会阻碍我国农地规模化经营（赵保海，2014）。

（二）农户预期地权不稳定

地权稳定有助于激励农户对土地的长期投资（Timothy，1995；Guo et al.，1998），促进诸如土壤有机质之类的农地长期肥力的改善（俞海等，2003），影响农户参与农地流转（黎霆等，2009）。农户对土地调整的预期可以用来表示农户对土地承包经营权的预期稳定程度。从样本调查数据来看，45.26%的受访农户预感在本轮土地承包期内会发生土地调整，预感承包期内不发生土地调整农户的平均农地经营规模为 60.81 亩，大于预感承包期内发生土地调整农户的平均农地经营规模（53.54 亩）。在发生土地调整对自身家庭影响性质的问题上，分别有

32.89%、38.42%和28.68%的受访农户认为如果发生土地调整会对自身家庭产生不利影响、没有影响、有利影响。

（三）农业生产资源禀赋局限

本书选取家庭承包土地面积、生产性固定资产、家庭承包地质量作为农户农业生产资源禀赋的指标，分析农户农业生产资源禀赋与经营规模之间相互关系的密切程度。表5-18是农业生产资源禀赋指标变量的统计性描述，受访农户的平均农地经营规模是53.61亩，平均家庭承包土地面积为25.71亩，家庭承包地质量水平较高，平均生产性固定资产为2.59万元。

表5-18   **农业生产资源禀赋指标变量的统计性描述**

指标	N	最小值	最大值	平均数	标准偏差
农地经营规模（亩）	380	0.5	400	53.61	59.078
家庭承包土地面积（亩）	380	5	90	25.71	17.188
生产性固定资产（万元）	380	0	20	2.59	3.031
家庭承包地质量（3级度量）	380	1	3	2.19	0.510
有效的N（list wise）	380	—	—	—	—

注：家庭承包地质量指承包地土壤肥力、坡度等，采用三级度量，质量低=1；质量中等=2；质量高=3。

资料来源：运用SPSS 22.0运算得出。

运用SPSS 20.0统计分析软件对农户农地经营规模和农户农业生产资源禀赋进行相关性分析（见表5-19）。从中可以看出，农户农地经营规模与家庭承包土地面积、生产性固定资产显著相关，相关系数分别为0.526和0.633。这是由于：一方面，农户已经投入了一定的农业生产资料，农户扩大经营规模的物质成本与时间成本都会相对较小；另一方面，将这些生产性固定资产闲置而选择转向第二、第三产业就业，农户将面临沉没成本与未知风险。

表 5 - 19　　　　农业生产资源禀赋与农地经营规模的相关分析

项目		农地经营规模	承包土地面积	生产性固定资产	家庭承包地质量
农地经营规模	Pearson 相关性	1	0. 526 **	0. 633 **	- 0. 016
	显著性（双侧）	—	0. 000	0. 000	0. 761
	N	380	380	380	379
承包土地面积	Pearson 相关性	0. 526 **	1	0. 428 **	- 0. 108 *
	显著性（双侧）	0. 000	—	0. 000	0. 036
	N	380	380	380	379
生产性固定资产	Pearson 相关性	0. 633 **	0. 428 **	1	- 0. 014
	显著性（双侧）	0. 000	0. 000	—	0. 781
	N	380	380	380	379
家庭承包地质量	Pearson 相关性	- 0. 016	- 0. 108 *	- 0. 014	1
	显著性（双侧）	0. 761	0. 036	0. 781	—
	N	379	379	379	379

注：* 表示在 0. 05 水平（双侧）上显著相关，** 表示在 0. 01 水平（双侧）上显著相关。

资料来源：运用 SPSS 22. 0 运算得出。

二、相关制度支持保障的有限性

（一）农业补贴政策

国家现行农业补贴政策体系包括粮食直补、农资综合直补、良种补贴、农机具购置补贴等政策。吴连翠的研究表明粮食补贴政策对农户扩大粮食播种面积具有显著的激励效应，提高粮食补贴标准和改革粮食补贴方式将有助于进一步调动农民种粮积极性（吴连翠，2011）。从样本调查数据来看，受访农户获得的平均农业补贴标准（具体包括粮食直补、农资综合补贴及良种补贴等）是 75 元/亩，受访农户平均农地经营规模是 53. 61 亩。其中，农业补贴标准在 50～75 元/亩、75～100 元/亩受访农户的平均农地经营规模分别是 62.2 亩、48.1 亩。农户扩大农地经营规模初期需投入较多的机械设备、农田水利设施等，农业投资具有回收周期长、利润率低等特点，国家农业补贴政策的实行减少了农户在农地经营规模扩大初期的资金需求压力，有助于促进农户农地经营规模扩大。

（二）农村社会保障制度

中国一直把扩大农村社会保障范围和提高农村社会保障水平作为完善社会保障体系建设的着力点，因此，以五保供养、社会救助、农村合作医疗和养老保险为核心的社会保障能力不断提高（田凤香，2013）。农村社会保障制度是实现农地规模经营的基本保障，农村社会保障制度的缺失从根本上阻碍了农村土地流转与规模经营的推进（何宏莲和王威武，2011）。黑龙江省于 2003 年开始开展新型农村合作医疗工作，2007年，黑龙江省 132 个县区的农村居民已经全面进入新型农村合作医疗政策覆盖范围，参加农民人数为 1312.88 万人，参合率达到 92.12%①。从样本调查数据来看，受访农户中参加新型农村合作医疗、新型农村养老保险的比例分别是 95.52% 和 67.37%，参加新农合、新农保受访农户的平均农地经营规模显著大于未参加新农合、新农保受访农户的平均农地经营规模，其中，参加新农合农户的平均农地经营规模是 58.11亩，大于未参加新农合农户的平均农地经营规模（26.25 亩）；参加新农保农户的平均农地经营规模是 63.01 亩，大于未参加新农保农户的平均农地经营规模（43.71 亩）。

（三）农业金融制度

农村金融是实现土地适度规模经营的经济基础，对促进农地流转、实现农地规模经营、加快现代农业发展、提高农地生产率具有重要意义

---

① 中央政府门户网站：《黑龙江全面实行新型农村合作医疗　参合率 92.12%》，www.gov.cn，2017 年 11 月 12 日。

（李启宇等，2016）。江激宇等（2016）的研究表明农户扩大农地经营规模意愿及意愿强度受农户借贷能力影响，其中，民间借贷途径、正规金融贷款经验对扩大规模意愿具有显著的正向影响作用。从田野调查情况来看，多数受访农户在扩大农地经营规模时的融资渠道依赖自有资金、亲朋好友借款，仅有少部分受访农户获得政府资助或银行信用贷款，且银行信用贷款以农村信用社、中国农业银行等少数涉农金融机构为主。吴婷婷（2014）的调研表明，2015年黑龙江省金融机构对家庭农场的平均贷款利率高达10.2%，其中，50%以上的家庭农场贷款来源于农村信用社，贷款利率为11.86%（见表5-20）。对超过授信额度的农户贷款需要如房产等不动资产进行抵押，而大多数农户无房产证可作抵押，因而难以获得贷款。融资渠道狭窄、贷款利率高使农户在扩大农地经营规模中陷入了缺乏资金支持、融资成本高的困境。

表5-20　　　　　　　黑龙江省金融机构贷款利率

贷款银行	贷款年利率（%）			
	哈尔滨市	齐齐哈尔市	绥化市	平均年利率
哈尔滨银行	8.88~10	7.8~10.8	7.2~9.9	9.38
农村信用社	9.36~10	11.59~11.81	9.6~11.16	11.86
邮政储蓄银行	8.4~10.8	14.4	14.44	11.70
中国农业银行	9.48	9.6	—	9.54
龙江银行	7.2~14.4	9.6	—	10.5
村镇银行	9.36	12	—	10.68
浦发银行	7.2~8.4	—	—	8.32
锦州银行	9.6	—	—	9.6

资料来源：吴婷婷：《黑龙江省家庭农场融资问题研究》，东北农业大学2014年硕士学位论文。

三、农地流转市场运行的低效性

（一）农地流转规模和契约签订

根据国家统计局黑龙江调查总队调查数据显示，截至 2014 年 10 月，黑龙江省农村土地已流转 6507 万亩，比上年增长 16.2%，进入大规模农地的流转时期。从样本调查数据来看，研究区农地流转规模和契约签订存在以下 4 点特征：（1）农地流转频次高，流转规模差异显著。41.58% 的受访农户有农地转入行为，农户间农地转入规模差异显著，最大农地转入规模和最小农地转入规模分别是 300 亩和 2 亩，平均农地流转规模是 66.59 亩。（2）农地流转契约签订比例高，规范程度低。72.15% 的农地转入受访农户与农地转出户签订了农地流转书面协议或合同，但其规范程度较低，具有法律效力的书面合同较少，大多仅对租金、年限等眼前利益进行约定，对租金支付时间和方式、双方的权责利及违约责任等缺乏明确规定，对长期可能出现的纠纷缺乏有效防范。（3）农地流转期限以短期流转为主。65.19% 的受访农户的农地流转选择 1~3 年的短期农地流转，实地调研还发现，近年农地流转租金持续走高，农户对农地流转租金上涨存在较高预期，因此，农地转出方倾向于签订短期流转合同以期在不久的将来获得更高的租金。（4）农户对农地流转书面协议或合同认知水平较高。分别有 50.63%、36.71% 和 12.66% 的农地转入农户认为签订书面协议或合同对自身的权益保护有正面影响、没有影响、有负面影响。

（二）农地流转方式与流转范围

根据国家统计局黑龙江调查总队调查数据显示，截至 2014 年 10 月，黑龙江省转包土地面积为 4489 万亩，占土地流转总量的 69%；出租土地面积为 710 万亩，占土地流转总量的 10.9%（邵培霖和孙鹤，2015）。从样本调查数据来看，研究区农地流转方式与流转范围存在以下3点特征：（1）农地流转方式以租赁和转包为主。在有农地流转行为的受访农户中，51.26%的农户通过租赁方式进行农地流转；41.14%的农户通过转包方式进行农地流转，流转方式较为单一。（2）农地流转途径以农户间私下流转为主。在有农地流转行为的受访农户中，通过主动直接找对方、主动通过熟人找对方、对方主动直接找我家的农地流转途径进行农地流转分别占56%、28%和10%，仅有4%的受访农户通过中介组织进行农地流转。（3）农地流转范围以亲戚、朋友为主。在有农地流转行为的受访农户中，41%的受访农户农地流转对象是亲戚和朋友。

（三）农地流转社会服务水平

从样本调查数据来看，49.21%的受访农户所在村有土地流转服务组织，31.05%的受访农户所在村不为农户农地流转提供服务，受访农户所在村为农户提供土地流转服务的总体水平偏低。农户情况问卷中将农地流转服务分为以下5项具体的服务内容：（1）提供流转信息服务；（2）提供担保或作为见证人；（3）指导合同签订服务；（4）提供流转价格指导服务；（5）提供纠纷调解服务。受访农户所在村为农户提供5项、4项、3项、2项、1项和不提供土地流转服务的比例分别为18%、5%、16%、10%、20%和31%，农地流转服务水平普遍偏低。这导致农地流转在一种信息不对称的双边垄断市场中运行，造成农地流转双方交易成本的增加，严重制约着农地流转的有序进行。由于缺少农地流转服务，农户想扩大经营规模只能一家一户进行谈判，这不仅增加了交易成本且无法保证连片发展的规模。市场交易成本包括发现交易对象和交易价格的费用、讨价还价和订立交易合同的费用及督促契约条款严格履行的费用等。农地流转双方完成农地流转交易，可以通过农地流转社会服务组织，也可以自行发现和寻找流转对象，两种方式的交易费用不同。欧名豪、陶然（2016）研究表明搜寻交易对象及流转相关信息的费用越低，越有利于农地流转，有组织的农地流转能够通过节约农地流转中介组织谈判和订约费用来节约交易费用。

（四）农地流转定价机制

申云等（2012）认为对农地使用权流转进行合理定价是实现农地使用权有效流转的首要前提，朱述斌等（2011）指出现有的农地使用权流转市场还缺乏一个科学、合理的定价机制。在对克山县西城镇西城村的田野调查中发现，2014 年，该村农地流转市场买方因争夺高质连片耕地展开激烈价格竞争，农地流转价格由 2013 年的均价小于 380 元/亩上涨至 2015 年的 450 元/亩。镇党委、政府进行农地流转市场价格调控，以农地平均质量水平和当前市场价格为依据，同时兼顾转出方利益和转入方适度盈利，制定 2015 年农地流转指导价格 400 元/亩。部分农户认为农地流转价格应该由市场决定，还有农户认为政府定价应当考虑农地质量水平进行差异化定价，而不是采取"一刀切"的定价机制，拥有高质量农地的转出方不愿接受低价而退出市场，"逆向选择"出现，最终导致优质连片地市场萎缩甚至退出市场，农地流转市场陷入"柠檬"困境（周敏等，2017）。

第五节 本章小结

本章基于微观农户经济收益最大化视角，选取劳动力投入、间接投入、直接投入和农地投入作为投入指标；选取能够反映农户粮食生产的微观目标的纯收入指标作为产出指标。运用 DEA 方法测算不同农地经营规模的农户玉米、水稻种植生产相对效率，结合投影分析以确定玉米、水稻种植的农地适度经营规模。本章得出以下主要结论。

农户玉米种植的综合技术效率、规模效率随农地经营规模扩大总体呈波动式上升趋势，纯技术效率随玉米种植规模的扩大总体呈先下降后上升趋势。纯技术效率、综合技术效率和规模效率最低的经营规模区间分别是（120，130]、（120，130]、[2，31]亩，效率值分别是0.5399、0.5252、0.7718。农户玉米种植规模在（136，145]、（166，

184〕、（184，190〕、（200，230〕和（230，400〕亩的3个效率值均等于1，且投入和产出的松弛变量均为0，处于强有效状态，因此，玉米种植的农地适度经营规模是（136，145〕、（166，190〕和（200，400〕。

农户水稻种植的综合技术效率、规模效率随农地经营规模扩大总体呈先上升后下降趋势，纯技术效率随农地经营规模的扩大呈波动式下降趋势。纯技术效率、综合技术效率和规模效率最低的经营规模区间分别是（160，198〕、（160，198〕、〔0.5，3〕亩，效率值分别是0.4144、0.2484、0.3774。农户水稻种植规模在（100，105〕、（105，111〕和（141，160〕亩的3个效率值均等于1，且投入和产出的松弛变量均为0，处于强有效状态，因此，水稻种植的农地适度经营规模区间是（100，111〕和（141，160〕亩。

农户玉米、水稻种植的农地适度经营规模的“门槛”规模分别是136亩和100亩，然而，研究区农户玉米、水稻种植的平均规模分别是53.34亩和50.01亩，均小于农地适度经营规模的“门槛”规模。借鉴相关研究成果并结合样本数据的统计分析结果，本书研究发现农户农地经营基础的薄弱性、相关制度支持保障的有限性、农地流转市场运行的低效性等因素共同制约区域农地适度规模经营的实现。

第六章

黑龙江省农户农地经营规模
决策意愿影响因素分析

第一节　指标选取与说明

影响农户农地经营规模的因素错综复杂，本书基于农户视角，在梳理现有文献的基础上结合田野调查，将影响农户农地经营规模决策意愿的影响因素分为内部因素和外部因素两类。其中，内部因素是指农户个体和家庭在农地经营过程中的综合资源禀赋，包括农户个体特征、农户家庭特征、农地资源禀赋等；外部因素是指不受农户资源禀赋特征约束的因素，具体指能够推动或制约农户农地经营规模决策的区位条件、耕地资源禀赋、农地流转市场等因素，不同层面因素所包含的具体变量及描述性统计如表6－1、表6－2所示。

表6－1 内部影响因素选取与说明

变量名称	变量定义	均值	标准差
农户农地经营规模决策意愿	扩大 =1；缩小 =2；不变 =3	1.74	0.85

变量名称	变量定义	均值	标准差
户主年龄	户主的实际年龄（岁）	45.48	8.19
受教育程度	未上过学 =1；小学 =2；初中 =3；高中（中专）=4；高中及以上 =5	2.62	0.74
是否参加新农合	参加 =1；没有参加 =0	0.96	0.21
是否参加新农保	参加 =1；没有参加 =0	0.67	0.47
家庭劳动力数	家庭劳动力人口数量（人）	2.79	0.92
家庭无收入人群比	家庭无经济收入人口占比（%）	0.24	0.19
家庭年纯收入	家庭最近三年平均年纯收入（万元）	5.85	4.69
耕种耕地面积	家庭实际耕种耕地的数量（亩）	53.42	59.19
家庭农业劳动力数	家庭中从事农业的劳动力数量（人）	1.69	0.93
农业收入占比	家庭农业收入占家庭总收入的比重（%）	61.00	0.34
家庭承包土地面积	农户家庭所承包的土地面积（亩）	27.53	23.62
承包地块数	家庭实际承包土地的块数（块）	3.21	2.20
承包地质量	指承包地土壤肥力、坡度等：质量低 =1；质量中等 =2；质量高 =3	2.19	0.49
承包地基础设施	指承包地灌排设施、生产用电等基础设施条件：差 =1；较差 =2；一般 =3；较好 =4；好 =5	3.10	1.01
机械化难易程度	指承包地实施机械化的难易程度：难 =1；一般 =2；容易 =3	2.24	0.58
生产性固定资产	指家庭所拥有的生产性固定资产原值（万元），分级标准：[0, 1] =1；(1, 2] =2；(2, 3] =3；(3, 4] =4；4 万以上 =5	2.82	4.52

资料来源：调查有效问卷。

表 6 - 2　　　　　　　**外部影响因素选取与说明**

变量名称	变量定义	均值	标准差
土地流转服务	为农户农地流转提供服务包括：①提供流转信息服务；②提供担保或作为见证人；③指导合同签订服务；④提供流转价格指导服务；⑤提供纠纷调解服务，分级标准：不提供 =1；提供 1 项 =2；提供 2 项 =3；提供 3 项 =4；提供 4 项及以上 =5	2.67	1.51

变量名称	变量定义	均值	标准差
土地流转服务组织	本村是否有土地流转服务组织：有 = 1；没有 = 0	0.49	0.50
农地流转比例	所在村庄发生流转农地占村庄总耕地面积（%）	0.20	0.18
农业补贴标准	农户所获得的农业补贴标准（具体包括粮食直补、农资综合补贴及良种补贴等）（元/亩）	74.83	11.87
人均耕地面积	农户所在村庄的人均耕地面积（亩/人）	6.79	4.46
距乡（镇）政府距离	农户所在村庄距乡（镇）政府所在地距离（公里）	10.38	7.51

资料来源：调查有效问卷。

第二节 方法选取与模型设计

由上文分析可知，影响农户农地经营规模变动的潜在影响因素众多，如果将这些因素直接作为解释变量进行定量分析，可能会减少变量的自由度，而且可能引起多重共线性问题（张银银和马志雄，2013）。基于此，为有效避免解释变量之间的多重共线性，本节首先根据因子分析的基本原理，对两类因变量进行预处理，将关系复杂的变量归结为少数几个综合因子，并在此基础上，结合 Logistic 回归模型对农户农地经营规模决策意愿的影响因素进行定量刻画与分析。

一、因子分析

因子分析（Factor Analysis）最早由英国心理学家卡尔·皮尔逊（Karl Pearson）和查尔斯·斯皮尔曼（Chafles Spearmen）等在 20 世纪初提出，主要是针对人类智力的测验分析，是一种将多变量数据进行简化分析的统计方法。因子分析是对主成分分析法的发展与延伸（宁连举和李萌，2011），其核心思想是"降维"，基本原理是从研究相关矩阵内部的依赖关系出发，把一些具有错综复杂关系的变量归结为少数几个公共因子的一种多变量统计分析方法。所谓公共因子是潜在的、不可直接观察的因子，其个数较直接观测的原始数据因子个数少，但能较全面地代表和描述原有的观察变量（郭斌和李漫，2016）。因子分析法得到的结果是基于原始变量自身所传递的信息，其既可避免多变量间的信息重叠，又可克服人为确权的主观性，因而可保证评价结果的准确性（袁晓玲和张跃胜，2015）。因子分析的理论模型推导如下：

设有 N 个样本，每个样本观测有 P 个指标（假定这 P 个指标之间有较强的相关性），首先利用相关统计方法对样本数据进行标准化处理，X 表示变量向量。

$$F_1, \ F_2, \ \cdots, \ F_m(m < p) \tag{6-1}$$

用式（6-1）表示标准化的公共因子。包括以下三个假设条件：

（1）$X = (X_1, \ X_2, \ \cdots, \ X_p)'$ 是可观测随机向量，均值向量 $E(X) = 0$，协方差矩阵 $cov(X) = \sum$ ，与相关阵 R 相等。

（2）$F = (F_1, \ F_2, \ \cdots, \ F_m)'(m < p)$，其中 F 表示不可观测变量，其均值向量 $E(F) = 0$ 的协方差矩阵 $cov(X) = 1$，即 F 的各个分量是互相独立的。

（3）$\varepsilon = (\varepsilon_1, \ \varepsilon_2, \ \cdots, \ \varepsilon_p)'$ 与 F 相互独立，且 $E(\varepsilon) = 0$，ε 的协方差矩阵 $\sum_\varepsilon$ 的对角方阵为：

$$cov(\varepsilon) = \sum_\varepsilon \begin{bmatrix} \sigma_{11}^2 & \cdots & \cdots & 0 \\ \vdots & \sigma_{11}^2 & \cdots & \vdots \\ \vdots & \vdots & \ddots & \vdots \\ 0 & \cdots & \cdots & \sigma_{11}^2 \end{bmatrix} \tag{6-2}$$

即 ε 的各个分量之间也是相互独立的，则：

$$\begin{cases} X_1 = a_{11}F_1 + a_{12}F_2 + \cdots + a_{1m}F_m + \varepsilon_1 \\ X_2 = a_{21}F_1 + a_{22}F_2 + \cdots + a_{2m}F_m + \varepsilon_2 \\ \qquad\qquad\qquad \cdots \\ X_p = a_{p1}F_1 + a_{p2}F_2 + \cdots + a_{pm}F_m + \varepsilon_p \end{cases} \tag{6-3}$$

模型（6-3）叫作因子模型，它的矩阵形式表示为：

$$X = AF + \varepsilon \qquad (6-4)$$

式（6-4）中，A 表示公共因子的载荷系数矩阵。

因子分析法的基本步骤包括：

（1）数据的标准化处理与检验。变量之间不同量纲会影响因子分析结果的准确性，因而需要对数据进行标准化处理得到无量纲数据，并在此基础上，利用 KMO（Kaiser - Meyer - Olkin）样本测度和巴特利特球体检验方法（Bartlett's Test of Sphericity）对数据的适宜程度进行分析。

（2）因子载荷矩阵估计。这是因子分析方法的核心步骤，目前比较普遍的方法主要包括主成分法、最大似然法和加权最小二乘法等。

（3）因子旋转。为了更好地对公共因子进行解释，通常需要对因子载荷矩阵进行 Kaiser 标准化的正交旋转，确定公共因子所包含的因子变量，并对公共因子进行命名，这是因子分析的一个基本要求。

（4）因子得分计算。通过因子得分函数计算观测记录在每个公共因子上的得分，这样就能够解决公共因子不可观测的问题。

二、Logistic 回归分析

回归分析是用来研究自变量与因变量之间非确定性关系的统计分析方法，主要包括线性回归、曲线回归和非线性回归等类型。Logistic 回归模型在社会科学领域已得到广泛应用，如分层研究（升学、毕业、晋升、找工作等）、政治行为研究（投票、参与集体行动等）、市场营销（是否购买某品牌商品）、人口学研究（离婚、迁移、出生、死亡等）等（洪岩璧，2015）。目前，较为常见的 Logistic 回归模型主要包括：

（一） 二分类一元 Logistic 回归分析

二分类一元 Logistic 回归分析是指因变量为二分类变量，自变量只有一个的回归模型。假定因变量为 y，自变量为 x，y = 0 和 1 分别表示某事件未发生与发生。事件发生的条件概率为 P = (y = 1 | x) = P，此时的回归模型为：

$$P = \frac{\exp(\alpha + \beta x)}{1 + \exp(\alpha + \beta x)} \qquad (6-5)$$

$$1 - P = 1 - \frac{\exp(\alpha + \beta x)}{1 + \exp(\alpha + \beta x)} = \frac{1}{1 + \exp(\alpha + \beta x)} \qquad (6-6)$$

事件发生与不发生概率的比值为事件发生比（Odds），Odds 大于 0 且没有上界，两个 Odds 的比值称为优势比（Odds Ratio，OR）且 OR ≈ e^β [自变量每增加 1%，事件发生概率就增加或者减少（OR - 1）个百分点]。若用对数发生比对模型进行解释，则有：

$$\text{logit}(P) = \ln\left(\frac{P}{1 - P}\right) = \alpha + \beta x \qquad (6-7)$$

从式（6-7）中可以看出，Logistic 回归模型是通过因变量发生概率与影响因素之间的关系来简要描述，而不是直接描述因变量与自变量影响因素之间的相互关系。

（二） 二分类多元 Logistic 回归分析

二分类多元 Logistic 回归分析是指因变量为二分类变量，但是有多个自变量的回归模型。假定因变量为 y，自变量为 x，y = 0 和 1 分别表示某事件未发生与发生，x = {x_1, x_2, ⋯, x_m}，则事件发生的条件概率为 P = (y = 1 | x_1, x_2, ⋯, x_m) = P，此时的回归模型为：

$$P = \frac{\exp(\beta_0 + \beta_1 x_1 + \cdots + \beta_m x_m)}{1 + \exp(\beta_0 + \beta_1 x_1 + \cdots + \beta_m x_m)} \qquad (6-8)$$

$$1 - P = 1 - \frac{\exp(\beta_0 + \beta_1 x_1 + \cdots + \beta_m x_m)}{1 + \exp(\beta_0 + \beta_1 x_1 + \cdots + \beta_m x_m)} = \frac{1}{1 + \exp(\beta_0 + \beta_1 x_1 + \cdots + \beta_m x_m)}$$

$$(6-9)$$

对 Odds 进行对数变换，则有：

$$\text{logit}(P) = \ln\left(\frac{P}{1-P}\right) = \beta_0 + \beta_1 x_1 + \cdots + \beta_m x_m = \beta_0 + \sum_{m=1}^{m} \beta_m x_m$$

$$(6-10)$$

此时，$OR_i = e^{\beta i}$ 近似表示当其他自变量不变时，第 i 个影响因素 x_i 每增加 1 个单位，事件发生的概率就增加或者减少（$OR-1$）个单位。

（三）多分类多元 Logistic 回归分析

多分类多元 Logistic 回归分析是指因变量为三个及以上的分类变量，且拥有多个自变量的回归模型。假定因变量为 y，自变量为 x，y = 0、1、2 分别表示某事件的三种类型，$x = \{x_1, x_2, \cdots, x_m\}$，根据二分类一元 Logistic 回归分析和二分类多元 Logistic 回归分析的基本原理，当 y = i 时的 Logistic 回归模型为：

$$\begin{aligned} \text{LogitP}_{\frac{i}{0}} &= \ln\left[\frac{P(y=i\,|\,x)}{P(y=0\,|\,x)}\right] \\ &= \beta_{i0} + \beta_{i1} x_1 + \cdots + \beta_{im} x_m \\ &= \beta_{i0} + \sum_{m=1}^{m} \beta_{im} x_m (i = 1,2) \end{aligned}$$

$$(6-11)$$

根据式（6-11）可以得到两组非 0 的回归系数，当某个自变量 x_i 的系数显著为正时，在其他自变量不变的情况下，因变量为当前类型的概率比为参考类型的概率大，反之则小。

三、模型设计

将因子分析法与 Logistic 回归模型相结合，利用少数因子代替复杂指标体系进行定量分析，既能够在一定程度上减轻数据处理的工作量，而且能够有效保证变量之间的低相关性（卫龙宝和张菲，2013）。关键步骤包括：（1）利用主成分分析法提取主成分 F_1，F_2，$\cdots$，F_k（公因子），并确定其与 x_1，x_2，$\cdots$，x_p 的线性关系；（2）对主成分得分进行 Logistic 回归分析。

第三节 模型估计与结果分析

一、样本检验

采用克朗巴哈 α 信度系数法对样本进行信度分析，相关运算在 SPSS 20.0 中完成。从结果来看（见表 6 - 3），农户农地经营规模决策意愿影响因素分析的有效样本数为 380 个，排除在外的数据个数为 0，整个信度分析是基于所有样本进行的；样本的克朗巴哈 α 信度系数均在 0.65 ~ 0.80，说明样本的可信程度较好。

表 6 - 3 克朗巴哈 α 信度系数计算结果

Cronbach's alpha	基于标准化项的 Cronbach's alpha	项目个数
0.653	0.750	23

资料来源：运用 SPSS 22.0 运算得出。

二、内部因素的因子分析

（一）KMO 和 Bartlett 检验

根据因子分析法的基本步骤，利用 SPSS22.0 软件对农户特征变量所包含的 16 个指标进行标准化处理，并进行 KMO 检验和 Bartlett 球形检验，具体结果如表 6 - 4 所示。

表 6 - 4　　　　　　　　KMO 检验和 Bartlett 球形检验

取样足够度的 Kaiser – Meyer – Olkin 度量		0.658
Bartlett 的球形度检验	近似卡方	1319.380
	自由度	120
	p 值	0.000

资料来源：运用 SPSS 22.0 运算得出。

KMO 样本测度指标主要用于检测变量之间的相关关系和偏相关系数，其值介于 0 到 1 之间：KMO 值接近 0 时，说明变量之间的相关性弱，此时变量不适合进行因子分析；KMO 值接近 1 时，说明变量之间的相关性强，变量适合进行因子分析。当 0.9 < KMO 值 < 1 时，因子分析的效果极佳，普遍认为 KMO 值小于 0.5 时，则说明不适合作因子分析。Bartlett 球形检验主要是用于分析因子之间是否相互独立，从而确定检测的相关矩阵是否是单位矩阵，如果检测值显著，则说明因子之间存在相关性，可以拒绝相关矩阵为单位矩阵的原假设。

从表 6 - 4 可知，样本的 KMO 值为 0.658，大于最低标准 0.5，表明内部因素变量适合进行因子分析，同时，Bartlett 检验近似卡方值为 1319.380，自由度为 120，显著性概率小于 0.001，远小于显著性水平 0.05，表明各变量之间存在显著的相关关系，所选取的样本数据适合进行因子分析（武松和潘发明，2014）。

此外，通过对变量共同度（communalities）进行分析（见表 6 - 5），也可以进一步对因子分析的适用性进行解释。

表 6 - 5　　　　　　　　各变量公因子方差

变量	初始	提取	变量	初始	提取
户主年龄	1.000	0.576	家庭农业劳动力数	1.000	0.773
受教育程度	1.000	0.349	农业收入占家庭收入比重	1.000	0.850
是否参加新农合	1.000	0.607	家庭承包土地面积	1.000	0.584

变量	初始	提取	变量	初始	提取
是否参加新农保	1.000	0.603	承包地块数	1.000	0.465
家庭劳动力数	1.000	0.725	承包地质量	1.000	0.608
家庭无收入人群比	1.000	0.434	承包地基础设施	1.000	0.584
家庭年纯收入	1.000	0.617	机械化难易程度	1.000	0.633
耕种耕地面积	1.000	0.656	生产性固定资产	1.000	0.455

提取方法：主成分分析。

资料来源：运用 SPSS 22.0 运算得出。

变量共同度又称公因子方差，主要用来表示各变量中所包含的信息能被提取的公因子表示的程度，其值越接近 1，则表示解释效果越好。从表 6-5 可以看出，除受教育程度、家庭无收入人群比、承包地块数和生产性固定资产 4 个指标外，其他 12 个变量的共同度取值都超过 0.5，在可接受的范围之内，这表明变量被提取的公因子解释程度较高，信息损失较少。

（二）公共因子确定与分析

1. 总方差解释（Total Variance Explained）

借助 SPSS20.0 软件对处理后的数据进行因子分析，得到各成分的方差贡献率情况如表 6-6 所示。公共因子的提取个数应根据特征根和累计方差贡献率的大小确定，一般选取特征根大于 1 的成分作为公共因子。从表 6-6 可以看到，前 5 个成分的特征根都大于 1，取值分别为 2.743、2.254、2.081、1.287、1.157，累积方差贡献率为 59.508%，说明这 5 个因子已经概括了原来 16个指标 59.508% 的信息。

表 6 - 6 　　　　　　　　　　　　特征值与方差贡献率

成分	初始特征值			提取平方和载入			旋转平方和载入		
	合计	方差的（%）	累积（%）	合计	方差的（%）	累积（%）	合计	方差的（%）	累积（%）
1	2.743	17.146	17.146	2.743	17.146	17.146	2.457	15.359	15.359
2	2.254	14.085	31.231	2.254	14.085	31.231	2.181	13.631	28.990
3	2.081	13.004	44.235	2.081	13.004	44.235	2.026	12.664	41.654
4	1.287	8.045	52.279	1.287	8.045	52.279	1.516	9.473	51.127
5	1.157	7.229	59.508	1.157	7.229	59.508	1.341	8.381	59.508
6	0.897	5.608	65.116	—	—	—	—	—	—
7	0.784	4.902	70.018	—	—	—	—	—	—
8	0.739	4.621	74.639	—	—	—	—	—	—
9	0.701	4.384	79.023	—	—	—	—	—	—
10	0.625	3.905	82.929	—	—	—	—	—	—
11	0.596	3.723	86.652	—	—	—	—	—	—
12	0.555	3.468	90.120	—	—	—	—	—	—
13	0.504	3.152	93.272	—	—	—	—	—	—
14	0.464	2.898	96.169	—	—	—	—	—	—
15	0.395	2.469	98.638	—	—	—	—	—	—
16	0.218	1.362	100.000	—	—	—	—	—	—

资料来源：运用 SPSS 22.0 运算得出。

2. 公因子碎石图

图 6 - 1 是各成分的碎石图（又称陡坡图），显示了按特征值大小排列的因子序号，其中，横坐标表示因子数目，纵坐标表示特征根。从数值上看，第 1 个因子的特征值很高，对解释原有变量的贡献最大；第 5 个公因子后的特征根都较小，取值小于 1，说明它们对解释原有变量的贡献很小，称为可被忽略的"高山脚下的碎石"。从线型上看，拐点出现在第 5 个成分处，在该拐点之前是与大因子连接的陡峭折线，该拐点之后是与小因子相连的缓坡折线，再次说明前 5 个公共因子能够较好

地代表原始数据进行分析。

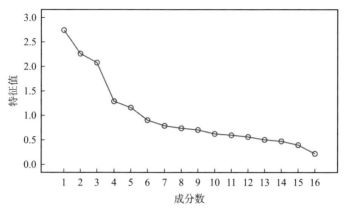

图6-1 公共因子碎石图

资料来源：运用 SPSS 22.0 运算得出。

3. 因子载荷矩阵

提取公共因子后，进一步根据因子载荷值分析各因子与原始指标之间的关联强度。表6-7反映的是初始因子荷载矩阵情况，从中可以看出，大部分因子的解释性较高，但第五公因子的代表性不突出，因子的载荷系数的区别度并不明显。

表6-7 初始因子荷载矩阵

指标	成分				
	1	2	3	4	5
耕种耕地面积	0.767	0.205	0.146	-0.036	-0.061
家庭承包土地面积	0.634	0.030	0.229	-0.253	-0.255
农业收入占家庭收入比重	0.626	-0.228	0.175	0.345	0.506
承包地块数	0.623	0.099	0.089	-0.240	-0.037
生产性固定资产	0.616	0.264	-0.015	-0.065	-0.029
承包地基础设施	-0.052	0.660	-0.270	0.209	0.170

续表

指标	成分				
	1	2	3	4	5
机械化难易程度	-0.155	0.644	-0.257	-0.126	0.336
承包地质量	-0.041	0.607	-0.381	0.000	0.305
家庭年纯收入	0.192	0.570	-0.092	-0.416	-0.272
家庭农业劳动力人数	0.297	0.189	0.678	0.207	0.382
家庭劳动力人数	-0.316	0.470	0.575	-0.137	-0.235
户主年龄	-0.346	0.312	0.573	0.170	0.026
受教育程度	0.141	0.018	-0.570	0.036	0.053
家庭无收入人群比	0.413	-0.178	-0.463	0.101	-0.088
是否参加新农合	0.106	0.171	-0.132	0.615	-0.414
是否参加新农保	0.130	0.347	-0.003	0.573	-0.371

提取方法：主成分分析。
资料来源：运用 SPSS 22.0 运算得出。

为获得效果更佳的因子结构，采用 Kaiser 标准化的正交旋转法进行因子旋转，将初始因子载荷矩阵进行正交旋转后（见表6-8），原始变量向关联性高的因子聚集的趋势非常明显，原有的 16 个指标信息分别集中分布在所选定的 5 个公因子中，并表现出明确的实际意义。

表6-8　　　　　　　正交旋转后的因子荷载矩阵

指标	成分				
	1	2	3	4	5
耕种耕地面积	0.767	-0.056	0.017	0.216	0.133
家庭承包土地面积	0.729	0.010	-0.228	-0.018	-0.003
承包地块数	0.666	-0.089	-0.024	0.083	-0.082
生产性固定资产	0.627	-0.119	0.153	0.112	0.104
家庭年纯收入	0.501	0.099	0.365	-0.472	-0.005

续表

指标	成分				
	1	2	3	4	5
家庭劳动力人数	0.065	0.795	0.093	−0.276	0.071
户主年龄	−0.159	0.722	0.079	0.083	0.130
家庭无收入人群比	0.198	−0.606	−0.045	0.041	0.154
受教育程度	−0.006	−0.533	0.240	−0.061	0.058
机械化难易程度	−0.022	0.069	0.781	−0.087	−0.105
承包地质量	0.005	−0.093	0.774	−0.031	0.021
承包地基础设施	−0.010	0.023	0.717	−0.001	0.265
农业收入占家庭收入比重	0.290	−0.185	−0.089	0.850	0.000
家庭农业劳动力人数	0.294	0.528	0.037	0.638	0.000
是否参加新农合	−0.008	−0.092	−0.003	−0.009	0.774
是否参加新农保	0.093	0.078	0.109	0.011	0.759

提取方法：主成分分析。旋转法：具有 Kaiser 标准化的正交旋转法。
资料来源：运用 SPSS 22.0 运算得出。

4. 公共因子命名

因子载荷系数的绝对值越大，说明该因子对当前变量的影响程度也越大。设所提取出的公共因子为 F_i，则5个因子可分别表示为 F_1 至 F_5，从表6−7可以看出：（1）F_1 在"耕种耕地面积""家庭承包土地面积""承包地块数""生产性固定资产""家庭年纯收入"5个指标上具有较大的因子载荷系数（大于0.5），主要反映的是农户家庭农业经营特征，故将 F_1 命名为"农户家庭经营特征"，该因子对全部初始变量的方差贡献率为17.146%，是影响农户农地经营规模决策意愿的主要因子；（2）F_2 在"家庭劳动力人数""户主年龄""家庭无收入人群比""受教育程度"4个指标上具有较大的因子载荷系数（大于0.5），主要反映家庭人力资源方面的信息，故将 F_2 命名为"劳动力资源禀赋"；（3）F_3 在"承包地质量""承包地基础设施""机械化难易程度"3个指标上具有较大的因子载荷系数（大于 0.7），主要反映的是农地禀赋状况，故将 F_3 命名为"家庭耕地资源质量"；（4）F_4 在"农业收入占家庭收入比重"和"家庭农业劳动力人数"2 个指标上具有较大的因子载荷系数（大于 0.6），主要反映的是农业投入和产出方面的信息，故将 F_5 命名为"农业生产重要程度"；（5）F_5 在"是否参加新农合"与"是否参加新农保"上的因子载荷系数较大（大于 0.7），主要反映与农户社会保障相关的信息，故将 F_5 命名为"农户社会保障程度"。

（三）因子得分计算

在利用 SPSS20.0 软件得到旋转成分矩阵的同时，还提供了成分得分系数矩阵（见表 6-9）。

表 6-9　　　　　　　　　　成分得分系数矩阵

指标	成分				
	1	2	3	4	5
户主年龄	-0.064	0.326	0.029	0.089	0.099
受教育程度	-0.024	-0.252	0.125	-0.015	0.023
是否参加新农合	-0.045	-0.043	-0.075	-0.026	0.598
是否参加新农保	0.001	0.037	-0.019	-0.011	0.570
家庭劳动力人数	0.089	0.368	-0.012	-0.200	0.049
家庭无收入人群比	0.053	-0.272	-0.027	-0.007	0.112
家庭年纯收入	0.277	0.056	0.115	-0.366	-0.053
耕种耕地面积	0.298	0.002	0.001	0.052	0.056
家庭农业劳动力人数	0.061	0.255	0.079	0.429	-0.035
农业收入占家庭收入比重	0.008	-0.072	0.055	0.569	-0.028
家庭承包土地面积	0.331	0.036	-0.146	-0.142	-0.017
承包地块数	0.283	-0.016	-0.014	-0.032	-0.097
承包地质量	-0.023	-0.060	0.404	0.073	-0.058

指标	成分				
	1	2	3	4	5
承包地基础设施	−0.040	−0.005	0.352	0.084	0.136
机械化难易程度	−0.015	0.014	0.410	0.041	−0.153
生产性固定资产	0.246	−0.035	0.067	0.012	0.030

提取方法：主成分分析。旋转法：具有 Kaiser 标准化的正交旋转法。
资料来源：运用 SPSS 22.0 运算得出。

由此得到 5 个公因子的表达式：

$F_1 = -0.064x_1 - 0.024x_2 - 0.045x_3 + 0.001x_4 + 0.089x_5 + 0.053x_6 + 0.277x_7 + 0.298x_8 + 0.061x_9 + 0.008x_{10} + 0.331x_{11} + 0.283x_{12} - 0.023x_{13} - 0.040x_{14} - 0.015x_{15} + 0.246x_{16}$

$F_2 = 0.326x_1 - 0.252x_2 - 0.043x_3 + 0.037x_4 + 0.368x_5 - 0.272x_6 + 0.056x_7 + 0.002x_8 + 0.255x_9 - 0.072x_{10} + 0.036x_{11} - 0.016x_{12} - 0.06x_{13} - 0.005x_{14} + 0.014x_{15} - 0.035x_{16}$

$F_3 = 0.029x_1 + 0.125x_2 - 0.075x_3 - 0.019x_4 - 0.012x_5 - 0.027x_6 + 0.115x_7 + 0.001x_8 + 0.079x_9 + 0.055x_{10} - 0.146x_{11} - 0.014x_{12} + 0.404x_{13} + 0.352x_{14} + 0.410x_{15} + 0.067x_{16}$

$F_4 = 0.089x_1 - 0.015x_2 - 0.026x_3 - 0.011x_4 - 0.200x_5 - 0.007x_6 - 0.366x_7 + 0.052x_8 + 0.429x_9 + 0.569x_{10} - 0.142x_{11} - 0.032x_{12} + 0.073x_{13} + 0.084x_{14} + 0.041x_{15} + 0.012x_{16}$

$F_5 = 0.099x_1 + 0.023x_2 + 0.598x_3 + 0.570x_4 + 0.049x_5 + 0.112x_6 - 0.053x_7 + 0.056x_8 - 0.035x_9 - 0.028x_{10} - 0.017x_{11} - 0.097x_{12} - 0.058x_{13} + 0.136x_{14} - 0.153x_{15} + 0.030x_{16}$

同时，从表 6 − 10 可知，成分得分协方差矩阵为单位矩阵，表明这些公共因子之间并不存在相关关系，不会对后续回归分析产生干扰。

表 6 – 10　　　　　　　　成分得分协方差矩阵

成分	1	2	3	4	5
1	1.000	0.000	0.000	0.000	0.000
2	0.000	1.000	0.000	0.000	0.000
3	0.000	0.000	1.000	0.000	0.000
4	0.000	0.000	0.000	1.000	0.000
5	0.000	0.000	0.000	0.000	1.000

提取方法：主成分分析。旋转法：具有 Kaiser 标准化的正交旋转法。
资料来源：运用 SPSS 22.0 运算得出。

三、外部因素的因子分析

（一）KMO 和 Bartlett 检验

外部因素变量的适合性检验（见表 6 – 11）表明，KMO 值为 0.514，Bartlett 球形检验结果显著，表明各项指标适合进行因子分析。同时，由表 6 – 12 可知，除土地流转服务组织的公因子方差为 0.437 外，其余 5 个指标都大于 0.5，意味着这些指标经 SPSS 软件转化后能够比较可靠地保留原始数据的信息内容，也进一步表明运用因子分析是合适的。

表 6 – 11　　　　　　　KMO 检验和 Bartlett 球形检验

取样足够度的 Kaiser – Meyer – Olkin 度量		0.514
Bartlett 的球形度检验	近似卡方	598.299
	自由度	15
	p 值	0.000

资料来源：运用 SPSS 22.0 运算得出。

表 6 - 12   各变量公因子方差

变量	初始	提取	变量	初始	提取
人均耕地面积	1.000	0.702	土地流转服务	1.000	0.729
距乡（镇）政府距离	1.000	0.713	农地流转比例	1.000	0.669
土地流转服务组织	1.000	0.437	农地流转补贴	1.000	0.589

提取方法：主成分分析。
资料来源：运用 SPSS 22.0 运算得出。

（二）公共因子确定与分析

借助 SPSS20.0 软件对处理后的数据进行公因子提取，确定 2 个公因子（见表 6 - 13），第 1 个公因子的特征值为 2.177，贡献率为 36.281%，第 2 个公因子的特征值为 1.661，贡献率为 27.685%，其余公因子的特征值都小于 1，故不予考虑。2 个公因子的累积贡献率达到 63.967%，能解释变量的大部分信息，且从图 6 - 2 也可以看出，前 2 个公因子的走势较为陡峭，从第 3 个公因子后折线趋于平缓。

表 6 - 13   特征值与方差贡献率

成分	初始特征值			提取平方和载入			旋转平方和载入		
	合计	方差的%	累积%	合计	方差的%	累积%	合计	方差的%	累积%
1	2.177	36.281	36.281	2.177	36.281	36.281	2.107	35.116	35.116
2	1.661	27.685	63.967	1.661	27.685	63.967	1.731	28.851	63.967
3	0.887	14.786	78.752	—	—	—	—	—	—
4	0.597	9.956	88.708	—	—	—	—	—	—
5	0.430	7.172	95.881	—	—	—	—	—	—
6	0.247	4.119	100.000	—	—	—	—	—	—

资料来源：运用 SPSS 22.0 运算得出。

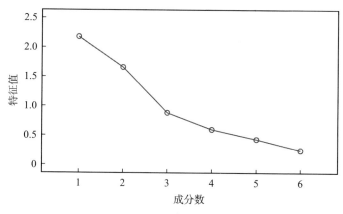

图 6 - 2 公共因子碎石图

资料来源：运用 SPSS 22.0 运算得出。

表 6 - 14 和表 6 - 15 分别反映的是旋转前后的因子载荷矩阵情况，从表 6 - 14 中可以清楚看出每个变量在 2 个公因子上的因子载荷。其中，"土地流转服务""农业补贴标准""农地流转比例""土地流转服务组织"这 4 个变量在"公因子 1"上载荷的绝对值都大于 0.5，可以划入同一类型，且这些变量主要反映的是农地流转方面的信息，故将其命名为"农地流转环境"（F_6）。如表 6 - 15 所示，"距乡（镇）政府距离"和"人均耕地面积"在"公因子 2"上载荷的绝对值分别为 0.840 和 0.837，主要反映农户所在村区位与资源禀赋，故将其命名为"区位条件与耕地规模"（F_7）。

表 6 - 14   初始因子载荷矩阵

项目	成分	
	1	2
土地流转服务	0.809	0.272
农业补贴标准	− 0.757	− 0.125
土地流转服务组织	0.647	− 0.135
人均耕地面积	− 0.341	0.765
距乡（镇）政府距离	− 0.392	0.748
农地流转比例	0.510	0.639

提取方法：主成分分析。

资料来源：运用 SPSS 22.0 运算得出。

表 6-15 正交旋转后的因子载荷矩阵

项目	成分	
	1	2
土地流转服务	0.853	-0.045
农业补贴标准	0.750	0.163
农地流转比例	0.709	0.407
土地流转服务组织	0.552	-0.363
距乡（镇）政府距离	-0.089	0.840
人均耕地面积	-0.035	0.837

提取方法：主成分分析。旋转法：具有 Kaiser 标准化的正交旋转法。
资料来源：运用 SPSS 22.0 运算得出。

（三）因子得分计算

表 6-16 反映的是成分得分情况，由此可以得到外部因素 2 个公因子的表达式：

$$F_6 = 0.024x_{17} - 0.002x_{18} + 0.247x_{19} + 0.406x_{20} + 0.359x_{21} - 0.351x_{22}$$
$$F_7 = 0.486x_{17} + 0.485x_{18} - 0.185x_{19} + 0.016x_{20} + 0.272x_{21} + 0.058x_{22}$$

表 6-16 成分得分系数矩阵

项目	成分	
	1	2
人均耕地面积	0.024	0.486
距乡（镇）政府距离	-0.002	0.485
土地流转服务组织	0.247	-0.185
土地流转服务	0.406	0.016
农地流转比例	0.359	0.272
农业补贴标准	-0.351	0.058

提取方法：主成分分析。旋转法：具有 Kaiser 标准化的正交旋转法。
资料来源：运用 SPSS 22.0 运算得出。

四、回归分析

（一）回归模型构建

在问卷调查部分，农户农地经营规模决策意愿包括3种：扩大、缩小和不变。因此，本部分在进行实证分析时主要选用多分类多元Logistic回归模型：被解释变量为农户农地经营规模决策意愿，包括扩大、缩小和不变3种意愿，分别用值1、2、3表示；自变量用因子分析法提取的7个公因子表示。由本章第二节Logistic回归分析的基本原理可知，对于任意的选择 $j=1, 2, \cdots, J$，多元Logistic模型可以表示为：

$$\ln\left[\frac{P(y=j \mid x)}{P(y=J \mid x)}\right] = \beta_j + \sum_{m=1}^{m} \beta_{jm} x_m \qquad (6-12)$$

其中，$P(Y_i = j)$ 表示农户选择第 j 种决策行为的概率；x_m 表示影响农户农地经营规模决策意愿的第 m 个自变量；β_{jm} 表示自变量回归系数向量。

由于本部分主要考察农户在目前的现实状况下，各种因素对其扩大和缩小农地经营规模的影响，因此，选取3（不变）为参照类，建立下列2个Logistic回归模型，通过以下2种情况的对比来探讨不同因素对农地经营规模决策意愿的影响：（1）扩大经营规模与保持规模不变；（2）缩小经营规模与保持规模不变：

$$\ln\frac{P_1}{P_3} = \beta_1 + \sum_{m=1}^{m} \beta_{1m} x_m \ ; \ \ln\frac{P_2}{P_3} = \beta_2 + \sum_{m=1}^{m} \beta_{2m} x_m \qquad (6-13)$$

式中，P_1、P_2 和 P_3 分别表示农户选择扩大经营规模、缩小经营规模和保持农地经营规模不变的概率。

（二）结果分析

借助SPSS22.0对模型进行拟合与估计，从表6-17可以看出，模型的似然比值为636.264，卡方值为133.898，在1%的水平上显著，表明模型中至少有一个自变量具有统计学意义，模型拟合效果好。表6-18反映的是模型参数估计情况。

表6-17　　　　　　　　　模型拟合信息

模型	模型拟合标准	似然比检验		
	-2倍对数似然值	卡方	df	显著水平
仅截距	770.161	—	—	—
最终	636.264	133.898	14	0.000

资料来源：运用SPSS 22.0运算得出。

表6-18　　　　　　　　　回归模型估计结果

项目	模型Ⅰ：P_1/P_3			模型Ⅱ：P_2/P_3		
	系数	标准误	Wald	系数	标准误	Wald
截距	0.628*	0.135	21.465	-0.709*	0.200	12.518
农户家庭经营特征 F_1	0.721*	0.199	13.153	-0.524***	0.272	3.710
劳动力资源禀赋 F_2	-0.024	0.134	0.032	-0.188	0.165	1.293
家庭耕地资源质量 F_3	0.191**	0.137	1.944	-0.486*	0.173	7.909
农业生产重要程度 F_4	0.530*	0.149	12.677	-0.720*	0.171	17.658
农户社会保障程度 F_5	0.350*	0.134	6.860	-0.052	0.152	0.116
农地流转环境 F_6	0.257***	0.136	3.576	-0.178	0.165	1.171
区位条件与耕地规模 F_7	0.116	0.167	0.488	0.331	0.202	2.695

注：*、**、***分别表示在1%、5%和10%的水平上显著。
资料来源：运用SPSS 22.0运算得出。

1. 农户家庭经营特征

农户家庭经营特征显著影响农户农地经营规模决策意愿及行为选择。由表6-18可知，农户家庭经营特征显著正向影响农户扩大农地经营规模意愿，显著负向影响农户缩小农地经营规模意愿，分别在模型Ⅰ、模型Ⅱ中通过了0.01和0.10水平的显著性检验，表明农户家庭经营特征优势越明显，农户扩大农地经营规模或维持现状的概率越大。

农户家庭经营特征因子解释的是"耕种耕地面积""家庭承包土地面积""承包地块数""生产性固定资产""家庭年纯收入"5 个观测变量，各观测变量的载荷系数均大于 0，表明各观测变量对农地经营规模决策意愿均为正向影响。（1）耕地面积是形成规模效益和累积效果的基础（林善浪和张丽华，2009），农户耕种的耕地面积越大，越能够在农业生产经营中尝到规模经营的甜头，进行更大规模农业生产的意愿也相对强烈。同时，耕种耕地面积更大的农户在农业生产活动中已经积累了一定的规模经营经验，可以在长期的实践积累中做好风险预判，抵御农地经营规模扩大潜在风险的能力相对较强，更愿意扩大规模。（2）与农户耕种耕地面积的影响机制相似，农户承包土地面积越大，规模效益越明显，农户就越希望扩大经营规模。从调查资料来看，农户地权稳定性预期（在调查问卷中以农户预感在本轮土地承包期内是否会发生土地调整来度量）越高，越倾向于转入农地扩大经营规模。（3）承包地块数可以反映农地的零散或细碎程度，从调查资料来看，农地分布越零散，农户越需要投入更多的精力，实行机械化生产经营的难度也越大，耕种成本也相对较高，此时，农户对规模经营的渴望越强，往往倾向于转入更多的土地，以增加耕地单块面积，提高经营效率，这与张明辉等（2016）的研究结论相符。（4）农户拥有的拖拉机、打谷机、收割机、水泵、打药机等农业生产性固定资产越多，意味着农户经营更多农地的基础条件越好，耕作资本优势越明显，扩大农地经营规模的概率也越大。（5）家庭年纯收入越高，农户从事农业生产的资金越雄厚，转入土地的概率也越高（何欣等，2016），田野调查发现，样本农户家庭年纯收入越高，越倾向于转入更多土地，购置或租赁更多农业生产机械，同时雇佣更多劳动力进行农业生产。

2. 劳动力资源禀赋

劳动力资源禀赋对农户农地经营规模决策意愿的影响不具有统计学意义。由表 6-18 可知，劳动力资源禀赋对农户扩大、缩小农地经营规模决策意愿的回归系数分别为 -0.024 和 -0.188，呈负相关，但是它们的显著值分别为 0.159 和 0.256，都超过 0.10 的显著水平，不具有统计学意义。

劳动力资源禀赋因子解释的是"家庭劳动力人数""户主年龄""家庭无收入人群比""受教育程度"4 个观测变量，从现有研究及调查资料来看，各观测变量对农户农地经营规模决策意愿的影响路径较为复杂。(1) 家庭劳动力人数越多，在农业生产经营过程中利用劳动代替资本的能力就越强，越有可能扩大经营规模（张合林和王飞，2013）。同时，家庭劳动力人数增多，意味着家庭日常消费支出的增加，因此要获得更多的收入来源以满足家庭生活需要，而农地经营规模扩大后所带来的规模收益通常成为一个潜在的选择（陈秋分等，2009）。然而，张忠明通过研究指出，由于农业生产的比较收益较低，劳动力人数多的家庭通过扩张农地经营规模大幅提高经济收益也比较困难（张忠明和钱文荣，2008）。田野调查发现，很多家庭的青壮年劳动力全年或在农闲时进城务工，或从事第二、第三产业的相关工作，农地主要交付给老人和妇女耕种，因而不会出现农户因家庭劳动力数量决策而进行农地经营规模调整的结果。(2) 户主年龄越大，意味着从事农业生产活动的时间越长，这些农户通常都会在长期的农业生产实践中积累丰富的经验，耕种水平相对较高，往往倾向于扩大农地经营规模，转入更多土地获取更大的经济收益（赵金国和岳书铭，2017）。然而有研究指出，户主年龄越大，思想越相对保守，缺少创业精神，对新事物的接受能力也越有限；他们通常不愿意承担土地规模经营所带来的资本投入、产品销售等风险，而是更愿意保持现状（牛星等，2016）；同时，由于长期高强度的农业劳动，户主年龄越大，身体素质等也越难以适应农地规模经营的要求（徐峰等，2011），特别是对于那些年龄很大而又受到劳动能力限制的农户而言，他们甚至会选择缩小经营规模，将农地流转出去。(3) 家庭无收入人群主要包括没有劳动能力的老人与小孩，家庭需要赡养的老人和小孩越多，通常家庭经济负担也相对较重，通过扩大农地经营规模可以在一定程度上增加务农收入，缓解生活压力（林善浪和张丽华，2009）。然而，诸培新等（2011）通过研究指出，家庭无收入人群占比越高，赡养负担越重，农户越愿意选择到收入更高的非农产业就业而选择放弃农业生产活动；黄祖辉等（2014）、江激宇等（2016）的研究指出，家庭中需要赡养的老人和需要抚养的孩童越多，越会分散农户的时间和精力，进而影响其生产决策，往往不愿意扩大经营规模。（4）农户受教育程度对其农地经营规模行为选择的作用路径也不一致：姚增福和郑少锋（2010）的研究表明，农户受教育程度越高，越倾向于转入更多土地、扩大经营规模，主要原因是受教育程度高的农户，视野更加开阔，对农地规模经营相关政策的解读更加深刻，能够更好地理解规模经营的重要现实价值与意义，并且学习规模经营的业务知识、掌握规模经营技能的能力也更强，因而愿意扩大经营规模，获得更高的生产效率。但郝凤英等（2016）的研究指出，受教育程度越高的农户，其掌握非农就业技能的机会就越多，学习能力和获取信息的能力更强，谋生手段也相对较多，而且他们大多不愿意进行耕种，而是选择进城务工，因而更倾向于维持目前规模甚至是将农地流转给他人进行耕种。

3. 家庭耕地资源质量

家庭耕地资源质量显著影响农户农地经营规模决策意愿及行为选择。由表 6-18 可知，家庭耕地资源质量显著正向影响农户扩大农地经营规模意愿，显著负向影响农户缩小农地经营规模意愿，分别在模型Ⅰ、模型Ⅱ中通过了 0.05 和 0.01 水平的显著性检验，表明耕地资源质量越好，农户扩大农地经营规模或维持现状的概率越大。

家庭耕地资源质量因子解释的是"承包地质量""承包地基础设施""机械化难易程度" 3 个观测变量，各观测变量的载荷系数分别为 0.774、0.717 和 0.781，表明各观测变量对农地经营规模决策意愿具有正向影响。（1）在合理耕作行为的保障下，承包地土壤肥力越高，地势越平坦，则农地的产出效率就越高。田野调查发现，在其他条件不变的情况下，承包地肥沃程度高的农户扩大农地经营规模的意愿明显高于其他农户。（2）承包地灌排设施、生产用电等基础设施越完善，则农户农业生产过程会越便利，农地生产收益的保障程度也越高，因而会激励农户转入农地以便形成规模化经营。（3）机械化程度直接关系到农业生产过程中的劳动力投入，承包地进行机械化耕种的难度越低，意味着农地经营过程中所需要的劳动力越少，在机械化程度高的地区，扩大农地经营规模不仅可以获得更多的经济收益，而且可以在一定程度上释放剩余劳动力，扩宽家庭的收入渠道与总量。

4. 农业生产重要程度

农业生产重要程度显著影响农户农地经营规模决策意愿。由表 6 – 18 可知，农业生产重要程度显著正向影响农户扩大农地经营规模意愿，显著负向影响农户缩小农地经营规模意愿，都在模型 I、模型 II 中通过了 0.01 水平的显著性检验，表明农业生产重要程度越高，农户扩大农地经营规模或维持现状的概率越大。

农业生产重要程度因子解释的是"农业收入占家庭收入比重"和"家庭农业劳动力人数" 2 个观测变量，各观测变量载荷系数分别为 0.850 和 0.638，表明各观测变量对农地经营规模决策意愿具有正向影响。（1）农业收入占比反映农业生产对家庭收入的重要程度，农业收入占比越高，表明非农就业渠道越少，对农地的依赖程度越高，在"路径依赖"的作用下，农户对农地规模经营理念、模式等的认知度和接受度都较低，更倾向于维持现状、进行传统模式耕作（张合林和王飞，2013），特别是对农业收入占其家庭收入比重大且务农时间长的农户而言，这种特征更加明显（沈辰等，2015）。（2）拥有较多农业劳动力的家庭，可以更好地进行家庭内部的劳动分工，可以安排更多的劳动力从事农业生产，家庭农业劳动力越多，农户转入农地的意愿越强，他们更愿意通过转入农地来扩大农业经营规模，从而提高家庭农业经营收入（黄善林和冯云龙，2014）。

5. 农户社会保障程度

农户社会保障程度显著正向影响农户扩大农地经营规模决策意愿，但是对缩小农地经营规模决策意愿无显著影响。由表 6 – 18 可知，农户社会保障程度因子在模型 I 中通过了 0.10 统计水平的显著性，表明农户社会保障程度越高，扩大农地经营规模的意愿越强烈。

对于农户而言，农地除了能够产出农作物，获取直接经济收益外，在很大程度上还具有养老保障功能，特别是对于那些不善于农业经营、年老病弱并且没有其他额外收入来源的农户而言，土地的保障性功能尤为突出（王祥军，2013），王克强（2005）通过对江苏省的调查分析，发现农地所具有的提供就业、养老保障等功能的价值总量是其直接经济产出的 4 倍。农户社会保障程度因子解释的是"是否参加新农合"与"是否参加新农保"这 2 个观测变量的载荷系数分别为 0.774 和 0.759，表明各观测变量对农户扩大农地经营决策意愿具有正向影响。"新农合""新农保"等农村社会保障制度的建立与完善能够使农户在年老或者其他突发事件发生时获得相对稳定的养老收入与基本生活保障，可以在一定程度上缓解农户的养老及生存风险，解决农户的后顾之忧，因而农户能够比较放心地扩大农地经营规模，有效刺激农户的规模经营需求（赵光等，2015），包宗顺等（2009）以第二次全国农业普查中江苏省的相关资料为基础，发现农村社会保障水平与农户土地转入率之间存在显著的正相关关系，相关系数为 0.581。田野调查发现，在其他条件相同，与没有参加"新农合""新农保"的农户相比，参加了"新农合"与"新农保"的农户曾多次主动向农地经营规模较大的农户咨询耕种过程与效益，获取他们对规模经营的想法与建议。

6. 农地流转环境

农地流转环境显著正向影响农户扩大农地经营规模意愿，但是对缩小农地经营规模意愿无显著影响。由表 6-18 可知，"农地流转环境"因子在模型Ⅰ中通过了 0.10 统计水平下的显著性检验，表明农地流转的各项配套设施越完善、市场运转越顺畅，农户扩大农地经营规模的概率就越大。

农地流转环境因子解释的是"土地流转服务组织""土地流转服务""农业补贴标准""农地流转比例" 4 个观测变量，各观测变量的载荷系数都大于 0，表明各观测变量对农户扩大农地经营规模决策意愿具有正向影响。（1）土地流转服务组织搭建起农户之间信息交流与沟通的平台，健全的土地流转服务组织能够大幅降低农户的信息搜集成本和交易成本（侯建昀和霍学喜，2016），从样本调查数据来看，农户获取农地决策意愿的渠道主要是通过亲戚或熟人，而且与没有土地流转服务组织相比，本村拥有土地流转服务组织的农户对扩大经营规模的意愿明显更为强烈。（2）多元化的土地流转服务不仅可以让农户系统掌握国家有关农地规模经营的政策，进而对农地经营规模决策进行更理性的权衡，而且可以让农户了解到"价格商定""合同签订""后期保障"等农地经营规模决策过程中一些重要环节的基本信息，田野调查发现，村集体为农户提供的流转信息越多，农户转入土地的意愿也越强。（3）农业补贴收入可以在一定程度上冲抵农业生产成本（张露等，2016），因而农户享受的农业补贴标准越高，其农业生产积极性也相对越高，从而有越强的扩大经营规模意愿（殷海善和赵鹏，2011）。冀县卿等（2015）的研究发现，单位面积补贴每增加100元/亩，农户转入土地的概率会增加7.6%，农户农地经营规模越大，农业补贴的刺激效果越明显（任晓娜等，2015），而且农地规模扩大后，农户对农业补贴政策的敏感度也会增加，因而会更进一步地刺激农户的积极性（吴连翠和陆文聪，2011）。（4）农地流转比例直接反映区域农地流转市场的发育程度，农地流转比例越大，市场化发育程度越高，农户农地经营规模决策过程也越便捷。田野调查发现，早期由于农地流转市场尚未建立，各项管理机制都不成熟，农地流转行为多是农户之间自发形成的，规模经营效果并不理想，农地流转市场机制的建立、健全，在规范和监督农户之间的流转行为方面发挥了重要作用。

7. 区位条件与耕地规模

区位条件与耕地规模对农户农地经营规模决策意愿的影响不具有统计学意义。由表6－18可知，区位条件与耕地规模因子在模型Ⅰ和模型Ⅱ中的回归系数分别为0.116和0.331，呈正相关，但是它们的显著值分别为0.485和0.101，都超过0.10的显著水平，不具有统计学意义。

区位条件与耕地规模因子解释的是"距乡（镇）政府距离"和"人均耕地面积"2个观测变量。（1）农户所在村庄距乡（镇）政府距离对农户农业生产行为选择的影响主要表现在以下两个方面：第一是对农户市场信息获取的影响，农户所在村庄距乡（镇）越近，农户获取的有效市场信息越多，渠道也更丰富，因而能够更迅速地根据市场情况对农业生产结构及农地经营规模进行调整；第二是对农产品运输成本的影响，农户所在村庄距乡（镇）越近，则农产品的运输成本越低，反之，则运输成本越高，农户会根据"成本—收益"进行农业生产行为调整与选择。然而，随着互联网的普及，农户获取市场信息的手段日益多元与便捷，而且随着新农村建设工程的大力推进，农村道路、通讯等各项基础设施都有了很大程度的改善，区位条件对农业生产的影响，特别是不利影响减弱，但是由于市场的不确定性，对农户农地经营规模扩大的影响并不突出，因而农户所在村庄距乡（镇）政府距离对其农地经营规模决策意愿并不显著。（2）根据陈秧分等（2009）的研究，在劳动力要素投入不变的情况下，耕地投入的边际产出表现出"先递增，后递减"的变化规律，因此当人均耕地面积较多时，农户可能会倾向于维持现有的农地经营规模，避免出现负的边际产出；当人均耕地面积较少时，农户可能倾向于转入更多耕地，扩大经营规模，使得边际产出效应保持"递增"。然而，田野调查发现，很多农户的家庭成员长期在外务工，留守在家中的劳动力有限，农忙时节经常需要雇工完成，耕地的边际产出效益并不高，部分农户甚至直接将耕地闲置，这都在一定程度上导致了人均耕地面积对其农地经营规模决策意愿及行为选择影响的不显著。

第四节　本章小结

本章在现有文献的基础上，结合田野调查情况，从内部因素和外部因素2个层面选取指标，构建农户农地经营规模决策意愿影响因素指标体系。为有效避免各影响因素之间的多重共线性，本章首先根据因子分析的基本原理，对内部因素和外部因素进行预处理，将关系复杂的变量归结为少数几个综合因子，并在此基础上，利用多分类多元 Logistic 回归模型对农户农地经营规模决策意愿的影响因素进行定量刻画与分析。

本章得出以下主要结论。

影响农户农地经营规模决策意愿的主要因子有7个，5个内部因素分别是"农户家庭经营特征"因子（耕种耕地面积、家庭承包土地面积、承包地块数、生产性固定资产、家庭年纯收入）、"劳动力资源禀赋"因子（家庭劳动力人数、户主年龄、家庭无收入人群比、受教育程度）、"家庭耕地资源质量"因子（承包地质量、承包地基础设施、机械化难易程度）、"农业生产重要程度"因子（农业收入占家庭收入比重、家庭农业劳动力人数）和"农户社会保障程度"因子（是否参加新农合、是否参加新农保）；2个外部因素分别是"农地流转环境"（土地流转服务组织、土地流转服务、农业补贴标准、农地流转比例）和"区位条件与耕地规模"［距乡（镇）政府距离、人均耕地面积］。

农户家庭经营特征、家庭耕地资源质量和农业生产重要程度显著影响农户农地经营规模决策意愿。选取"保持规模不变"为参照类，根据 Logistic 回归的基本原理，分别建立模型Ⅰ（扩大经营规模与保持规模不变对比）和模型Ⅱ（缩小经营规模与保持规模不变对比），定量揭示不同因素对农地经营规模决策意愿的影响，结果表明，"农户家庭经营特征""家庭耕地资源质量""农业生产重要程度"3个因子显著正向影响农户扩大农地经营规模意愿，显著负向影响农户缩小农地经营规模意愿，且都通过了不同水平的显著性检验，这表明在其他条件不变的情况下，这3个公因子的优势越明显，农户扩大农地经营规模或维持现状的概率就越大。同时，各因子所解释观测变量的载荷系数都大于0，对农地经营规模决策均为正向影响。

农户社会保障程度和农地流转环境显著正向影响其扩大农地经营规模意愿，但是对缩小农地经营规模意愿无显著影响。Logistic 回归结果表明，"农户社会保障程度"和"农地流转环境"因子都在模型Ⅰ中通过了0.10统计水平的显著性，在模型Ⅱ中不显著，这表明农户社会保障程度越高（农地流转环境越好），农户扩大农地经营规模的意愿越强烈。同时，从农户社会保障程度和农地流转环境因子所解释观测变量的载荷系数来看，各观测变量对农户扩大农地经营规模意愿的影响方向一致，但影响程度存在差异。

劳动力资源禀赋、区位条件与耕地规模对农户农地经营规模决策意愿的影响不具有统计学意义。劳动力资源禀赋因子在模型Ⅰ和模型Ⅱ中的回归系数分别为 -0.024 和 -0.188，呈负相关，但是它们的显著值分别为 0.159 和 0.256，都超过 0.10 的显著水平，不具有统计学意义。同时，区位条件与耕地规模因子在模型Ⅰ和模型Ⅱ中的回归系数分别为 0.116 和 0.331，呈正相关，但是它们的显著值分别为 0.485 和 0.101，都超过 0.10 的显著水平，也不具有统计学意义。

第七章

农地适度规模经营主体培育
政策工具选择分析

第一节 理论分析框架

2021 年中央一号文件连续第 18 年聚焦"三农"议题,指出:"推进现代农业经营体系建设。突出抓好家庭农场和农民合作社两类经营主体,鼓励发展多种形式适度规模经营。"当前,一般认为农民合作社、家庭农场和农业企业等属于农地适度规模经营主体。根据党的十八大报告及中央一号文件的提法,新型农业经营体系的最大的特点是集约化、组织化、专业化、社会化,其内涵既包括新时期农业经营主体及其利益联结机制、为农业生产服务的各类组织及其运行机制,也包括农业产业链上相关产业发育和完善、农业制度和政策措施等(张鸣鸣,2013),其模式创新包括创新农业经营模式、优化投入结构、提升要素利用效率、改进农业技术和耕作模式,可以实现农业经营收益的增加(闫继胜,2018)。新型农业经营主体通过农地规模经营,获得经济收入、政策收益以及其他资本积累(赵晓峰和赵祥云,2016)。因此,本书的农地适度规模经营主体与新型农业经营主体特点、内涵相吻合。截至 2018 年底,全国家庭农场达到近 60 万家,全国依法登记的农民合作社达到 217 万家，全国从事农业生产托管的社会化服务组织数量达到 37 万个，各类新型农业经营主体和服务主体快速发展，总量超过了 300 万家[1]。

政策工具（又称政府工具或治理工具）研究是当代公共政策与公共管理理论和实践研究的新领域，政策工具是在既定的政策环境下，政策执行者为解决政策问题、达成政策目标、实施政策方案等而采取的具体手段和方式（顾建光，2006），研究角度主要包括功能论、资源论和策略论（孙志建，2011）。

新型农业经营主体已成为农村产业政策支持的新实体、农村适度规模经营的新载体和农民收入增长的新亮点（鲁钊阳，2016）。农地适度规模经营、新型农业经营主体培育作为事关国计民生的"三农"问题，需要中央决策层做好"顶层设计"。一方面，需要政府通过完善体制机制、政策体系来减少或消除家庭农场、合作社和农业龙头企业发展的后顾之忧，为新型农业经营主体培育营造良好环境氛围，最终形成乡村发展的内生动力；另一方面，政府需要依托市场机制，鼓励相关部门、企事业单位、城市工商资本等主体直接或间接参与到现代农业生产活动中，以实现资源优化配置，最终满足乡村发展的内生需求。罗斯维尔（Rothwell）和泽福尔德（Zegveld）提出的"环境型、供给型和需求型"政策工具分类方法指出，政府在政策推进过程中并不仅起到控制者和干预者的作用，强化了政府在政策推进过程中的环境营造者角色，该政策工具分类方法与新型农业经营主体培育和乡村振兴战略实施对政府职能转变的要求相契合。

本书借鉴罗斯维尔和泽福尔德的思想，将新型农业经营主体培育政策分为环境型、供给型和需求型 3 种，作为基本政策工具维度（X 维度）。环境型政策工具主要表现为对新型农业经营主体培育和发展的间接影响力，即政府通过法规管制、财税金融等途径营造良好的政策环境

---

[1] 中华人民共和国农业农村部网：《新型农业经营主体和服务主体高质量发展规划（2020－2022 年）》，www.moa.gov.cn，2020 年 3 月 6 日。

来影响相关利益主体行为和现代农业经营活动，以此推动新型农业经营主体培育和发展，该政策工具具体可分为目标规划、金融服务、税收政策、法规管制和策略性措施。供给型政策工具是指政府通过从外界投入资金、科技支持、基础设施等现代农业发展经营要素，直接推动新型农业经营主体培育和发展，该政策工具具体可分为资金支持、人力资源培养、科技支持、基础设施建设和信息服务。需求型政策工具是指政府通过服务外包、政府采购等直接推动新型农业经营主体培育和发展，反映了政府在推动新型农业经营主体培育和发展中的促进作用，该政策工具具体可分为服务外包、政府采购和海外交流（见表7-1）。

表7-1　　　新型农业经营主体培育政策工具的类型与基本内涵

类型	名称	基本内涵
环境型政策工具	目标规划	政府对新型农业经营主体培育要实现的目标做出的总体规划
	金融服务	政府通过财政补助、融资、贷款等多种措施推动新型农业经营主体健康发展
	税收优惠	政府对新型农业经营主体的直接或间接参与者给予税收方面的优惠，如免税、减税等
	法规管制	政府通过制定一系列法规和制度安排以规范新型农业经营主体相关人员的行为，为新型农业经营主体的发展创造良好的法规环境
	策略性措施	政府通过建立改革试验区等推动新型农业经营主体健康发展
供给型政策工具	资金支持	政府直接对新型农业经营主体的直接或间接参与者给予财政上的支持
	人力资源培养	政府有关职能部门建立新型职业农民和农业科学技术人才发展规划，完善和创新新型农业经营主体人才的培养机制及教育体系等
	科技支持	政府部门通过建立新型农业经营主体案例库、技术资料库等为新型农业经营主体的发展提供科技信息与支持
	基础设施建设	政府通过建立农业设施、农村物流设施、农业水价综合改革等推动新型农业经营主体健康发展
	信息服务	政府为新型农业经营主体提供农地流转信息、劳动力就业信息、农业补贴信息等方面的服务，以推动新型农业经营主体健康发展

类型	名称	基本内涵
需求型 政策工具	服务外包	政府将新型农业经营主体培育措施、农地流转政策调控等委托给科研院所、高校、企业或其他社会组织等
	政府采购	政府依据相关法律、政策规定及新型农业经营主体的实际需求，制定出新型农业经营主体相关产品或服务采购目录，并利用财政性资金进行购买
	海外交流	政府开展各种形式的与世界先进农业生产经营方式的国家和地区进行新型农业经营主体培育经验的学习与交流

资料来源：自行整理。

为了加深对新型农业经营主体政策的多维审视，本书参照"服务链"理论，将新型农业经营主体政策看成是政府向利益相关主体提供生态公共物品的过程，构建新型农业经营主体培育政策的 Y 轴，综合考虑新型农业经营主体培育的阶段性特征及其发展规律，将 Y 轴分解为思想引导、制度建设、资源投入、服务提供和质量保障 5 个维度，由此形成新型农业经营主体培育政策的二维分析框架（见图 7 - 1）。

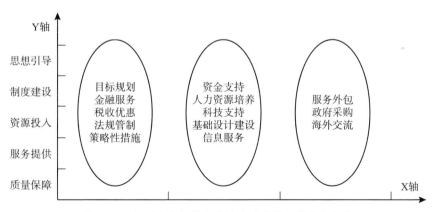

图 7 - 1　新型农业经营主体培育政策的二维分析框架

资料来源：自行整理。

第二节　研究方法与样本选择

一、内容分析法

内容分析法是通过对"内容"的分析以获得结论的一种研究手段，它定义为一种客观地、系统地、定量地描述交流的明显内容的研究方法（邱均平和邹菲，2004）。内容分析法将用语言表示的文献转换为用数量表示的资料，并采用统计数字描述分析结果，通过对文献内容"量"的分析，找出能反映文献内容的一定本质方面而又易于计数的特征，从而克服定性研究的主观性和不确定性，达到对文献"质"的更深刻、更精确的认识（宁本荣和赵晓康，2014）。一般而言，内容分析的研究设计包含以下六个步骤：（1）确定研究问题；（2）选择样本；（3）确定分析单元；（4）根据研究问题确定数据的类别并进行编码；（5）对编码进行信度检验；（6）将通过编码获得的数据进行分析，并得出结论（刘伟，2014）。

二、样本选择与编码

2016 年中共中央办公厅、国务院办公厅印发的《关于加快构建政策体系培育新型农业经营主体的意见》（以下简称《意见》），第一次明确提出支持新型农业经营主体发展的政策框架，定位于构建培育和发展新型农业经营主体的政策体系，具有政策级别高、整体性和系统性强、覆盖面广、指向性明确等特征，因此，本书选取《意见》为本文的分析样本。

本书以 X、Y 维度中的指标作为分析单元，按照"章—节—条款"对《意见》文本内容进行分析、编码，为了确保编码的准确性、科学性，多次进行小组讨论研究，最后形成如表7-2所示的编码表。

表7-2　　新型农业经营主体培育政策文本内容分析单元编码

政策名称	政策项目	内容分析单元	编码
一、总体要求	（一）指导思想	全面贯彻……建设现代农业的引领作用	1-1-1
	（二）基本原则	坚持农村土地集体所有……共同发展	1-2-1
		发挥市场……创造公平的市场环境	1-2-2
		充分发挥农民首创精神……环境友好的发展道路	1-2-3
		明确政策实施主体……确保政策措施落到实处	1-2-4
	（三）主要目标	基本形成……政策落实与绩效评估机制	1-3-1
		构建框架完整……政策支持体系	1-3-2
		不断提升……带动农民增收致富能力	1-3-3
……	……	……	……
四、健全政策落实机制	（十四）加强组织领导	地方各级党委和政府要……督促指导	4-14-1
		有关部门要……抓好贯彻落实	4-14-2
		要加强农村……各项工作抓细抓实	4-14-3
	（十五）搞好服务指导	加强调查研究……促进其健康发展	4-15-1
		完善家庭农场认定办法……企业运行监测	4-15-2
		鼓励有条件……规范运行	4-15-3
	（十六）狠抓考核督查	将落实培育……政策绩效评估监督机制	4-16-1
		畅通社会监督渠道……予以督促整改	4-16-2
		进一步建立……定期发布制度	4-16-3
	（十七）强化法制保障	加快推进农村金融立法工作……与立法衔接	4-17-1
		切实维护……提供法制保障	4-17-2

资料来源：中国政府网：《关于加快构建政策体系培育新型农业经营主体的意见》，2017年5月13日。

第三节　结果分析

一、《意见》的 X 维度分析

根据表 7-2 的编码归类情况得到《意见》中政策工具分布情况（见表 7-3）。从中可以清楚地看到，《意见》中运用的政策工具主要是环境型和供给型政策工具，其中又以环境型政策工具居多，占比为84.06%，需求型政策工具则严重缺失，占比仅为2.13%，这表明新型农业经营主体培育政策主要依靠政策环境营造、提高资源要素投入来推进新型农业经营主体发展，而较少运用拉动市场需求手段。

表 7-3　　　　　　　　《意见》X 维度政策工具分布

工具类型	工具名称	《意见》条文编码	数量	百分比（%）（保留两位小数）
环境型政策工具	目标规划	1-1-1；1-2-4；1-2-5；1-3-1	4	4.26
	金融服务	3-10-1；3-10-2；3-10-3；3-10-4；3-10-5；3-10-6；3-10-7；3-10-8；3-11-1；3-11-2；3-11-3；3-11-4；3-11-5；3-11-6；3-11-7；3-11-8；3-11-9；3-11-10	18	19.15
	税收优惠	3-8-8；3-9-7	2	2.13
	法规管制	1-2-1；1-2-3；2-5-1；2-6-3；2-6-5；2-6-7；2-7-2；3-9-1；3-9-8；3-9-9；3-9-10；3-9-11；3-13-4；3-13-7；4-16-3；4-17-1；4-17-2	17	18.09
	策略性措施	1-2-2；1-2-6；2-4-1；2-4-2；2-4-3；2-4-4；2-4-5；2-4-6；2-4-7；2-6-2；2-5-3；2-6-1；2-6-2；2-6-4；2-6-6；2-7-1；2-7-3；2-7-4；2-7-5；3-8-3；3-8-6；3-9-2；3-12-1；3-12-2；3-12-3；3-12-5；3-13-3；3-13-5；3-13-6；4-14-1；4-14-2；4-14-3；4-15-1；4-15-2；4-15-3；4-16-1；4-16-2	38	40.43

工具类型	工具名称	《意见》条文编码	数量	百分比（％）（保留两位小数）
供给型政策工具	资金支持	3－8－1；3－8－2；3－9－12	3	3.19
	人力资源培养	3－12－7；3－13－1；3－13－2	3	3.19
	科技支持	3－8－7	1	1.06
	基础设施建设	3－9－3；3－9－4；3－9－5；3－9－6	4	4.26
	信息服务	3－12－4；3－12－6	2	2.13
需求型政策工具	服务外包	N/A	0	0.00
	政府采购	3－8－4；3－8－5	2	2.13
	海外交流	N/A	0	0.00

资料来源：中国政府网：《关于加快构建政策体系培育新型农业经营主体的意见》，www.gov.cn，2017 年 5 月 31 日。

（一）环境型政策工具占绝对主导地位

从表 7－3 可知，环境型政策工具共计 79 条，占比为 84.06%，在新型农业经营主体培育政策运行过程中发挥着重要作用。具体来看，在环境型政策工具中，策略性措施的占比最高，占环境型政策工具的 48.10%，说明政府注重通过完善体制机制、政策体系来营造良好的政策环境。进一步研究发现，在策略性措施类条款中，使用最多的是制度完善，这与当前农地流转现状较符合。根据中国农村经营管理统计年报，截至 2018 年底，全国家庭承包耕地流转面积 5.39 亿亩，占家庭承包经营耕地面积的 37%，已经进入耕地大规模流转时期。因此，在政策工具使用上更多地采用了策略性措施。其次是金融服务，占比为 22.78%，新型农业经营主体融资需求的满足有助于推动乡村振兴战略实施，加强金融支持有利于解决农村"融资难、融资贵、融资慢"等问题，进而培育能让农民分享第二、第三产业增值收益的新型经营主体，还有利于集合利用资源要素促进现代农业产业体系、生产体系和经营体系构建（张林和温涛，2019）。法规管制排在第三位，占比为21.52%，表明政府对新型农业经营主体的管制和保护较为重视，法规管制是新型农业经营主体培育政策良性发展的有力保障。目标规划和税收优惠分别占比5.63%和2.53%，说明政府对培育新型农业经营主体的顶层设计与安排的重视度有待提高，由于农业比较效益低下，通过税收优惠依托市场机制可以激励企事业单位及其他社会资本等积极参与到新型农业经营主体培育中的作用有限，然而该政策工具运用较少。

（二）供给型政策工具处于弱势地位

从表7-3可知，供给型政策工具共计13条，占比为13.83%，在数量上与环境型政策工具相比差距巨大。其中，基础设施建设是供给型政策工具中应用数量最多的类型，占供给型政策工具的30.77%。目前我国农业仍为弱质产业，农业基础依旧薄弱、农业现代化进程缓慢、农业生产要素缺失等问题依然比较突出（蒋辉等，2017），新型农业经营主体的培育需要在现有农业基础设施基础上改造或新建大量现代农业基础设施，该政策是保障新型农业经营主体培育政策高效运行的重要载体，但在整个政策体系中的比重仅为4.26%。资金支持和人力资源培养政策工具均为3条，分别占供给型政策工具的23.08%，资金支持是政府重视新型农业经营主体发展最直观的表现和最有效的方式，而培养一批懂技术、会经营的新型职业农民是推进新型农业经营主体可持续发展的重要措施。农业作为国民经济基础性产业，其特殊性要求政府提供资金和人力支持以解决农业领域中市场缺失的问题，保障国家粮食安全和农产品质量安全，但资金支持在整个政策体系中的比重仅为3.19%。信息服务政策工具为2条，占供给型政策工具的15.38%，目前新型农业经营主体已具备较好的信息基础设施条件，但新型农业经营主体信息需求与政府部门信息服务供给有些脱节，在信息获取过程中存在获取困难、准确性差、不够及时及不能满足生产经营需要等问题（阮荣平等，2017），在整个政策体系中的比重仅为2.13%。

（三）需求型政策工具严重缺位

需求型政策工具能够直接推动新型农业经营主体的发展，《意见》中仅有政府采购两条需求型政策工具，需求型政策工具却出现了断层与缺失。相比于法规管制、策略性措施等环境型政策工具，需求型政策工具依托市场机制通过经济激励促进相关部门、企事业单位、农业经营主体从事现代农业生产活动，不仅政府干预程度低，而且相应的管理成本低，有利于资源的优化配置。例如，需求型政策工具中的服务外包有助于提升公共服务效率、提高公共服务质量、减轻政府部门负担，但是《意见》中却尚未运用服务外包政策工具。

二、《意见》的 Y 维度分析

图 7-2 反映的是新型农业经营主体培育政策工具二维分布情况。

Y轴	环境型政策工具					供给型政策工具				需求型政策工具		
思想引导	3	3	1	4	13	1	1		1			
制度建设	1	10	1	11	19		1	1	1		1	
资源投入		1		1		2			2			
服务提供		3			3		1			2		1
质量保障		1		1	3							X轴
	目标规划	金融服务	税收优惠	法规管制	策略性措施	资金支持	人力资源培养	科技支持	基础设施建设	信息服务	服务外包	政府采购	海外交流

图 7-2　新型农业经营主体培育政策工具二维分布

资料来源：中国政府网：《关于加快构建政策体系培育新型农业经营主体的意见》，www.gov.cn，2017 年 5 月 31 日。

总体来看，《意见》中对 Y 维度政策工具的使用处于失衡状态，其中，制度建设政策工具的比例偏高，服务提供、资源投入和质量保障政策工具则偏低。关于制度建设的政策工具有 46 条，所占比例为 48.94%，说明政府在对新型农业经营主体培育的引导中十分重视制度建设，希望依托完善的制度规范保障新型农业经营主体的健康发展。关于资源投入、服务提供和质量保障的政策工具分别有 6 条、10 条和 5 条，占比分别为 6.38%、10.64% 和 5.32%，说明政府对新型农业经营主体培育和发展中、后期的政策供给处于不足和严重缺位状态。

从与基本政策工具交叉效应来看，思想引导、制度建设、服务提供和质量保障方面均较多地运用环境型政策工具，资源投入方面较多地应用供给型政策工具；思想引导和资源投入方面在需求型政策工具的应用上存在缺失；质量保障方面在供给型政策工具和需求型政策工具的应用上均存在缺失。这些差异说明政府在政策工具的应用上存在偏好与倾向，同时也说明不同政策工具的适用区间与适用限度。各种政策工具的组合最终将会形成一个政策工具箱，对政策实施的效果产生综合性影响（吴薇和刘璐璐，2018）。环境型政策工具在新型农业经营主体培育的思想引导、制度建设和质量保障层面均呈现出过渡溢出的态势，这种政策工具组合注重发挥环境型政策的氛围营造和影响作用，但不利于供给型政策工具的推动作用和需求型政策工具的拉动作用的发挥，可能会影响新型农业经营主体培育政策的实施效果。

三、政策工具优化组合与配置建议

根据新型农业经营主体培育政策工具选择状况，为平衡不同类型政策工具比重，实现政策工具的优化组合与配置，本书提出以下建议。

（1）适当弱化环境型政策工具的运用强度，并优化环境型政策工具的内部结构。一方面，降低策略性措施等干预手段较强的政策工具的运用强度，重视目标管理，加大实施力度，加强监督考核，避免因为政策执行不力或政策目标未达到导致政策工具应用过溢；另一方面，提高税收优惠等经济激励类政策工具的应用频次，重视经济激励类政策工具对新型农业经营主体培育的引导和调节作用，以发挥其在降低管理成本、优化资源配置方面的优势，为新型农业经营主体培育营造良好的氛围。

（2）适当增强供给型政策工具的运用强度，发挥供给型政策工具的推动作用。首先，采取倾斜政策培育市场，例如将现有支农惠农强农政策向新型农业经营主体倾斜、构建针对新型农业经营主体的农业补贴政策；然后，吸引农村能人返乡、引导大学毕业生下乡、鼓励城市工商资本下乡以保障新型农业经营主体的人才需求，同时也有利于乡村人才振兴；最后，在构建现代农业产业体系、生产体系和经营体系中探索市场、政府与社会有机耦合的投资机制与模式以发挥市场在资源配置中的作用。

（3）合理增加需求型政策工具的比重，发挥需求型政策工具的拉力作用和间接引导作用。在当前工业反哺农业、城市支持农村发展的新形势下，按照社会主义市场经济的要求，通过经济激励促进相关部门、企事业单位等社会各方面的力量为新型农业经营主体培育提供经营性服务，建立多元化的现代农业社会化服务体系。例如，将准公益性农业基础设施、信息服务、农业科技等进行外包以提升公共服务效率与质量，并减轻政府部门负担。积极学习世界先进农业生产经营方式，并根据中国实际国情开展广泛的国际交流与合作，通过总结自身实践经验和借鉴国际经验增强新型农业经营主体培育政策的持续性。

第四节　本章小结

本章构建了新型农业经营主体培育政策理论分析框架，选择《意见》为样本，探讨了新型农业经营主体培育政策工具选择问题，并得出以下主要结论。

从新型农业经营主体培育基本政策工具维度来看，现阶段新型农业经营主体培育政策工具使用表现出较为明显的不均衡特征，政府倾向于应用重视干预手段较强的政策工具为新型农业经营主体培育营造良好的环境，从而导致环境型政策工具过溢，其中策略性措施、金融服务和法规管制三类政策工具占政策工具总量的比例为 77.66%，而政府对其他两类政策性工具的使用较为慎重，特别是需求型政策工具的严重缺失将无法形成有效的拉力。

从新型农业经营主体培育服务链的维度来看，现行政策安排对新型农业经营主体培育的各个阶段的干预表现出较为明显的不均衡特征，政府重视对前期的思想引导和环境构建，思想引导和制度建设类的政策工具数量分别为 46 个和 27 个；中期的资源投入和服务提供两类政策工具应用不足；后期的质量保障类的政策工具严重缺失。

根据新型农业经营主体培育政策工具选择状况，为平衡不同类型政策工具比重、实现政策工具的优化组合与配置，政府应在重视环境型政策工具氛围营造和影响作用的同时，充分发挥供给型政策工具的推动作用和需求型政策工具的拉动作用，调整三类政策工具的使用比例以发挥政策的协同作用。首先，适当弱化环境型政策工具的运用强度，并优化环境型政策工具的内部结构；然后，适当增强供给型政策工具的运用强度，发挥供给型政策工具的推动作用；最后，合理增加需求型政策工具的比重，发挥需求型政策工具的拉力作用和间接引导作用。

第八章

黑龙江省农地适度规模
经营实现机制

第一节　农地适度规模经营的现实条件与路径设计

一、农地适度规模经营的现实条件

本书基于波特钻石模型理论分析研究区农地适度规模经营的现实条件。迈克尔·波特（Michael Porter）在1990年出版的《国家竞争优势》中通过对10个国家的上百种产业的历史研究提出了一套解释一个国家产业或企业获得竞争优势的完整竞争力理论，即钻石模型理论（刘颖琦等，2003）。"钻石模型"主要由生产要素、需求条件、相关与支持性产业、企业战略结构和竞争4个基本要素以及机会、政府2个辅助要素组成（何颖，2015）。在农业产业发展中同样存在影响并决定农业竞争力形成的钻石模型（张扬，2014）。任何理论模型不可能适用于每个地区，分析研究区农地适度规模经营的现实条件不仅需要考虑中国农地制度和国情，还需要考虑区域内的农地经营主体资源禀赋、社会经济条件和耕地资源禀赋。本节对钻石模型原型进行了适当的扩展和修改（见图8-1）：将政府要素作为基本要素而不是辅助要素；将经营主体资源禀赋纳入到基本要素，替换企业战略结构与同业竞争，使模型适用于农地适度规模经营的现实条件分析。

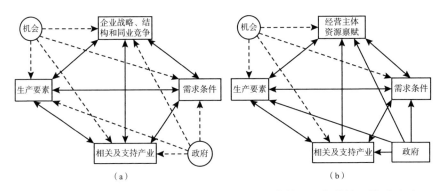

图8-1　波特钻石模型（a）与农地适度规模经营的现实条件钻石模型（b）

资料来源：自行整理。

（一）生产要素

根据迈克尔·波特的观点，自然资源、基础设施、人力资源、知识资源和资本资源这些生产要素可进一步细分为高级要素和基本要素，高级要素是指不能轻易得到的要素，如基础设施、资本资源和知识资源等，基本要素是指可以花费较少代价就能得到的要素，如自然资源、非熟练劳动力等（汤鹏主，2016）。本书将与农地经营相关的生产要素分为高级要素和基本要素。耕地、人口等基本要素方面：黑龙江省耕地面积为1584.4万公顷，占总面积的35%[①]，全省人均耕地面积为0.416公顷，高于全国人均耕地水平[②]，耕地资源丰富；2019年年末乡村人口为1466.8万人，占人口总数的39.1%[③]，农村富余劳动力充足。资本、市场等高级要素方面：2019年黑龙江省地区生产总值（GDP）为

13612.7亿元，在全国31个省份中居24位，人均GDP为36183元[①]，低于全国平均水平。实现农地适度规模经营的一个重要前提是农地适度集中，经营主体有一定数量的可耕地，在中国农地制度背景下，经营主体需要通过出租、转让、入股等方式转入农地，使劳动、资本、技术等生产要素合理组合、充分利用，获得最佳经济效益。从样本调查数据来看，49.21%的受访农户所在村有土地流转服务组织，31.05%的受访农户所在村不为农户农地流转提供服务，受访农户所在村为农户提供土地流转服务的总体水平偏低。综上所述，研究区在耕地、人口等基本生产要素方面具有实现农地适度规模经营的优势条件，然而，在资本、市场等高级生产要素方面处于劣势。

（二）市场需求

二元经济结构是发展中国家的根本特征，发展中国家向工业化国家转变的过程就是消除二元经济结构的过程（关建勋等，2014）。农地适度规模经营是市场经济发展到一定阶段后对农业生产方式提出的内在要求。随着第二、第三产业的快速发展以及城镇化进程的加速发展，第二、第三产业尤其是服务行业对劳动力需求持续加大，农村劳动力要素在城乡间、产业间的流动性日益增强，大量农村富余劳动力向城市转移，中国从事第一产业的劳动力占劳动力总量的比例由1991年的60%下降到2015年的28.3%（王军，2017）。黑龙江省第一产业从业人员占总就业人员的比例由1978年的52.6%下降至2019年的31.7%；第三产业从业人员占总就业人员的比例由1978年的18.1%上升至2019年的51.0%[②]。家庭承包经营不利于劳动力生产率的提高，随着我国工业化的快速推进、非农就业机会的增加，家庭承包经营的劳动报酬和社会工资差距会越拉越大，理性的农民会离开农村外出打工，农民通过更多劳动投入进行小块土地经营也就没有必要了（段禄峰和魏明，2017）。在农村劳动力大量转移背景下，农户专业技术水平、市场参与能力等方

---

①② 资料来源：《黑龙江省统计年鉴（2020）》。

面的差异导致农户的收入结构及劳动力就业结构出现了较大的差异，且这种差异性通过自我积累的循环使得农户间逐渐发生职业分化和经济收入分化。农户分化下的纯务工农户存在转出农地的需求，纯务农农户存在转入农地进行农地适度规模经营的需求。有研究表明农户职业分化程度对农户的农地转出行为和农地转出面积均具有显著的正向影响，农户经济收入分化对农地转入行为和农地转入面积均有显著的正向影响（聂建亮和钟涨宝，2014）。

（三）相关及支持产业

下面从农业社会化服务体系、农业科技和物质装备水平方面分析农地适度规模经营的相关及支持产业要素。农业社会化服务体系方面：农业社会化服务体系能使劳动资料技术单位的不可分性淡化或相对化，从而有利于在不同层次上实现生产要素的重组和优化配置，促进农业生产力的发展，因此农业社会化服务体系发育完善程度直接影响着土地经营规模的大小（张侠等，2003）。美国的高效农地规模经营在很大程度上得益于配套化和系统化的农业社会化服务（杜国平，2010）。从研究区农地流转服务水平来看，49.21%的受访农户所在村有土地流转服务组织，31.05%的受访农户所在村不为农户农地流转提供服务，受访农户所在村为农户提供土地流转服务的总体水平偏低。农业科技和物质装备水平方面：农业科技和物质装备水平不仅决定并制约着规模经营的外延和数量，也决定了经营的质量即深度和效益，不同地方由于农业技术装备水平和手段的不同决定了各自规模经营所能达到的数量和质量界限（张侠等，2003）。当地农业生产力水平、物质装备水平较低时，主要依靠手工工具和人畜力作业，农地经营只能是小规模的；当地农业生产力水平、物质装备水平较高时，以农机械为主要生产工具，需要一定的农地经营规模以发挥农机械作业的优势。截至2018年底，黑龙江省农村综合农业机械化水平达到96.8%，比40年前提高57.9个百分点，高出全国平均30个百分点；大型农机装备拥有量位居全国第一，农机利用率全国第一①。农业机械化的迅猛发展，为促进黑龙江省农业持续增产、农民持续增收发挥了重要作用（王英和李洋，2016）。

（四）经营主体资源禀赋

一方面，农地适度规模经营是高市场化、高商品化性生产，具有一定的企业化经营特征，这就要求农地经营主体不仅要掌握相应的农业生产知识，还要掌握一定的农业机械和现代科学技术，同时要具备一定的经营管理能力；另一方面，农地适度规模经营是高投入、高风险的行业，需要大量的资金投入。农业自然再生产的特点决定了农业生产经营活动要在很大程度上依赖于自然，农业生产遭受自然风险是不可避免的，农地适度规模经营意味着要面临更大的风险。经营主体资源禀赋制约着规模经营的数量界限和效益状况，甚至决定着农地适度规模经营的成败。

（五）政府与机会

配套体系、政策支持与制度保障的完善程度直接影响农地适度规模经营的推进效果。农地的流转与集中已经成为我国农地及其农业发展政策激励的基本方向（胡新艳等，2016），国家一直积极推动农地流转。2008 年中共十七届三中全会通过的决议规定，"建立健全土地承包经营权流转市场，按照依法自愿有偿原则，允许农民以转包、出租、互换、转让、股份合作等形式流转土地承包经营权，发展多种形式的适度规模经营。"2013 年中共十八届三中全会通过的决议更是提出了农地流转的方向，"稳定农村土地承包关系并保持长久不变，在坚持和完善最严格的耕地保护制度前提下，赋予农民对承包地占有、使用、收益、流转及承包经营权抵押、担保权能，允许农民以承包经营权入股发展农业产业化经营。鼓励承包经营权在公开市场上向专业大户、家庭农场、农民合

---

① 中国政府网：《黑龙江省农业机械化水平高出全国平均 30 个百分点》，www.gov.cn，2018 年 12 月 11 日。

作社、农业企业流转，发展多种形式规模经营。"机会在钻石模型中是指那些不在企业控制范围内的一些外部环境的改变，农地适度规模经营的形成和发展受外部环境影响显著。

黑龙江省农地适度规模经营发展面临良好的发展机会，《黑龙江省"两大平原"现代农业综合配套改革试验总体方案》于 2013 年 4 月正式获得国务院批准，现代农业综合配套改革试验是目前国家开展的涉及农业生产关系的重大调整和变革，总体方案中明确表示发展新型农业经营主体，到 2020 年，黑龙江省农民专业合作组织、专业大户、家庭农场、农业企业分别发展到 8 万个、1.1 万个、3.5 万个、650 户。

二、农地适度规模经营的路径设计

参考陶自祥（2016）、刘彦随等（2014）的研究，将农地适度规模经营主体分为农业企业、合作社和家庭农场 3 类，依据农地流转等方式可将 3 类农地适度规模经营主体进行细化（见图 8-2）。农业企业型适度规模经营主体可细化为 3 类：一是企业直接从农户处租赁农地，自负盈亏经营；二是农户以承包地入股企业，企业统一经营；三是"企业＋农户"的形式，即企业与农户之间签订契约，由农户负责生产经营，企业全部回收农产品。合作社型农地适度规模经营主体可按两个标准细化，一是根据合作社领办主体将合作社细化为村集体领办型和"精英"领办型合作社，前者如黑龙江省新兴村农机合作社，后者如黑龙江省仁发合作社。二是根据合作社的土地来源将合作社细化为一般合作社和土地入股合作社，一般合作社通过租赁农户的承包地从事农业生产经营，土地入股合作社是指农户以土地经营权入股合作社，由合作社负责统一经营管理，农户根据入股土地面积对合作社经营剩余进行"按股分红"；前者如仁发合作社成立初期，农户通过将土地流转给合作社获得土地租金，后者如新兴村农机合作社和仁发现代农机合作社，在利益分配模式改革后，入股农户凭借土地要素分享合作社剩余。家庭农场型适度规模经营主体可细化为土地入股型和土地租赁型家庭农场。

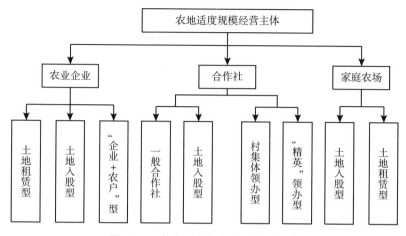

图 8 - 2　农地适度规模经营主体分类

农地适度规模经营主体通过农地流转，实现土地、资金、劳动力等生产要素整合，发展规模经营，使耕地"物尽其用"，提高农业生产效率和生产收益（陈拾娇等，2016）。与传统农业生产经营方式下的一般农户相比，农地适度规模经营主体具有以下 3 个显著特征：（1）规模化与一体化生产。农地经营规模明显高于一般农户，通过转入农地实现横向一体化生产，或以农业产业链条中的最强环节"种"为中心，向产业链条中的上游、下游延伸，实现产中和产后环节的纵向一体化。（2）集约化生产和现代化管理。物质装备水平明显高于一般农户，同时应用现代化经营管理理念进行农地经营管理。（3）市场化程度高。按照市场需求组织农业生产活动或进行订单式农产品生产，能够和市场进行有效衔接，具有较高的市场谈判能力，经营效益明显高于一般农户。

农地适度规模经营的实现是在坚持农村土地农民集体所有的基础上通过农地流转实现。目前，黑龙江省已进入大规模农地流转时期，农地流转已呈常态化趋势。截至 2018 年底，黑龙江省家庭承包耕地流转面积已达到 6590 万亩，约占全省耕地总面积的 28%①。但由于区域内人

---

① 资料来源：《中国农村经营管理统计年报（2018 年）》。

地关系等资源禀赋约束条件、经济结构、生产力发展的不平衡性和多层次性，导致了农地流转规模区域不平衡。田野调查发现，2014 年，黑龙江省克山县西城镇西城村 2400 亩耕地全部实现流转，而肇源县古恰乡仓粮村农地流转面积仅为 350 亩，占全村耕地总面积的 2.21%。省内农地流转进程的地域差异在客观上决定了各地推进农地适度规模经营应因地制宜，从本地实际出发，采取分类、分层、多样化的实现路径。

根据农地适度规模经营主体的类型划分，结合第四章研究区农地规模经营主体生成与运行机理分析以及田野调查，本书将农地适度规模经营实现路径分为依托家庭农场型、依托合作社型和依托农业企业型，并将农地适度规模经营实现路径所需条件抽象化，抽象为农地经营主体资源禀赋、社会经济条件和农地资源禀赋的组合（见图 8 - 3）。经营主体资源禀赋：首先，经营主体需具备一定量的资本积累，具有支付农地流转租赁、农机械购置、日常流动资金等能力；然后，经营主体需具备农业生产专业知识和经营管理能力。社会经济条件：选取经济总体水平、产业结构和交通条件表征地区社会经济条件。首先，发达地区的城市工

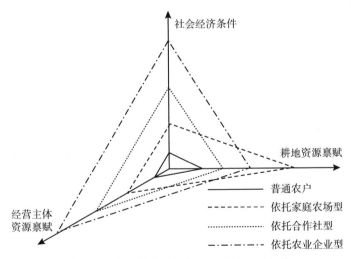

图 8 - 3　农地适度规模经营路径的实现条件

商业能够吸纳农村富余劳动力，满足农户的非农收入期望，使农户从第一产业转移到第二、第三产业，进而释放农村大量低效利用农地来提高农地流转市场供给水平；然后，通达的交通条件有益于农地适度规模经营的实现，有调查研究表明农民合作社主要集中在交通比较便利的乡镇（李奕毅，2016），表征区域交通条件的公路里程指标与合作社数量呈正相关（黎藜和刘开华，2015）。耕地资源禀赋：规模经营是不同经营主体根据自身生产需求，要求具有一定数量、质量、优质区位的耕地，开展土地利用从而获取产品与服务的过程（万群等，2016）。

田野调查发现，3 类农地适度规模经营路径对社会经济条件、耕地资源禀赋和经营主体资源禀赋的要求上具有层次性（见图 8-3），具体表现为：（1）依托农业企业型、依托合作社型、依托家庭农场型农地适度规模经营实现路径对经营主体资源禀赋的要求依次递减；（2）依托家庭农场、依托农业企业型、依托合作社型农地适度规模经营实现路径对区域耕地资源禀赋的要求依次递减；（3）依托农业企业型、依托合作社型、依托家庭农场型农地适度规模经营实现路径对区域的要求依次递减。3 类农地适度规模经营实现路径并无优劣之分，其培育与发展均要坚持"环境适应性"，不同区域的资源禀赋条件和社会经济发展水平不同，农地适度规模经营的路径选择也不相同，为了将研究区县域单元与农地适度经营规模实现路径进行衔接与匹配，下文将对研究区进行土地利用分区分析。

第二节　农地适度规模经营的路径选择

一、指标选取与数据特征

威廉·阿朗索（2010）认为任何土地利用类型或者任何类型的土地利用密度及集约度都可以进行分区。土地利用分区是依据土地的自然、社会、经济条件等差异及其利用方向的相对一致性划分土地利用单元的过程（冯仁德等，2010）。本节选取人均 GDP、地区第二与第三产业比重、公路线路里程、地均农用机械总动力、人均耕地面积表示黑龙江省县域社会经济条件和耕地资源禀赋状况（见表 8 - 1），表 8 - 2 是指标变量的统计性描述，从中可以看出，黑龙江省各县在社会经济条件和耕地资源禀赋上地域差距显著。

表 8 - 1　　　　　农地适度规模经营分区指标体系

指标	指标说明	计算公式	单位
人均生产总值	地区经济水平	地区生产总值/总人口	万元/人
地区第二与第三产业比重	地区第二与第三产业发展状况	地区第二与第三产业产值/GDP	%
公路线路里程数	地理区位条件和交通状况	公路线路里程数	公里
地均农用机械总动力	农业生产机械化水平	农用机械总动力/耕地面积	千瓦/公顷
人均耕地面积	耕地资源禀赋	耕地面积/总人口	公顷/人

表 8 - 2　　　　　　指标变量的统计性描述

指标	N	最小值	最大值	均值	标准差
人均 GDP	66	0.49	18.82	3.47	2.49
地区第二与第三产业比重	66	0.28	0.99	0.59	0.16
公路线路里程	66	234.54	4974.29	2113.16	814.10
地均农用机械总动力	66	1.40	11.78	4.23	1.96
人均耕地面积	66	0.02	2.26	0.51	0.39
有效的 N（list wise）	66	—	—	—	—

资料来源：数据来源于《2016 年黑龙江省统计年鉴》，运用 SPSS 22.0 运算得出。

二、资源禀赋地域格局特征

(一) 方法选取

为掌握黑龙江省人均 GDP、地区第二与第三产业比重、公路线路里程、地均农用机械总动力、人均耕地面积的空间分布格局和空间异质性，本书采用 Jenks 最佳自然断裂法将各指标由低至高划分为 3 级以考察区域内资源禀赋的空间分布格局，运用探测性空间数据分析的局域统计量 Getis – Ord G_i^* 来考察区域内资源禀赋的空间异质性，相关计算在 ArcGIS10.2 中完成。

探测性空间数据分析 (Exploratory Spatial Data Analysis, ESDA) 主要用于描述数据空间分布规律、识别异常空间位置、揭示现象之间的空间相互关系等，本质上是一种 "数据驱动" 型分析方法 (潘竟虎和尹君，2012；尚正永等，2011)。常用的 ESDA 分析指标包括 Global Moran's I，Getis – Ord G，Global Geary's C，Local Moran's I，Getis – Ord G_i^*，Local Geary's C 等。本书采用探索属性值在区域上的空间分布格局和空间异质性的局域统计量 Getis – Ord G_i^*。Getis – Ord G_i^* 用来识别区域要素空间的高值簇和低值簇，即热点区和冷点区的空间分布格局 (王钊等，2016)，计算公式为：

$$G_i^*(d) = \sum_{i=1}^{n} \sum_{j=1}^{n} W_{ij}(d) X_j \Big/ \sum_{j=1}^{n} X_j \qquad (8-1)$$

为了便于解释和比较，将 $G_i^*(d)$ 进行标准化处理，即：

$$Z(G_i^*) = \frac{G_i^* - E(G_i^*)}{\sqrt{Var(G_i^*)}} \qquad (8-2)$$

式 (8-2) 中，$E(G_i^*)$、$Var(G_i^*)$ 分别表示 G_i^* 的数学期望值和变异系数；$W_{ij}(d)$ 表示空间权重。如果 $Z(G_i^*)$ 为正且显著，说明空间单元 i 周围的值相对较高 (大于均值)，属于高值空间集聚 (热点区)；若为负且显著，则说明低于均值，属于低值空间集聚 (冷点区)。

（二）结果分析

1. 人均 GDP

2015 年，黑龙江生产总值（GDP）为 15039.4 亿元，同比增长 5.7%；全省人均 GDP 为 39226 元，低于全国平均水平。从各地级市来看，哈尔滨、大庆和绥化 GDP 总量领先，分别为 5751.2 亿、2983.5 亿和 1272.2 亿；从人均 GDP 来看，大庆、哈尔滨和牡丹江位列前三，分别是 11.0115 万元、5.9027 万元、4.4799 万元[①]。从研究区县域人均 GDP 格局（见表 8 - 3）来看，研究区人均 GDP 呈现南高北低的分布特征，2015 年，人均 GDP 最高的 3 个县域依次是绥芬河市、东宁县和安达市，人均 GDP 最低的 3 个地区依次是呼玛县、青冈县和兰西县。从研究区县域人均 GDP 冷热点格局（见表 8 - 4）来看，不同类型冷热点区域在空间上集聚连片分布，区域差异明显，热点区域集中分布在黑龙江省的绥芬河市、东陵县和穆棱县，冷点区域是克东县和海伦市。

表 8 - 3　　　　　　　　　研究区县域人均 GDP 格局

人均 GDP（万元/人）	区域
0.4803 ~ 3.7910	拜泉县、桦川县、桦南县、鸡东县、克东县、克山县、兰西县、林甸县、林口县、明水县、汤原县、铁力市、富裕县、甘南县、呼玛县、龙江县、青冈县、庆安县、饶河县、绥滨县、绥棱县、孙吴县、塔河县、泰来县、望奎县、友谊县、巴彦县、宝清县、北安市、勃利县、方正县、海伦市、集贤县、嘉荫县、萝北县、密山市、漠河县、木兰县、讷河县、嫩江县、尚志市、通河县、五大连池市、逊克县、延寿县、依安县、肇源县
3.7911 ~ 6.6947	杜蒙自治县、肇东市、肇州县、呼兰区、双城区、五常市、阿城区、宾县、海林市、宁安市、穆棱市、依兰县、同江市、富锦市、抚远县、虎林市
6.6948 ~ 18.8226	东宁县、安达市、绥芬河市

资料来源：运用 ArcGIS10.2 计算得出。

[①]　数据来源：《黑龙江省统计年鉴（2016）》。

表 8 – 4   研究区县域人均 GDP 冷热点格局

Z(G$_i^*$)	区域
< − 2.58	克东县、海伦市
− 2.58 ~ − 1.96	富裕县、林甸县、依安县、克山县、拜泉县、明水县
− 1.96 ~ − 1.65	甘南县、讷河市、北安市、绥棱县、望奎县
− 1.65 ~ 1.65	杜蒙自治县、桦川县、桦南县、兰西县、林口县、双城区、汤原县、铁力市、呼玛县、龙江县、青冈县、庆安县、饶河县、绥滨县、孙吴县、塔河县、泰来县、友谊县、阿城区、安达市、巴彦县、宝清县、宾县、勃利县、方正县、抚远县、富锦市、海林市、呼兰区、虎林市、集贤县、嘉荫县、萝北县、密山市、漠河县、木兰县、嫩江县、尚志市、绥芬河市、通河县、同江市、五常市、五大连池市、逊克县、延寿县、依兰县、肇东市、肇州县
1.65 ~ 1.96	肇源县、宁安市
1.96 ~ 2.28	鸡东县
> 2.28	穆棱市、东宁县

资料来源：运用 ArcGIS10.2 计算得出。

2. 第二、第三产业比重

2015 年，黑龙江省第一、第二、第三产业占地区生产总值的比例依次是 23.2%、33.6% 和 43.2%[①]。从研究区县域第二、第三产业占比格局（见表 8 – 5）来看，第二、第三产业比重呈明显南高北低的阶梯状分布，研究区内部第二、第三产业比重地域差异显著，其中，第二、第三产业比重最低的饶河县仅为 28.41%，第二、第三产业比重最高的绥芬河市则达到 99.23%。从研究区县域第二、第三产业占比冷热点格局（见表 8 – 6）来看，热点区域集中分布在黑龙江省南部，冷点区域集中分布在黑龙江省东北角的抚远县、同江市、饶河县和富锦县。

---

① 数据来源：《黑龙江省统计年鉴（2016）》。

表 8 – 5　　　　　　　研究区县域第二、第三产业占比格局

第二、第三产业占比（％）	区域
28.41 ~ 50.35	塔河县、呼玛县、嫩江县、孙吴县、五大连池市、逊克县、嘉荫县、萝北县、绥滨县、同江市、抚远县、饶河县、富锦市、宝清县、虎林市、甘南县、绥棱县、海伦市、明水县、青冈县、望奎县
50.36 ~ 66.67	漠河县、讷河市、克山县、克东县、北安县、富裕县、依安县、拜泉县、林甸县、龙江县、泰来县、兰西县、安庆县、铁力市、通河县、延寿县、林口县、勃利县、桦南县、桦川县、汤原县、友谊县、鸡东县、密山县
66.68 ~ 99.24	集贤县、依兰县、东宁县、宁安市、穆棱市、海林市、尚志市、五常市、宾县、双城区、肇州县、肇源市、肇东市、呼兰区、安达市、阿城区、绥芬河市、巴彦县、杜蒙自治县、方正县、木兰县

资料来源：运用 ArcGIS10.2 计算得出。

表 8 – 6　　　　　　研究区县域第二、第三产业占比冷热点格局

Z（G_i^*）	区域
< – 2.58	同江市、抚远县、饶河县、富锦市
– 2.58 ~ – 1.96	孙吴县、嘉荫县、绥滨县、宝清县、虎林县
– 1.96 ~ – 1.65	塔河县、呼玛县、逊克县
– 1.65 ~ 1.65	漠河县、嫩江县、讷河县、甘南县、富裕县、依安县、林甸县、克山县、五大连池市、北安市、克东县、拜泉县、明水县、青冈县、海伦市、望奎县、绥棱县、庆安县、铁力市、巴彦县、通河县、依兰县、汤原县、桦南县、勃利县、林口县、桦川县、集贤县、友谊县、密山市、龙江县、泰来县、杜蒙自治县、安达市、萝北县
1.65 ~ 1.96	木兰县、林口县、鸡东县
1.96 ~ 2.25	肇州县、肇东县、兰西县、方正县、海林市
> 2.25	肇源县、双城区、五常市、阿城区、呼兰区、宾县、延寿县、尚志市、宁安市、穆棱市、东宁县

资料来源：运用 ArcGIS10.2 计算得出。

3. 公路线路里程数

交通运输直接服务于"三农"，为农业生产和农民生活提供所需要的各种生产资料和生活资料，满足农产品的流通要求，良好的交通运输可以改变农业生产和流通条件，促进区域农业的发展（孙承志等，2013）。近些年，在相关政策推动下，黑龙江省的交通运输条件得到快速发展。以"十一五"时期为例，黑龙江省交通运输业无论从数量还是质量上都取得了重大的发展，其中，省内国省干线二级以上公路里程占国省干线总里程的比重达到74%，比"十五"末提高39个百分点（马新辉，2013）。从研究区县域公路线路里程数格局（见表8-7）来看，省内公路线路里程数区域差异显著，形成了分别以宝清县、北安市和五常市为中心集聚的空间格局，线路公路里程最高的富锦市达到4974.285公里，最低的绥芬河市仅为234.538公里。从研究区县域公路线路里程数冷热点格局（见表8-8）来看，热点区域集中在黑龙江省东北角的饶河县和同江市，冷点区域集中在萝北县、汤原县、依兰县和桦南县。

表8-7　　　　　研究区县域公路线路里程数格局

公路线路里程（km）	区域
234.54~1913.95	漠河县、塔河县、呼玛县、孙吴县、嘉荫县、绥滨县、汤原县、桦川县、集贤县、友谊县、桦南县、勃利县、依兰县、铁力市、通河县、方正县、延寿县、木兰县、鸡东县、东宁县、阿城区、呼兰区、兰西县、安达市、肇源县、肇州县、杜蒙自治县、林甸县、明水县、望奎县、克东县、绥芬河市
1913.96~2894.06	龙江县、甘南县、富裕县、讷河市、克山县、依安县、拜泉县、青冈县、肇东市、巴彦县、宾县、双城区、尚志市、海林市、林口县、萝北县、同江市、抚远县、饶河县、密山市、穆棱市、逊克县、安庆县、泰来县、宁安市
2894.07~4974.29	嫩江市、五大连池市、北安市、海伦市、五常市、富锦市、宝清县、虎林市

资料来源：运用 ArcGIS10.2 计算得出。

表 8 - 8   研究区县域公路线路里程数冷热点格局

$Z(G_i^*)$	区域
< -2.58	
$-2.58 \sim -1.96$	桦南县、汤原县、萝北县、依兰县
$-1.96 \sim -1.65$	木兰县
$-1.65 \sim 1.65$	拜泉县、杜蒙自治县、桦川县、鸡东县、克东县、克山县、兰西县、林甸县、林口县、明水县、宁安市、双城区、铁力市、富裕县、甘南县、呼玛县、龙江县、青冈县、庆安县、绥滨县、绥棱县、孙吴县、塔河县、泰来县、望奎县、友谊县、阿城区、安达市、巴彦县、宝清县、北安市、宾县、勃利县、东宁县、方正县、抚远县、富锦市、海林市、海伦市、呼兰区、虎林市、集贤县、嘉荫县、漠河县、穆棱市、嫩江县、尚志市、绥芬河市、通河县、五常市、逊克县、延寿县、依安县、肇东市、肇源县、肇州县
$1.65 \sim 1.96$	讷河市、密山市、五大连池市
$1.96 \sim 2.25$	同江市
> 2.25	饶河县

资料来源：运用 ArcGIS10.2 计算得出。

4. 地均农用机械总动力

农业机械化是农业现代化的基本内涵与技术支撑，它是利用农业机械装备不断提高生产技术水平、提高经济效益的过程，农业现代化的推进使得农业生产具有工业生产的特点，从而提高农业生产效率（王新利和赵琨，2014）。黑龙江省地势平坦，耕地面积辽阔，这使其农业机械化的起步较早，发展水平也居全国前列。农机总动力由 1990 年的 1173.4 万千瓦，增加到 2015 年的 5442.7 万千瓦，然而地区之间差异显著。从各地级市来看，农业机械总动力最高的哈尔滨市达到 1024.5 万千瓦，最低的七台河市仅为 68.8 万千瓦[①]。从研究区县域地均农用机械总动力格局（见表 8 - 9）来看，地均农用机械总动力形成了分别以漠河县、方正县和东宁县为中心集聚的空间格局，其中，绥芬河市地均农用机械总动力最高，达到 11.78 千瓦/公顷，同江市地均农用机械总动

[①] 数据来源：《黑龙江省统计年鉴（2016）》。

力最低，仅为1.40千瓦/公顷。从研究区县域地均农用机械总动力冷热点格局（见表8-10）来看，有两个热点区域，一个是东宁县，另一个是延寿县、宾县和尚志市；冷点区域以带状集中分布在逊克县、五大连池市、克山县和讷河市沿线。

表8-9　　　　　　研究区县域地均农用机械总动力格局

地均农用机械总动力（千瓦/公顷）	区域
1.3996～3.9156	拜泉县、桦南县、克山县、兰西县、林口县、双城区、汤原县、富裕县、甘南县、呼玛县、青冈县、庆安县、饶河县、绥棱县、孙吴县、望奎县、友谊县、安达市、北安市、勃利县、抚远县、富锦市、海伦市、嘉荫县、穆棱市、讷河市、嫩江县、同江市、五大连池市、逊克县、依安县、依兰县、肇东市、肇源县
3.9157～6.3245	杜蒙自治县、桦川县、鸡东县、克东县、林甸县、明水县、宁安市、铁力市、龙江县、绥滨县、塔河县、阿城区、巴彦县、宝清县、宾县、海林市、呼兰区、虎林市、集贤县、萝北县、密山市、尚志市、五常市、延寿县、泰来县
6.3246～11.7836	东宁县、方正县、漠河县、木兰县、通河县、绥芬河市

资料来源：运用ArcGIS10.2计算得出。

表8-10　　　　　　研究区县域地均农用机械总动力冷热点格局

$Z(G_i^*)$	区域
<-2.58	
-2.58～-1.96	克东县、克山县、北安市、讷河市、五大连池市、逊克县
-1.96～-1.65	拜泉县、明水县、绥棱县、孙吴县、海伦市、嫩江县、依安县
-1.65～1.65	杜蒙自治县、桦川县、桦南县、鸡东县、兰西县、林甸县、林口县、宁安市、双城区、汤原县、富裕县、甘南县、呼玛县、龙江县、青冈县、庆安县、饶河县、绥滨县、塔河县、泰来县、望奎县、友谊县、阿城区、安达市、巴彦县、宝清县、勃利县、抚远县、富锦市、海林市、呼兰区、虎林市、集贤县、嘉荫县、萝北县、密山市、绥芬河市、同江市、五常市、依兰县、肇东市、肇源县、肇州县
1.65～1.96	漠河县、铁力市
1.96～2.25	方正县、穆棱市、木兰县、通河县
>2.25	宾县、东宁县、尚志市、延寿县

资料来源：运用ArcGIS10.2计算得出。

5. 人均耕地面积

黑龙江省耕地面积为 1584.4 万公顷，占总面积的 35%[①]，全省人均耕地面积为 0.416 公顷，高于全国人均耕地水平[②]，区域内耕地资源丰富。全省总耕地面积和耕地后备资源均占全国 1/10 以上，人均耕地和农民人均经营耕地是全国平均水平的 3 倍左右（杜国明和刘彦随，2013）。从研究区县域人均耕地面积格局（见表 8 - 11）来看，人均耕地面积呈南低北高的阶梯状空间格局，人均耕地面积最高点的同江市达到 2.26 公顷/人，人均耕地面积最低的宝清县仅为 0.023 公顷/人。从研究区县域人均耕地面积冷热点格局（见表 8 - 12）来看，热点集中在黑龙江省东北角的抚远县、同江市、饶河县和富锦县，冷点以哈尔滨为中心呈现辐射状分布。

表 8 - 11　　　　　　　　　研究区县域人均耕地面积格局

人均耕地面积（公顷）	区域
0.0230 ~ 0.4366	拜泉县、鸡东县、克东县、克山县、兰西县、林口县、明水县、宁安市、双城区、铁力市、呼玛县、青冈县、绥棱县、塔河县、望奎县、阿城区、安达市、巴彦县、宝清县、北安市、宾县、勃利县、东宁县、方正县、海林市、海伦市、呼兰区、集贤县、萝北县、密山市、漠河县、木兰县、穆棱市、尚志市、绥芬河市、五常市、延寿县、肇东市、肇源县、肇州县
0.4367 ~ 0.9230	杜蒙自治县、桦川县、桦南县、林甸县、汤原县、富裕县、甘南县、龙江县、庆安县、饶河县、绥滨县、泰来县、友谊县、虎林市、讷河市、嫩江县、通河县、五大连池市、依安县、依兰县
0.9231 ~ 2.2630	孙吴县、抚远县、富锦市、嘉荫县、同江市、逊克县

资料来源：运用 ArcGIS10.2 计算得出。

[①] 《黑龙江省统计年鉴〈2020〉》。

[②] 黑龙江省人民政府：www.hlj.gov.cn/34/52/527/index.html。

表 8 – 12   研究区县域人均耕地面积冷热点格局

$Z(G_i^*)$	区域
< – 2.58	
– 2.58 ~ – 1.96	兰西县、双城区、阿城区、呼兰区、肇东市
– 1.96 ~ – 1.65	漠河县、塔河县、巴彦县、宾县、木兰县、尚志市、延寿县
– 1.65 ~ 1.65	拜泉县、杜蒙自治县、桦川县、桦南县、鸡东县、克东县、克山县、林甸县、林口县、明水县、宁安市、汤原县、铁力市、富裕县、甘南县、呼玛县、龙江县、青冈县、庆安县、绥棱县、泰来县、望奎县、友谊县、安达市、宝清县、北安市、勃利县、东宁县、方正县、海林市、海伦市、虎林市、集贤县、萝北县、密山市、穆棱市、讷河市、绥芬河市、通河县、五常市、五大连池市、依安县、依兰县、肇源县、肇州县
1.65 ~ 1.96	嘉荫县、嫩江县
1.96 ~ 2.25	孙吴县、逊克县、绥滨县
> 2.25	饶河县、抚远县、富锦市、同江市

资料来源：运用 ArcGIS10.2 计算得出。

三、农地适度规模经营的参考路径

（一）方法选取

本书运用灰色关联法建立农地适度规模经营分区的灰色关联投影模型，以实现各农地适度规模经营实现路径与县域单元的衔接与匹配。农地适度规模经营路径选择需遵循"环境适应性"，路径选择涉及经济、社会和自然等因素，由于因素信息的不确定性与不完全性，使得该路径选择成为一个灰色多目标决策问题。灰色关联法是从矢量投影的角度探讨多目标决策问题的新方法（王枫和董玉祥，2015），用灰色关联度顺序来描述因素间关系的强弱、大小和次序（刘思峰等，2013），基本思路是通过线性插值的方法将系统因素的离散行为观测值转化为分段连续的折线，进而根据折线的几何特征构造测度关联程度的模型（刘思峰等，2014），折线的几何形状的相似程度反映其关联的紧密程度（王珊等，2013)，若两条曲线的形状彼此相似，则关联性大；反之，则关联性小。灰色关联分析法对样本容量要求不高，对数据无规律也同样适用，不会出现量化结果与定性分析结果不符的情况 (杨雪和谈明洪，2014)。灰色关联方法根据各评价样本在理想样本上的投影值大小对评价样本进行综合评价，并通过特定算法，使重要指标的加权系数得到进一步加强，全面而准确地反映了各评价样本和理想样本之间的接近程度 (吕锋和崔晓辉，2002；马骞等，2009)，保证结果更接近于客观实际。灰色关联系数求解方法：

构建参考数列和比较数列 x_0、x_i：

$$x_0 = \{x_0(k) \mid k = 1, 2, \cdots, n\} = (x_0(1), x_0(2), \cdots, x_0(n)) \tag{8-3}$$

$$x_i = \{x_i(k) \mid k = 1, 2, \cdots, n\} = (x_i(1), x_i(2), \cdots, x_i(n)),$$
$$i = 1, 2, \cdots, m \tag{8-4}$$

由式 (8-4) x_0、x_i 参考数列与比较数列，可得：

$$\xi_i(k) = \frac{\min\limits_{s}\min\limits_{t}|x_0(t) - x_s(t)| + \rho\max\limits_{s}\max\limits_{t}|x_0(t) - x_s(t)|}{|x_0(k) - x_i(k)| + \rho\max\limits_{s}\max\limits_{t}|x_0(t) - x_s(t)|} \tag{8-5}$$

$\xi_i(k)$ 为比较数列 x_i 对参考数列 x_0 在 k 时刻的关联系数，其中，$\rho \in [0, 1]$ 为分辨系数，一般取 0.5。式中：$\min\limits_{s}\min\limits_{t}|x_0(t) - x_s(t)|$、$\max\limits_{s}\max\limits_{t}|x_0(t) - x_s(t)|$ 分别为两级最小差与两级最大差。

$$r_i = \frac{1}{n}\sum_{k=1}^{n}\xi_i(k) \tag{8-6}$$

式 (8-6) 中：r_i 为比较数列 x_i 对参考数列 x_0 的关联系数。

(二) 分析过程

1. 参考数列和比较数列确定

农地适度规模经营分区指标观测值构成灰色关联分析的比较数列共66个，记作 $X_i(i = 1, 2, \cdots, 66)$，分别表示黑龙江省66个县级地区。根据灰色关联分析方法原理，选择各列指标观测值的最大值作为参考数

列 X_0，每个序列有66个观测点，构建评价矩阵（见表8-13）。X_0 表示在各指标上都取得最优值情况下的虚拟县域单元。

表8-13 农地适度规模经营分区评价矩阵

参考数列/比较数列	第二、第三产业比重	公路线路里程	人均耕地面积	地均农用机械总动力	人均生产总值	参考数列/比较数列	第二、第三产业比重	公路线路里程	人均耕地面积	地均农用机械总动力	人均生产总值
阿城区	0.87	1818.03	0.13	5.92	4.72	杜蒙县	0.68	1844.89	0.64	5.03	4.16
呼兰区	0.80	1346.53	0.26	4.08	5.82	嘉荫县	0.39	1406.57	1.11	2.12	3.67
宾县	0.83	2246.94	0.29	5.68	4.95	铁力市	0.50	1765.37	0.27	4.38	2.00
依兰县	0.72	1757.55	0.57	2.48	4.50	桦南县	0.57	1707.98	0.57	3.73	2.74
方正县	0.68	1238.93	0.31	10.56	2.89	桦川县	0.54	1390.07	0.75	4.39	2.58
双城区	0.73	2499.26	0.28	3.64	6.69	汤原县	0.55	1651.42	0.65	3.16	3.20
尚志市	0.73	2615.56	0.27	4.60	3.78	抚远县	0.31	2193.68	2.04	3.81	6.05
五常市	0.74	3682.82	0.27	5.57	4.23	同江市	0.29	2481.17	2.26	1.40	6.09
巴彦县	0.69	2303.96	0.34	5.90	2.72	富锦市	0.45	4974.29	1.30	2.02	4.39
木兰县	0.69	1304.75	0.39	7.11	2.98	勃利县	0.68	1515.89	0.33	3.79	1.59
通河县	0.68	1446.23	0.49	7.41	2.77	穆棱市	0.83	2101.09	0.42	2.38	6.25
延寿县	0.67	1114.92	0.43	4.34	2.96	东宁县	0.77	1854.54	0.33	7.74	7.64
龙江县	0.56	2518.16	0.55	5.31	1.56	林口县	0.62	2451.33	0.49	3.43	2.90
依安县	0.58	2613.10	0.55	2.34	1.51	绥芬河市	0.99	234.54	0.20	11.78	18.82
泰来县	0.54	2254.12	0.55	4.76	1.45	海林市	0.79	2562.19	0.20	5.00	5.41
甘南县	0.50	2545.02	0.53	3.55	1.78	宁安市	0.72	2684.47	0.40	5.14	4.66
富裕县	0.52	1993.50	0.54	3.21	2.30	北安市	0.67	3141.95	0.41	2.28	2.38
克山县	0.59	2296.63	0.40	3.22	1.59	五大连池	0.37	3079.99	0.68	1.52	2.32
克东县	0.64	1620.92	0.44	4.34	1.37	嫩江县	0.49	3714.23	0.87	1.99	3.79
拜泉县	0.64	2087.14	0.42	2.84	1.62	逊克县	0.39	2374.86	1.23	2.92	2.58
讷河市	0.66	2858.86	0.57	2.75	1.55	孙吴县	0.49	1394.21	1.21	3.66	1.52

续表

参考数列/比较数列	第二、第三产业比重	公路线路里程	人均耕地面积	地均农用机械总动力	人均生产总值	参考数列/比较数列	第二、第三产业比重	公路线路里程	人均耕地面积	地均农用机械总动力	人均生产总值
鸡东县	0.62	1750.19	0.34	4.76	3.17	安达市	0.82	1913.96	0.27	3.92	6.96
虎林市	0.38	3364.04	0.60	4.93	4.66	肇东市	0.79	2163.78	0.30	2.18	4.35
密山市	0.56	2894.07	0.42	4.29	3.17	海伦市	0.49	3574.51	0.36	2.11	1.59
萝北县	0.45	2641.13	0.34	3.96	3.75	望奎县	0.47	1681.64	0.35	2.24	1.60
绥滨县	0.30	1860.84	0.53	6.32	2.70	兰西县	0.52	1899.46	0.32	2.83	1.20
集贤县	0.72	1215.05	0.40	5.24	2.11	青冈县	0.50	2009.57	0.36	3.71	1.13
友谊县	0.60	507.07	0.92	2.58	3.43	庆安县	0.56	2259.92	0.52	2.86	2.18
宝清县	0.43	4066.17	0.90	4.90	3.52	明水县	0.49	1441.35	0.38	4.50	1.77
饶河县	0.28	2507.12	0.64	3.45	3.50	绥棱县	0.44	2108.01	0.42	3.83	2.35
肇州县	0.79	1326.73	0.32	4.32	4.88	呼玛县	0.37	1473.50	0.24	3.15	0.49
肇源县	0.76	1648.92	0.33	3.37	3.66	塔河县	0.40	1304.27	0.09	4.12	2.47
林甸县	0.66	1480.65	0.64	5.50	1.98	漠河县	0.55	1689.29	0.04	9.05	3.77
X₀	0.99	4974.29	2.26	11.78	18.82	—	—	—	—	—	—

资料来源:《黑龙江省统计年鉴（2016）》。

2. 数据无量纲化处理

参考李玲玉等（2016）的无量纲化方法的选取原则（李玲玉等，2016），采用极差标准化法对参考数列和比较数列进行无量纲化处理（见表8－14）。

$$x(k) = \frac{v_i - minv_i}{maxv_i - minv_i} \quad (i = 1, 2, \cdots, m) \qquad (8-7)$$

式（8－7）中：x(k) 表示第 i 个指标的无量纲化值，v_i 是第 i 个指标的原始值，$maxv_i$、$minv_i$ 分别表示第 i 个指标的最大值和最小值，m 是指标个数。

表 8 – 14　　　　　　　　　评价矩阵无量纲化处理结果

i	k					i	k				
	1	2	3	4	5		1	2	3	4	5
阿城区	0.83	0.33	0.05	0.44	0.23	杜蒙县	0.56	0.34	0.28	0.35	0.20
呼兰区	0.72	0.23	0.10	0.26	0.29	嘉荫县	0.15	0.25	0.49	0.07	0.17
宾县	0.77	0.42	0.12	0.41	0.24	铁力市	0.30	0.32	0.11	0.29	0.08
依兰县	0.62	0.32	0.24	0.10	0.22	桦南县	0.41	0.31	0.24	0.22	0.12
方正县	0.56	0.21	0.13	0.88	0.13	桦川县	0.36	0.24	0.33	0.29	0.11
双城区	0.63	0.48	0.12	0.22	0.34	汤原县	0.38	0.30	0.28	0.17	0.15
尚志市	0.63	0.50	0.11	0.31	0.18	抚远县	0.03	0.41	0.90	0.23	0.30
五常市	0.65	0.73	0.12	0.40	0.20	同江市	0.01	0.47	1.00	0.00	0.31
巴彦县	0.57	0.44	0.14	0.43	0.12	富锦市	0.23	1.00	0.57	0.06	0.21
木兰县	0.57	0.23	0.17	0.55	0.14	勃利县	0.56	0.27	0.14	0.23	0.06
通河县	0.56	0.26	0.21	0.58	0.12	穆棱市	0.77	0.39	0.17	0.09	0.31
延寿县	0.55	0.19	0.18	0.28	0.13	东宁县	0.69	0.34	0.14	0.61	0.39
龙江县	0.40	0.48	0.23	0.38	0.06	林口县	0.48	0.47	0.18	0.20	0.13
依安县	0.41	0.50	0.23	0.09	0.06	绥芬河市	1.00	0.00	0.08	1.00	1.00
泰来县	0.37	0.43	0.24	0.32	0.05	海林市	0.71	0.49	0.08	0.35	0.27
甘南县	0.31	0.49	0.23	0.21	0.07	宁安市	0.61	0.52	0.17	0.36	0.23
富裕县	0.34	0.37	0.23	0.17	0.10	北安市	0.54	0.61	0.17	0.08	0.10
克山县	0.43	0.44	0.17	0.17	0.06	五大连池	0.12	0.60	0.29	0.01	0.10
克东县	0.51	0.29	0.18	0.28	0.05	嫩江县	0.29	0.73	0.38	0.06	0.18
拜泉县	0.50	0.39	0.18	0.14	0.06	逊克县	0.15	0.45	0.54	0.15	0.11
讷河市	0.53	0.55	0.24	0.13	0.06	孙吴县	0.29	0.24	0.53	0.22	0.06
鸡东县	0.48	0.32	0.14	0.32	0.15	安达市	0.76	0.35	0.11	0.24	0.35
虎林市	0.14	0.66	0.26	0.34	0.23	肇东市	0.71	0.41	0.12	0.07	0.21
密山市	0.39	0.56	0.18	0.28	0.15	海伦市	0.29	0.70	0.15	0.07	0.06
萝北县	0.23	0.51	0.14	0.25	0.18	望奎县	0.26	0.31	0.14	0.08	0.06

续表

i	k					i	k				
	1	2	3	4	5		1	2	3	4	5
绥滨县	0.03	0.34	0.23	0.47	0.12	兰西县	0.33	0.35	0.13	0.14	0.04
集贤县	0.61	0.21	0.17	0.37	0.09	青冈县	0.30	0.37	0.15	0.22	0.03
友谊县	0.44	0.06	0.40	0.11	0.16	庆安县	0.38	0.43	0.22	0.14	0.09
宝清县	0.20	0.81	0.00	0.34	0.17	明水县	0.30	0.25	0.16	0.30	0.07
饶河县	0.00	0.48	0.27	0.20	0.16	绥棱县	0.22	0.40	0.17	0.23	0.10
肇州县	0.72	0.23	0.13	0.28	0.24	呼玛县	0.12	0.26	0.10	0.17	0.00
肇源县	0.67	0.30	0.14	0.19	0.17	塔河县	0.16	0.23	0.03	0.26	0.11
林甸县	0.52	0.26	0.27	0.40	0.08	漠河县	0.38	0.31	0.01	0.74	0.18
X_0	1.00	1.00	1.00	1.00	1.00	—	—	—	—	—	—

注：1~5依次是第二和第三产业比重、公路线路里程、人均耕地面积、地均农用机械总动力、人均生产总值。

3. 灰色关联系数求解

根据前面灰色关联系数求解方法得到农地适度规模经营分区点关联系数（见表8-15）。从中可以看出，第二、第三产业比重指标灰色关联系数上，具有相对优势的地区包括阿城区等36个研究单元，灰色关联系数高于0.98；公路线路里程指标灰色关联系数上，具有相对优势的地区包括海伦市等34个研究单元，灰色关联系数高于0.90；人均耕地面积指标灰色关联系数上，具有相对优势的地区包括抚远县等33个研究单元，灰色关联系数高于0.75；地均农用机械总动力指标灰色关联系数上，具有相对优势的地区包括通河县等34个研究单元，灰色关联系数高于0.77；人均生产总值指标灰色关联系数上，具有相对优势的地区包括绥芬河市等36个研究单元，灰色关联系数高于0.68。

表 8–15　　　　　　　农地适度规模经营分区点关联系数

i	k					i	k				
	1	2	3	4	5		1	2	3	4	5
阿城区	1.00	0.57	0.45	0.62	0.52	杜蒙县	1.00	0.79	0.75	0.80	0.70
呼兰区	1.00	0.60	0.54	0.61	0.63	嘉荫县	0.75	0.80	1.00	0.70	0.76
宾县	1.00	0.66	0.51	0.65	0.56	铁力市	0.98	1.00	0.84	0.97	0.83
依兰县	1.00	0.74	0.69	0.62	0.67	桦南县	1.00	0.91	0.86	0.85	0.78
方正县	0.63	0.45	0.42	1.00	0.42	桦川县	1.00	0.90	0.97	0.93	0.81
双城区	1.00	0.85	0.62	0.67	0.74	汤原县	1.00	0.93	0.91	0.83	0.82
尚志市	1.00	0.86	0.61	0.72	0.64	抚远县	0.40	0.55	1.00	0.47	0.49
五常市	0.90	1.00	0.54	0.69	0.58	同江市	0.34	0.49	1.00	0.33	0.42
巴彦县	1.00	0.87	0.67	0.87	0.66	富锦市	0.38	1.00	0.52	0.33	0.37
木兰县	1.00	0.72	0.68	0.98	0.67	勃利县	1.00	0.76	0.68	0.74	0.65
通河县	0.98	0.73	0.70	1.00	0.65	穆棱市	1.00	0.64	0.53	0.50	0.60
延寿县	1.00	0.71	0.71	0.77	0.68	东宁县	1.00	0.68	0.58	0.91	0.71
龙江县	0.92	1.00	0.80	0.90	0.70	林口县	1.00	0.99	0.76	0.77	0.74
依安县	0.91	1.00	0.78	0.70	0.68	绥芬河市	1.00	0.33	0.35	1.00	1.00
泰来县	0.94	1.00	0.85	0.91	0.74	海林市	1.00	0.77	0.54	0.67	0.63
甘南县	0.85	1.00	0.79	0.78	0.70	宁安市	1.00	0.90	0.65	0.76	0.68
富裕县	0.97	1.00	0.88	0.85	0.80	北安市	0.92	1.00	0.66	0.61	0.62
克山县	1.00	1.00	0.80	0.80	0.73	五大连池	0.65	1.00	0.75	0.60	0.64
克东县	1.00	0.82	0.75	0.81	0.68	嫩江县	0.63	1.00	0.67	0.52	0.57
拜泉县	1.00	0.90	0.75	0.73	0.69	逊克县	0.70	0.91	1.00	0.70	0.68
讷河市	0.98	1.00	0.75	0.68	0.65	孙吴县	0.80	0.77	1.00	0.75	0.66
鸡东县	1.00	0.86	0.74	0.86	0.74	安达市	1.00	0.63	0.52	0.57	0.63
虎林市	0.60	1.00	0.66	0.71	0.64	肇东市	1.00	0.71	0.56	0.54	0.60
密山市	0.83	1.00	0.69	0.75	0.68	海伦市	0.65	1.00	0.58	0.55	0.54
萝北县	0.77	1.00	0.72	0.78	0.74	望奎县	0.96	1.00	0.88	0.84	0.83
绥滨县	0.69	0.89	0.80	1.00	0.74	兰西县	0.98	1.00	0.84	0.84	0.78

i	k					i	k				
	1	2	3	4	5		1	2	3	4	5
集贤县	1.00	0.68	0.66	0.78	0.62	青冈县	0.94	1.00	0.83	0.88	0.77
友谊县	1.00	0.73	0.96	0.76	0.78	庆安县	0.96	1.00	0.83	0.78	0.75
宝清县	0.53	1.00	0.46	0.59	0.52	明水县	1.00	0.96	0.89	1.00	0.84
饶河县	0.68	1.00	0.83	0.78	0.76	绥棱县	0.86	1.00	0.83	0.87	0.78
肇州县	1.00	0.59	0.55	0.62	0.60	呼玛县	0.90	1.00	0.88	0.93	0.83
肇源县	1.00	0.67	0.59	0.61	0.61	塔河县	0.92	0.97	0.84	1.00	0.89
林甸县	1.00	0.78	0.79	0.88	0.68	漠河县	0.68	0.64	0.51	1.00	0.58

注：1~5依次是第二和第三产业比重、公路线路里程、人均耕地面积、地均农用机械总动力和人均生产总值。

（三）结果分析

根据灰色关联系数求解方法求解农地适度规模经营分区点关联系数，结合前文农地适度规模经营路径设计，为研究区县域单元实现农地适度规模经营提供参考路径。根据3类农地适度规模经营路径在社会经济条件、耕地资源禀赋要求上的层次性，确定以下规则：（1）农业企业对县域单元在指标上的优势度排序依次是人均GDP、第二和第三产业比重、公路线路里程、人均耕地面积、地均农用机械总动力；（2）合作社对县域单元在指标上的优势度排序依次是人均耕地面积、地均农用机械总动力、公路线路里程、人均GDP、第二和第三产业比重；（3）家庭农场对县域单元在指标上的优势度排序依次是人均耕地面积、地均农用机械总动力、人均GDP、第二和第三产业比重、公路线路里程。

根据上述规模，下面将农地适度经营规模实现路径与研究区县域单元进行衔接与匹配，得到县域单元农地适度规模经营参考路径（见表8-16）。拜泉县等15个县域单元适宜依托农业企业型路径，所占比例是22.72%；富裕县等14个县域单元适宜依托合作社型路径，所占比例是21.21%；阿城区等37个县域单元适宜依托家庭农场型路径，所占比例是 56.06%。这与各类农地适度规模经营主体的实际发展情况基本相符，截至 2014 年底，黑龙江省 200 亩以上的家庭农场发展到 10.5 万个，规模经营面积 2819 万亩，占规模经营总面积的 47.2%，平均每个家庭农场经营农地 268 亩；农民专业合作社发展到 29098 个，农地流转面积达到 4446 万亩，208 个村实现整村农地规模经营，其中，已投入使用的 916 个农机合作社，自主经营农地 1500 万亩，占规模经营总面积的 25.1%，社均经营农地 1.64 万亩；农业企业达到 268 个，规模经营面积 120 万亩，占规模经营总面积的 1.7%，平均每个农业企业经营农地 4477 亩（欧名豪和陶然，2016）。且从世界各国农业现代化实践来看，以自然人为基础的家庭农场仍是农业最主要的经营单位及经营形式（王锋，2015）。

表 8 - 16　　　　　　　　　农地适度规模经营参考路径

参考路径	利用分区
依托农业企业型	拜泉县、杜蒙自治县、桦川县、桦南县、鸡东县、克东县、克山县、兰西县、林甸县、林口县、明水县、宁安市、双城区、汤原县、铁力市
依托合作社型	富裕县、甘南县、呼玛县、龙江县、青冈县、庆安县、饶河县、绥滨县、绥棱县、孙吴县、塔河县、泰来县、望奎县、友谊县
依托家庭农场型	阿城区、安达市、巴彦县、宝清县、北安市、宾县、勃利县、东宁县、方正县、抚远市、富锦市、海林市、海伦市、呼兰区、虎林市、集贤县、嘉荫县、萝北县、密山市、漠河县、木兰县、穆棱市、讷河市、嫩江县、尚志市、绥芬河市、通河县、同江市、五常市、五大连池市、逊克县、延寿县、依安县、依兰县、肇东市、肇源县、肇州县

第三节　农地适度规模经营的推动机制

一、完善农地适度规模经营主体培育体系

农地适度规模经营主体的培育与发展是一项长期的系统工程，农地

适度规模经营主体不仅需要掌握农业生产技术专业知识，还要会管理、懂经营。完善农地适度规模经营主体培育体系包括以下几方面内容：一是加强对传统农民的农业生产技能培训和农民职业教育。目前，从事农地生产的农户年龄偏大、受教育程度偏低，样本数据显示研究区内从事农地生产的农户户主平均年龄是45.48岁，平均受教育程度为小学，难以满足农业现代化生产经营的需求。因此，应加强对从事农业生产农民的培训，提高其相应的生产能力、技术水平、市场意识和管理能力。二是加强对农村精英群体（包括政治精英、经济精英和文化精英）、返乡创业农户的宣传引导，激发其从事农业生产的热情，鼓励其将自有资本投资领办或参与农地适度规模经营。三是完善农村教育体系，整合现有教育资源，充分利用农业类高校和各类职业学校作为农民文化科技教育培训的主渠道，促进义务教育和职业教育的衔接，提高农民的劳动力素质和就业能力。四是新增农业补贴或项目补贴适当向农地适度规模经营主体倾斜和集中。田野调查发现，研究区现有农业补贴均发放给了农地承包经营权人，而不是农地经营者，这会阻碍农地适度规模经营主体的培育，所以应考虑将农业补贴发放给农地经营者，并与农地（承包地）脱钩，形成较强的集聚作用。

二、完善农业社会化服务体系

农地经营规模扩大后与外部的经济联系会更为密切，对生产资料供应、技术咨询指导、产品加工和储运销售会有更高要求，这需要建立较完善的社会服务体系（陈良和张云，2009）。农业社会化服务和农地适度规模经营的有机统一，实现了农业产业规模经济、生产规模经济和农业经营者的规模经济（姜松等，2016）。构建精准化服务、智慧化管理、网络化经营的农业社会化服务体系，需要从以下几点出发：一是完善农地流转市场服务。前文研究表明农地流转的各项配套设施越完善、市场运转越顺畅，农户扩大农地经营规模的概率越大。建立政府主导的农地流转交易平台，提供农地流转信息发布、法律政策咨询、价格评估与合同签订、合同纠纷调解与仲裁等一站式服务。二是以乡镇农业服务中心为牵头，组建和扶持开展病虫害防治、灌溉排水、贮藏保鲜等经营性的社会化服务组织。三是建立以农地适度规模经营主体为主要服务对象的农业技术推广机构，为经营主体提供产前优良品种引进，产中农业技术指导、新型农机指导、农业疫病防控，产后仓储、加工、销售等社会服务。四是根据各农地适度规模经营主体的实际情况，引导高校、科研院所等开展针对经营主体一对一的精准化农业技术服务。五是依托互联网、物联网等现代信息服务，建立农地与农产品市场供需信息、农业生产信息交流平台，将市场需求和农户、经营主体有效衔接，并定期发布农业气象、农业新技术、农产品价格、农业政策等信息。

三、构建农地规模经营主体的政策支撑体系

在原有以承包地农户为基础的普惠式农业补贴政策的基础上，构建农地规模经营主体的政策支撑体系以促进农地适度规模经营。具体措施如下：一是制定向农地规模经营主体倾斜的农机补贴政策。随着农地经营规模的扩大，农机械是规模经营主体的重要投入要素，建议将补贴资金标准与补贴对象的农地经营规模相对接，激励其购置农业机械和设备从事农业专业化生产经营。二是实施"价格支持"政策。农地规模经营主体的收益在很大程度上由农产品和农资价格决定，为此，一方面确定玉米、水稻等大田农产品的最低保护价格，实施价格干预，以平衡农产品市场供给与需求；另一方面建立针对农地规模经营主体的农产品市场风险基金，用于补偿农产品和农资价格波动给经营者带来的损失。

四、建立以"土地银行"为平台的土地金融机制

借鉴国外经验，如美国的联邦土地银行、法国的土地信用银行等，成立以土地经营权为抵押物，以政府牵头的政府、"土地银行"、担保机构和农地适度规模经营主体"四位一体"的专业性的土地金融平台。

具体措施如下：一是以现有涉农金融机构作为试点，对农地适度规模经营主体开设专门的金融服务，同时，建立农地适度规模经营主体的信用档案，完善农村信用融资机制；二是健全农业信贷担保体系，为农地适度规模经营主体向"土地银行"融资进行担保；三是培育农地适度规模经营主体评估机构，对融资主体抵押物"土地经营权"的年限、标的物质量等信息进行综合评估，评估机构实施资质准入机制。

五、强化土地综合整治管理作用机制

土地综合整治是以保障土地资源可持续利用为目的，以田水路林村整治为内容的土地治理活动（信桂新等，2015），为农业规模化经营提供物质保障。《黑龙江省土地利用总体规划（2006～2020年）》显示，规划期间黑龙江省土地政治规模为490万公顷，通过推进土地整治工程的实施，至少新增耕地6.00万公顷（黄辉玲等，2012）。前文研究表明耕地资源质量越高，农户扩大农地经营规模的概率越大。水利设施建设等农业基础设施具有投入大、回报期长的特点，农地规模经营主体难以实施建设，而这正是经营主体获得稳定收益的核心，同时，土地综合整治具有准公共产品的性质，需要发挥政府在耕地质量提高中的主导作用，对实施的土地整理项目进行统筹，重点支持农地适度规模经营主体的集中连片耕地的质量提升。土地综合整治过程中往往缺少农地经营主体参与，整治项目可能与农地经营者的实际需求脱钩，建议将土地整治管理与农地适度规模经营进行有效对接。

六、构建农地规模经营风险化解机制

农地规模经营风险防控需市场机制和政府宏观调控与监督机制相互配合来实现。首先，各地区应根据适宜的农地适度规模经营实现路径，确定农地规模经营主体的审查标准和机制，确保农地规模经营主体资质准入和农地规模经营适宜度；然后，对农地规模经营状态实施动态监控

与退出机制，对农地规模经营主体的经营能力、资信水平、履约能力等
状态实施动态监控，确保转入的农地能够得到有效利用、农地转出户的
农地资本化收益得到有效保障；最后，建立农地规模经营主体内部风险
承担能力核定和外部风险分担机制。对农地规模经营主体内部存在可控
因素潜藏的风险进行风险承担能力核定，对农业灾害等不可控因素导致
的风险以农业保险的形式进行分担，农业不同于其他产业生产，除考虑
经济波动、通货膨胀等因素外，还应考虑自然灾害、阴雨干旱、排涝浇
水等不可控风险。另外，由于农地规模经营后面临的不可控因素的影响
会成倍增加，因此要扩大农业政策性保险的政策范围，建立与区域农业
灾害所匹配的农业保险类型，并确定农业灾害等级认定标准，将各类农
地适度规模经营主体列为农业政策性保险的推广对象。同时，涉农金融
机构可以根据农地适度规模经营主体的多元化需求，开发多样化的险
种，以满足不同农地适度规模经营主体的投保需求。

第四节　本章小结

　　本章在现有文献的基础上，运用迈克尔·波特的钻石模型分析农地
适度规模经营的现实条件，对农地适度规模经营进行路径设计，并在此
基础上，采用探测性空间数据分析和灰色关联方法将县域研究单元与农
地适度规模经营实现路径进行衔接与匹配，进而构建农地适度规模经营
的推动机制。得出以下主要结论：

　　黑龙江省在生产要素、市场需求、相关产业及支持产业、政府和机
会方面具备优势条件，但是在经营主体资源禀赋方面处于劣势地位。研
究区内人地关系等资源禀赋约束条件、经济结构、生产力发展水平的地
域差异客观上决定了推进农地适度规模经营应当因地制宜，从本地实际
出发，采取分类、分层、多样化的实现路径。将农地适度规模经营的实
现路径分为依托家庭农场型、依托合作社型和依托农业企业型，3 种路
径的实现条件对社会经济条件、农地的资源禀赋和经营主体资源禀赋的

要求上具有层次性。

为了将各地区与农地适度经营规模实现路径进行匹配，本书采用 Jenks 最佳自然断裂法和探测性空间数据分析的局域统计量 Getis – Ord G_i^*，对各指标的空间分布格局和空间异质性进行分析，研究发现研究区内社会经济条件、耕地资源禀赋地域差异显著。在此基础上，利用灰色关联分析法提取研究单元在各指标上的优势度，进而确定县域单元农地适度规模经营的参考路径，结果表明拜泉县等 15 个研究单元适宜依托农业企业型路径，富裕县等 14 个研究单元适宜依托合作社型路径，阿城区等 37 个研究单元适宜依托家庭农场型路径。

黑龙江省应从配套体系、政策支持与制度保障方面构建农地适度规模经营的推动机制，具体包括完善农地适度规模经营主体培育体系、完善农业社会化服务体系、构建农地规模经营主体的政策支撑体系、建立以"土地银行"为平台的土地融资机制、强化土地综合整治管理作用机制、构建农地规模经营风险化解机制。

第九章

结论与讨论

第一节　结　　论

本书以土地规模经济、制度变迁和交易成本等理论为基础，对黑龙江省农地规模经营主体生成与发展、农户农地生产经营状况进行田野调查以获取样本调查数据和典型案例资料，以此为基础对农地规模经营主体生成、运行、演化的一般规律，农户农地适度规模经营的"度"、农户农地经营规模决策意愿的影响因素、农地适度规模经营的实现机制进行了理论和实证研究。本书采用数据包络分析方法测算不同农地经营规模农户的生产效率，结合生产前沿投影分析，确定当前生产力水平下农户的农地适度经营规模；采用因子分析和 Logistic 回归分析定量刻画农户农地经营规模决策意愿的影响因素；采用探测性空间数据分析法分析区域内社会经济条件、耕地资源禀赋的空间分布格局和空间异质性，运用灰色关联分析法提取各县域单元在社会经济条件、耕地资源禀赋方面的相对优势度，与各农地适度经营规模实现路径的"环境适应性"进行衔接与匹配，确定各县域单元实现农地适度规模经营的参考路径，确定农地适度规模经营的推进机制。

一、农地规模经营主体生成、运行、演化的一般规律

本书运用制度变迁、交易成本与博弈论理论分析以新兴村农机合作社、仁发现代农业农机合作社、旭光家庭农场为代表的村集体领办型合作社、"精英"领办型合作社和家庭农场3类农地规模经营主体。研究发现，"小生产与大市场"之间的矛盾是3类新型农业经营主体生成的根本动力；国家"三农"政策实施等外部环境改变、农户期望降低交易成本等内在需求对传统农业生产方式形成外部作用力、内部作用力，在两种作用力的共同作用下，传统的农业生产方式被打破，行为主体采取自适应行为依据自身资源禀赋对环境变化进行反馈，优势主体演化为村集体领办型合作社、"精英"领办型合作社、家庭农场等农地规模经营主体。

本书基于剩余索取权的再分配来讨论村集体领办型合作社、"精英"领办型合作社的利益分配演化路径。研究发现，村集体领办型合作社、"精英"领办型合作社均历经由松散型的强弱联合组织逐渐向紧密型的强强联合组织演化，其实质是组织内成员对合作社剩余索取权的竞相控制与拥有，即合作社剩余索取权的再分配过程。在农户仅享有土地流转租金、不享有合作社剩余索取权的利益分配模式下，合作社相对是一种比较松散的强弱联合的组织，普通农户通过流转土地获得稳定的租金收入，合作社发起人承担合作社生产经营风险，并享有合作社全部的剩余索取权。这种组织结构符合当前中国农村市场经济发展的现状，有利于高效率地集中优势资源和生产要素，但当合作社寻求进一步发展、带动更多的农民增收时，就受到了较大的限制。让农户享有合作社剩余索取权有利于扩大合作社紧密型社员规模，促使合作社健康、有序发展。

二、农地适度经营规模的测算

本书从微观农户农地经营的投入—产出视角出发，运用数据包络分

析方法测算农户农地生产经营的纯技术效率、综合技术效率和规模效率。研究结果表明，农户玉米、水稻种植的农地经营规模与生产效率之间并非呈现简单的线性关系，两者间大体呈倒"U"型关系。具体来讲，农户玉米种植的综合技术效率、规模效率随农地经营规模扩大呈波动式上升的趋势，纯技术效率呈先下降后上升趋势；纯技术效率、综合技术效率和规模效率最低的经营规模分别是（120，130]、（120，130]、[2，31]亩，效率值分别是 0.5399、0.5252、0.7718。农户玉米种植规模在（136，145]、（166，184]、（184，190]、（200，230]和（230，400]亩的 3 个效率值均等于 1，且投入和产出的松弛变量均为 0，处于强有效状态，因此，玉米种植的农地适度经营规模是（136，145]、（166，190]、（200，400]。农户水稻种植的综合技术效率和规模效率随农地经营规模扩大呈先上升后下降趋势，纯技术效率呈波动式下降趋势；纯技术效率、综合技术效率和规模效率最低的经营规模分别是（160，198]、（160，198]、[0.5，3]，效率值分别是 0.4144、0.2484、0.3774。农户水稻种植规模在（100，105]、（105，111]、（141，160]亩的 3 个效率值均等于 1，且投入和产出的松弛变量均为 0，处于强有效状态，因此，水稻种植的农地适度经营规模是（100，111]、（141，160]亩。

三、农地适度规模经营的制约因素

农户玉米、水稻种植的农地适度经营规模的"门槛"规模分别是 136亩、100 亩，然而，田野调查发现，研究区农户玉米、水稻生产的平均规模分别是 53.34 亩和 50.01 亩，均小于农地适度经营规模的"门槛"规模。借鉴相关研究成果并结合样本数据的统计分析结果，研究发现农地适度规模经营存在以下制约因素：农户农地经营基础的薄弱性、相关制度支持保障的有限性、农地流转市场运行的低效性。

研究发现农户兼业化程度与其农地经营规模反向相关，这与童毅（2014）的研究结论一致；农户预期地权稳定性与其农地经营规模正向相关；家庭承包土地面积、生产性固定资产与其农地经营规模显著相关，家庭农业劳动力数量与其农地经营规模微弱相关。从样本数据看，农业补贴标准在 75～100 元/亩的受访农户的平均农地经营规模是 62.2 亩，高于补贴标准在 50～75 元/亩的受访农户（48.1 亩）；参加新农合、新农保受访农户的平均农地经营规模分别是 58.11 亩和 63.01 亩，没参加新农合、新农保受访农户的平均农地经营规模分别是 26.25 亩和 43.71 亩。农地流转方式单一、农地流转范围窄小、农地流转社会服务水平低、农地流转定价不完善等农地流转市场特征，在不同程度上限制农户农地经营规模达到适度规模。

四、农户农地经营规模决策意愿的影响因素

本书基于微观农户视角，综合运用因子分析法和 Logistic 回归分析法定量研究农户农地经营规模决策意愿的影响因素。研究表明，农户家庭经营特征、劳动力资源禀赋、家庭耕地资源质量、农业生产重要程度、农户社会保障程度、农地流转环境、区位条件与耕地规模等是农户农地经营规模决策意愿的主要影响因子，这些影响因子显著影响农户农地经营规模决策意愿。具体来讲，农户家庭经营特征、家庭耕地资源质量和农业生产重要程度 3 个因子显著正向影响农户扩大农地经营规模策意愿、显著负向影响农户缩小农地经营规模决策意愿，这表明在其他条件不变的情况下，这 3 个因子的优势越明显，农户扩大农地经营规模或维持现状的概率越大，同时，各因子所解释观测变量的载荷系数都大于 0，对农地经营规模决策意愿均为正向影响。农户社会保障程度和农地流转环境显著正向影响其扩大农地经营规模决策意愿，但是对缩小农地经营规模决策意愿无显著影响，这表明农户社会保障程度越高，农户扩大农地经营规模的意愿越强烈，同时，从因子所解释观测变量的载荷系数来看，各观测变量对农户扩大农地经营规模决策意愿的影响方向一致，但影响程度存在差异。劳动力资源禀赋、区位条件与耕地规模对农户农地经营规模决策意愿的影响不具有统计学意义。

五、农地适度规模经营主体培育政策工具选择

本书采用罗斯维尔和泽福尔德提出的政策工具分类方法，以国家层面支持新型农业经营主体发展的政策框架为样本，探讨农地适度规模经营主体培育政策工具选择问题。通过确定内容分析单元与类目，频次统计分析，将定性的政策以定量的方式客观呈现。研究发现，在基本政策工具维度上，现阶段政府倾向于使用干预手段较强的环境型政策工具，而对需求型和供给型政策工具的使用较为慎重；服务供应链维度上，政府重视对前期的思想引导和环境构建，而中期的资源投入、服务提供以及后期的质量保障类政策供给处于应用不足甚至缺失状态。因此，政府应在重视环境型政策工具氛围营造和影响作用的同时，充分发挥供给型政策工具的推动作用和需求型政策工具的拉动作用，调整三类政策工具的使用比例以发挥政策的协同作用。

六、农地适度规模经营的实现机制

本书借助迈克尔·波特的钻石模型分析农地适度规模经营的现实条件，研究发现黑龙江省在生产要素、市场需求、相关产业及支持产业、政府和机会方面具备优势条件，但是在经营主体资源禀赋方面处于劣势地位。研究区内人地关系等资源禀赋约束条件、经济结构、生产力发展水平的地域差异客观上决定了推进农地适度规模经营应当因地制宜，从本地实际出发，采取分类、分层、多样化的实现路径。将农地适度规模经营的实现路径分为依托家庭农场型、依托合作社型和依托农业企业型，3 种路径的实现条件对社会经济条件、耕地资源禀赋和经营主体资源禀赋的要求上具有层次性。为了将各地区与农地适度经营规模实现路径进行匹配，本书采用 Jenks 最佳自然断裂法和探测性空间数据分析的局域统计量 Getis – Ord G_i^*，对各指标的空间分布格局和空间异质性分析，研究发现研究区内社会经济条件、耕地资源禀赋地域差异显著。在

此基础上,利用灰色关联分析法提取研究单元在各指标上的优势度,进而确定各地区农地适度规模经营参考路径,结果表明拜泉县等15个研究单元适宜依托农业企业型路径,富裕县等14个研究单元适宜依托合作社型路径,阿城区等37个研究单元适宜依托家庭农场型路径。黑龙江省应从配套体系、政策支持与制度保障构建农地适度规模经营的推动机制,具体包括完善农地适度规模经营主体培育体系、完善农业社会化服务体系、完善以农地规模经营主体为重点的农业支持政策、建立以"土地银行"为平台的土地融资机制、强化土地综合整治管理作用机制、构建农地规模经营风险化解机制。

第二节　讨　论

农地适度规模经营及其实现机制研究需建立在大量的田野调查与实践经验的基础上,由于研究水平和资料收集等方面的限制,书中仍存在一些值得商榷的地方,需要在今后的研究中不断改进与完善。

样本调查区域包括黑龙江省9个地级以上行政单元,占行政单元总数的75%,样本调查数据能够较好地反映研究区农户农地经营状况。本书基于样本调研数据,运用DEA方法测算不同农户玉米、水稻种植规模的综合技术效率、纯技术效率和规模效率,并结合前沿投影分析科学地确定农户玉米、水稻种植的农地适度经营规模,同时,利用前沿投影可确定非有效农户农地经营规模在投入与产出方面的调整方向和调整空间。研究结果表明,农户玉米、水稻种植农地适度经营规模的"门槛"规模分别是136亩、100亩,且农户玉米、水稻种植的农地经营规模与生产效率之间并非呈现简单的线性关系,两者间大体呈倒"U"型关系,这与刘颖(2016)、杨春华和李国景(2016)等学者的研究结果一致。然而,受调研范围和数据获取能力的限制,本书针对研究区农地规模经营主体采取案例分析方法,探究不同类型农地规模经营主体的生成与组织运行机理,并对其生成动力、演化路径和培育环境进行对比分析，但并未对其农地适度规模经营的"度"展开定量测算，今后需要更深入的研究与探讨。

本书采用 DEA 方法，利用样本农户不同玉米、水稻种植规模的投入与产出资料，测算得到了农户玉米、水稻种植的综合技术效率、纯技术效率和规模效率，通过结合前沿投影分析，以确定农户玉米、水稻种植的农地适度经营规模。由于 DEA 方法是根据被评价决策单元相对比较的非参数效率分析方法，因此测算得到的综合技术效率、纯技术效率和规模效率均是相对效率，而非绝对效率，即根据强有效确定的农户玉米、水稻种植的农地适度经营规模是相对于其他参评农户玉米、水稻种植规模而言的，并不代表该农地经营规模本身已经达到了绝对最佳状态；依据前沿投影的强有效目标值、比例改进值和松弛改进值得到的非有效农户农地经营规模在投入与产出方面的调整方向和调整空间，是相对强有效的农户玉米、水稻种植规模而言的，并不代表该农地经营规模经过比例改进、径向改进后其本身已经达到了绝对最佳状态；玉米、水稻种植的适度经营规模测度中的产出指标选取的是农户经营农地所获得的纯收益，未考虑粮食产量、生态功能等目标。以上问题在今后需要更深入的研究与探讨。

本书根据农地适度规模经营实现路径的"环境适应性"，选取能够反映地域社会经济条件、耕地资源禀赋的相应指标，根据灰色关联法得到的点关联系数对研究区进行农地适度规模经营分区，以实现 66 个县域研究单元与各农地适度规模经营实现路径的有效衔接与匹配，进而确定县域研究单元实现农地适度规模经营的参考路径。这与以往定性分析农地适度规模经营路径选择的研究相比有一定的进步，完善和丰富了农地适度规模经营路径选择研究的理论基础与方法。受调研范围和数据获取能力的限制，研究尺度是县域研究单元，所确定的农地适度规模经营参考路径是针对县域整体而言的，对县域整体层面实现农地适度规模经营具有一定的参考价值。然而，县域内依然存在社会经济条件、耕地资源禀赋地域差异，因此，对县域内的乡、镇级地域单元推进农地适度规模经营的指导性不强，今后需要更深入的研究与探讨。

参 考 文 献

［1］［英］阿尔弗雷德·马歇尔：《经济学原理》，刘生龙译，中国社会科学出版社 2007 年版。

［2］［美］阿瑟·刘易斯：《二元经济论》，施炜译，北京经济学院出版社 1989 年版。

［3］［美］奥利弗·E. 威廉姆森、西德尼·G. 温特：《企业的性质》，姚海鑫、邢源源译，商务印书馆 2007 年版。

［4］包宗顺、徐志明、高珊，等：《农村土地流转的区域差异与影响因素——以江苏省为例》，载《中国农村经济》2009 年第 4 期。

［5］［美］保罗·萨缪尔森、威廉·诺德豪斯：《萨缪尔森谈效率、公平与混合经济》，萧琛主译，商务印书馆 2012 年版。

［6］毕宝德：《土地经济学（第六版）》，中国人民大学出版社 2011 年版。

［7］陈定洋：《家庭农场培育问题研究——基于安徽郎溪家庭农场调研分析》，载《理论与改革》2015 年第 5 期。

［8］陈英：《法国农业现代化及其对我国农业发展的启示》，载《学术论坛》2005 年第 5 期。

［9］陈海霞、王新迎、刘华周：《江苏省粮食生产型家庭农场适度规模的测算》，载《江苏农业学报》2014 年第 6 期。

［10］陈江虹：《农村专业经济协会在乡村治理中的作用探析》，载《理论导刊》2007 年第 7 期。

［11］陈良、张云：《农村土地规模经营问题探析——以苏北为例》，载《农村经济》2009 年第 3 期。

［12］陈拾娇、蔡海生、张盟，等：《村域尺度土地承包经营权流转调查——以江西省安义县西路村为例》，载《江苏农业科学》2016 年第 4 期。

［13］陈秧分、刘彦随、翟荣新：《基于农户调查的东部沿海地区农地规模经营意愿及其影响因素分析》，载《资源科学》2009 年第 7 期。

［14］陈秧分、孙炜琳、薛桂霞：《粮食适度经营规模的文献评述与理论思考》，载《中国土地科学》2015 年第 5 期。

［15］成刚：《数据包络分析方法与 MaxDEA 软件》，知识产权出版社 2014 年版。

［16］程秋萍：《哪一种适度规模？——适度规模经营的社会学解释》，载《中国农业大学学报（社会科学版）》2017 年第 1 期。

［17］党国英：《家庭农场应避免急于求成》，载《新城乡》2013 年第 1 期。

［18］［美］道格拉斯·C. 诺斯：《制度、制度变迁与经济绩效》，杭行译，格致出版社、上海三联书店、上海人民出版社 2014 年版。

［19］丁建军、吴学兵：《家庭农场经营规模及其效益的影响因素分析——基于湖北省荆门市 66 家种植类示范家庭农场的调查》，载《农业经济》2016 年第 10 期。

［20］董四平：《县级综合医院规模经济效率及其影响因素研究》，华中科技大学 2010 年博士学位论文。

［21］［法］杜尔哥：《关于财富的形成和分配的考察》，唐日松译，华夏出版社 2007 年版。

［22］杜国明、刘彦随：《黑龙江省耕地集约利用评价及分区研究》，载《资源科学》2013 年第 3 期。

［23］杜国平：《欠发达地区农地适度规模经营的现实条件与应对策略》，载《贵州农业科学》2010 年第 7 期。

［24］段禄峰、魏明：《日本自耕农培育政策对中国构建新型农业经营主体的启示》，载《世界农业》2021 年第 5 期。

［25］段禄峰、魏明：《我国农业土地规模经营模式研究——基于

西方资本主义雇佣型大农场的衰落及启示》，载《地域研究与开发》2017 年第 1 期。

[26] 樊帆、赵翠萍：《家庭农场的土地支持政策：日本、法国、德国的经验与启示》，载《世界农业》2019 年第 2 期。

[27] 范红忠、周启良：《农户土地种植面积与土地生产率的关系——基于中西部七县（市）农户的调查数据》，载《中国人口·资源与环境》2014 年第 12 期。

[28] 冯仁德、汪景宽、姚杰：《基于聚类分析法的土地利用分区研究》，载《价值工程》2010 年第 13 期。

[29] 高海：《农民合作社促进集体经济实现的制度解构——黑龙江省新兴村的例证》，载《农业经济问题》2014 年第 2 期。

[30] 高梦滔、张颖：《小农户更有效率？——八省农村的经验证据》，载《统计研究》2006 年第 8 期。

[31] 高强、刘同山、孔祥智：《家庭农场的制度解析：特征、发生机制与效应》，载《经济学家》2013 年第 6 期。

[32] 宋戈、林彤：《东北粮食主产区农村土地承包经营权规模化流转定价机制研究——以黑龙江省克山县为例》，载《中国土地科学》2016 年第 6 期。

[33] 宋戈、邹朝晖、陈藜藜：《基于双重目标的东北粮食主产区土地适度规模经营研究》，载《中国土地科学》2016 年第 8 期。

[34] 顾建光：《公共政策工具研究的意义、基础与层面》，载《公共管理学报》2006 年第 4 期。

[35] 关建勋、陈晓娟、郭卫东，等：《基于耕地经营需求的农地流转政策研究》，载《中国农学通报》2014 年第 32 期。

[36] 郭斌、李漫：《农地经营权流转中农地转出户福利的变化——以西安周边地区为例》，载《江苏农业科学》2016 年第 10 期。

[37] 郭红东：《日本扩大农地经营规模政策的演变及对我国的启示》，载《中国农村经济》2003 年第 8 期。

[38] 郭庆海：《土地适度规模经营尺度：效率抑或收入》，载《农

业经济问题》2014 年第 7 期。

[39] 郭亚萍、罗勇：《新疆土地实行适度规模经营的探讨》，载《经济地理》2010 年第 1 期。

[40] 韩啸、张安录、朱巧娴，等：《土地流转与农民收入增长、农户最优经营规模研究——以湖北、江西山地丘陵区为例》，载《农业现代化研究》2015 年第 3 期。

[41] 郝凤英、孙晓光、杜富林：《农户耕地流转意愿影响因素实证分析——基于五原县新公中镇地区调研》，载《内蒙古农业大学学报（社会科学版）》2016 年第 1 期。

[42] 何官燕：《现代农业产业链组织创新研究》，西南财经大学 2008 年博士学位论文。

[43] 何宏莲：《黑龙江省农地适度规模经营机制体系与运行模式研究》，中国农业出版社 2012 年版。

[44] 何宏莲、王威武：《农地规模经营与农村社会保障制度关联分析》，载《商业研究》2011 年第 12 期。

[45] 何欣、蒋涛、郭良燕，等：《中国农地流转市场的发展与农户流转农地行为研究——基于 2013 ~ 2015 年 29 省的农户调查数据》，载《管理世界》2016 年第 6 期。

[46] 何秀荣：《关于我国农业经营规模的思考》，载《农业经济问题》2016 年第 9 期。

[47] 何颖：《基于钻石理论模型的法国现代农业发展的驱动力》，载《江苏农业科学》2015 年第 9 期。

[48] 贺正楚：《基于数据包络分析法的湖南省"两型"农业生产效率评价》，载《农业现代化研究》2011 年第 3 期。

[49] [美] 赫伯特·西蒙：《管理行为》，詹正茂译，北京经济学院出版社 1988 年版。

[50] [美] 赫伯特·西蒙：《现代决策理论的基石》，杨砾、徐立译，北京经济学院出版社 1989 年版。

[51] 洪仁彪、张忠明：《农民职业化的国际经验与启示》，载《农

业经济问题》2013 年第 5 期。

[52] 洪岩璧：《Logistic 模型的系数比较问题及解决策略：一个综述》，载《社会》2015 年第 4 期。

[53] 侯建昀、霍学喜：《专业化农户农地流转行为的实证分析——基于苹果种植户的微观证据》，载《南京农业大学学报（社会科学版）》2016 年第 2 期。

[54] 胡初枝、黄贤金：《农户土地经营规模对农业生产绩效的影响分析——基于江苏省铜山县的分析》，载《农业技术经济》2007 年第 6 期。

[55] 胡浩、王图展：《农户兼业化进程及其对农业生产影响的分析——以江苏省北部农村为例》，载《江海学刊》2003 年第 6 期。

[56] 胡柳：《农户耕地经营规模及其绩效研究——以湖北省为例》，华中农业大学 2010 年硕士学位论文。

[57] 胡小平：《粮食适度规模经营及其比较效益》，载《中国社会科学》1994 年第 6 期。

[58] 胡新艳、杨晓莹、吕佳：《劳动投入、土地规模与农户机械技术选择——观点解析及其政策含义》，载《农村经济》2016 年第 6 期。

[59] 黄福江、高志刚：《法国农业合作组织的发展及其对中国的启示》，载《世界农业》2016 年第 3 期。

[60] 黄辉玲、吴次芳、张守忠：《黑龙江省土地整治规划效益分析与评价》，载《农业工程学报》2012 年第 6 期。

[61] 黄善林、冯云龙：《黑龙江省农户农地流转影响因素研究》，载《东北农业大学学报（社会科学版）》2014 年第 2 期。

[62] 黄善林、张少良：《土地因素对农户劳动力转移的影响研究》，中国农业出版社 2013 年版。

[63] 黄新建、姜睿清、付传明：《以家庭农场为主体的土地适度规模经营研究》，载《求实》2013 年第 6 期。

[64] 黄祖辉、王建英、陈志钢：《非农就业、土地流转与土地细碎化对稻农技术效率的影响》，载《中国农村经济》2014 年第 11 期。

［65］冀县卿、钱忠好、葛轶凡：《如何发挥农业补贴促进农户参与农地流转的靶向作用——基于江苏、广西、湖北、黑龙江的调查数据》，载《农业经济问题》2015 年第 5 期。

［66］冀县卿、钱忠好、李友艺：《土地经营规模扩张有助于提升水稻生产效率吗？——基于上海市松江区家庭农场的分析》，载《中国农村经济》2019 年第 7 期。

［67］江激宇、张士云、李博伟，等：《种粮大户扩大农地规模意愿存在盲目性吗?》，载《中国人口·资源与环境》2016 年第 8 期。

［68］姜松、曹峥林、刘晗：《农业社会化服务对土地适度规模经营影响及比较研究——基于 CHIP 微观数据的实证》，载《农业技术经济》2016 年第 11 期。

［69］蒋和平、蒋辉：《农业适度规模经营的实现路径研究》，载《农业经济与管理》2014 年第 1 期。

［70］蒋辉、蒋和平、王靖：《经济发达地区土地适度规模经营的实现路径探析——基于江苏省张家港市的调查》，载《农业展望》2014 年第 2 期。

［71］蒋辉、吴永清、张康洁：《文本分析视角下的农业政策工具优化研究》，载《贵州社会科学》2017 年第 6 期。

［72］蒋辉：《武陵山片区特色农业适度规模经营效率与实现路径研究——以湖南省湘西自治州椪柑生产为例》，中国农业科学院 2013 年博士学位论文。

［73］阚酉浔、周春芳：《农户农地经营适度规模的测度研究——以武汉市江夏区为例》，载《华中农业大学学报（社会科学版）》2011 年第 3 期。

［74］康鑫、王桂森、孙志茹：《粮食主产区农业生产资源投入产出效率评价研究》，载《科技与经济》2013 年第 3 期。

［75］柯福艳、徐红玳、毛小报：《土地适度规模经营与农户经营行为特征研究——基于浙江蔬菜产业调查》，载《农业现代化研究》2015 年第 3 期。

[76] 孔祥智、史冰清：《当前农民专业合作组织的运行机制、基本作用及影响因素分析》，载《农村经济》2009 年第 1 期。

[77] 黎藜、刘开华：《农民专业合作社持续发展影响因素的实证分析——以重庆市为例》，载《西南师范大学学报（自然科学版）》2015 年第 12 期。

[78] 黎霆、赵阳、辛贤：《当前农地流转的基本特征及影响因素分析》，载《中国农村经济》2009 年第 10 期。

[79] 李玲玉、郭亚军、易平涛：《无量纲化方法的选取原则》，载《系统管理学报》2016 年第 6 期。

[80] 李启宇、何凡、李玉妮：《农地流转中的金融抑制与金融创新——基于 L 市农村金融供求的调查》，载《四川理工学院学报（社会科学版）》2016 年第 3 期。

[81] 李文明、罗丹、陈洁：《农业适度规模经营：规模效益、产出水平与生产成本——基于 1552 个水稻种植户的调查数据》，载《中国农村经济》2015 年第 3 期。

[82] 李奕毅：《港南区农民合作社发展现状及对策》，载《中国农民合作社》2016 年第 2 期。

[83] 李颖明、王旭、刘扬：《农业生产性服务对农地经营规模的影响》，载《中国农学通报》2015 年第 35 期。

[84] 梁洪学：《"经纪人"假定理论的演进与发展——兼评"经纪人"假定的客观性》，载《江汉论坛》2003 年第 7 期。

[85] 梁树广、余国新、程静：《基于 DEA 新疆各地区农业生产效率分析》，载《新疆农垦经理》2007 年第 10 期。

[86] 廖西元、申红芳、王志刚：《中国特色农业规模经营"三步走"战略——从"生产环节流转"到"经营权流转"再到"承包权流转"》，载《农业经济问题》2011 年第 12 期。

[87] 林善浪：《农村土地规模经营的效率评价》，载《当代经济研究》2000 年第 2 期。

[88] 林善浪、张丽华：《农村土地转入意愿和转出意愿的影响因

素分析——基于福建农村的调查》，载《财贸研究》2009 年第 4 期。

［89］刘长全：《以农地经营权配置与保护为重点的农地制度改革——法国经验与启示》，载《中国农村经济》2020 年第 11 期。

［90］刘凤芹：《农业土地规模经营的条件与效果研究：以东北农村为例》，载《管理世界》2006 年第 9 期。

［91］刘洪彬、董秀茹、钱凤魁，等：《东北三省农村土地规模经营研究》，载《中国土地科学》2014 年第 10 期。

［92］刘辉煌：《西方经济学》，中国金融出版社 2004 年版。

［93］刘思峰、蔡华、杨英杰，等：《灰色关联分析模型研究进展》，载《系统工程理论与实践》2013 年第 8 期。

［94］刘思峰、杨英杰、吴利丰：《灰色系统理论及其应用（第七版）》，科学出版社 2014 年版。

［95］刘同山、孔祥智：《精英行为、制度创新与农民合作社成长——黑龙江省克山县仁发农机合作社个案》，载《商业研究》2014 年第 5 期。

［96］刘同山、孔祥智：《土地规模经营的实现形式及其比较》，载《现代管理科学》2013 年第 6 期。

［97］刘伟：《内容分析法在公共管理学研究中的应用》，载《中国行政管理》2014 年第 6 期。

［98］刘欣：《新政治社会学：范式转型还是理论补充?》，载《社会学研究》2009 年第 1 期。

［99］刘彦随、龙花楼、王介勇，等：《中国农业现代化与农民》，科学出版社 2014 年版。

［100］刘依杭：《不同规模农户农业生产效率差异及影响因素研究——基于 DEA － Tobit 模型的实证分析》，载《生态经济》2021 年第 5 期。

［101］刘颖、金雅、王嫚嫚：《不同经营规模下稻农生产技术效率分析——以江汉平原为例》，载《华中农业大学学报（社会科学版）》2016 年第 4 期。

［102］刘颖琦、吕文栋、李海升：《钻石理论的演变及其应用》，

载《中国软科学》2003 年第 10 期。

[103] 刘玉铭、刘伟：《对农业生产规模效益的检验——以黑龙江省数据为例》，载《经济经纬》2007 年第 2 期。

[104] 柳顺、杜树新：《基于数据包络分析的模糊综合评价方法》，载《模糊系统与数学》2010 年第 2 期。

[105] 龙海峰：《基于 BCC 模型下山区农业发展投入产出效率分析——以贵阳市为例》，载《农村经济与科技》2015 年第 12 期。

[106] 鲁莎莎、刘彦随：《农地流转中规模经营的适宜度分析——以山东利津县为例》，载《地理科学进展》2011 年第 5 期。

[107] 鲁钊阳：《新型农业经营主体发展的福利效应研究》，载《数量经济技术经济研究》2016 年第 6 期。

[108] 吕锋、崔晓辉：《多目标决策灰色关联投影法及其应用》，载《系统工程理论与实践》2002 年第 1 期。

[109] 罗必良：《农地经营规模的效率决定》，载《中国农村观察》2000 年第 5 期。

[110] [美] 罗纳德·H. 科斯：《企业、市场与法律》，盛洪、陈郁译，格致出版社、上海三联书店、上海人民出版社 2014 年版。

[111] 罗伊·普罗斯特曼、李平、蒂姆·汉斯达德：《中国农业的规模经营：政策适当吗?》，载《中国农村观察》1996 年第 6 期。

[112] 马佳、马莹：《上海郊区土地规模经营模式优化的探讨》，载《地域研究与开发》2010 年第 3 期。

[113] 马骞、杨子峰，于兴修，等：《基于多目标决策灰色关联投影法的水土保持生态修复生态效益动态评价》，载《水土保持研究》2009 年第 4 期。

[114] [德] 马克思：《资本论（第一卷）》，人民出版社 2004 年版。

[115] 马新辉：《交通运输业与经济社会发展关系实证研究——以黑龙江省为例》，载《学习与探索》2013 年第 5 期。

[116] 马增林、余志刚：《不同社会经济目标下的黑龙江省土地适度经营规模实证研究》，载《商业研究》2012 年第 9 期。

［117］闵继胜：《新型经营主体经营模式创新分析——基于黑龙江仁发合作社的案例分析》，载《农业经济问题》2018 年第 10 期。

［118］倪超、杨胜天、罗娅，等：《基于循环经济的黑龙江省耕地利用集约度时空差异》，载《地理研究》2015 年第 2 期。

［119］聂建亮、钟涨宝：《农户分化程度对农地流转行为及规模的影响》，载《资源科学》2014 年第 4 期。

［120］宁本荣、赵晓康：《女性公务员职业发展模式：基于内容分析法的研究》，载《上海行政学院学报》2014 年第 3 期。

［121］宁连举、李萌：《基于因子分析法构建大中型工业企业技术创新能力评价模型》，载《科研管理》2011 年第 3 期。

［122］牛星、李玲：《农村承包经营土地流转的农户意愿及影响因素分析——基于山东省西龙湾村的调查研究》，载《资源开发与市场》2016 年第 1 期。

［123］欧名豪、陶然：《促进农村土地流转、增加农民收入的改革政策与配套措施研究》，科学出版社 2016 年版。

［124］潘竟虎、尹君：《中国地级及以上城市发展效率差异的 DEA - ESDA 测度》，载《经济地理》2012 年第 12 期。

［125］钱克明、彭廷军：《我国农户粮食生产适度规模的经济学分析》，载《农业经济问题》2014 年第 3 期。

［126］秦作霞、殷海善、安祥生：《目前农村土地适度规模经营的任务与实现途径探讨》，载《中国农业资源与区划》2016 年第 12 期。

［127］［美］R. 科斯、A. 阿尔钦、D. 诺斯，等：《财产权利与制度变迁—产权学派与新制度学派译文集》，刘守英等译，上海三联书店、上海人民出版社 1994 年版。

［128］邱均平、邹菲：《关于内容分析法的研究》，载《中国图书馆学报》2004 年第 2 期。

［129］任晓娜、孟庆国、李超，等：《种粮大户土地规模经营及其影响因素研究：基于安徽等 5 省的调查数据》，载《湖南农业大学学报（社会科学版）》2015 年第 2 期。

[130] 阮荣平、周佩、郑风田：《"互联网＋"背景下的新型农业经营主体信息化发展状况及对策建议——基于全国 1394 个新型农业经营主体调查数据》，载《管理世界》2017 年第 7 期。

[131] 尚正永、张小林、卢晓旭，等：《安徽省区域城市化格局时空演变研究》，载《经济地理》2011 年第 4 期。

[132] 邵培霖、孙鹤：《黑龙江省农村土地流转情况调查报告》，载《调研世界》2015 年第 6 期。

[133] 申云、朱述斌、邓莹，等：《农地使用权流转价格的影响因素分析——来自于农户和区域水平的经验》，载《中国农村观察》2012 年第 3 期。

[134] 沈辰、吴建寨、周向阳，等：《海南省农户土地转入意愿的影响因素》，载《贵州农业科学》2015 年第 11 期。

[135] 施国庆、伊庆山：《现代家庭农场的准确认识、实施困境及对策》，载《西北农林科技大学学报（社会科学版)》2015 年第 2 期。

[136] 苏昕、王可山、张淑敏：《我国家庭农场发展及其规模探讨——基于资源禀赋视角》，载《农业经济问题》2014 年第 5 期。

[137] 苏旭霞、王秀清：《农用地细碎化与农户粮食生产——以山东省莱西市为例的分析》，载《中国农村观察》2002 年第 3 期。

[138] 孙承志、王佳芳、仲维庆，等：《黑龙江区域交通与区域农业协调度研究》，载《北方经贸》2013 年第 3 期。

[139] 孙新华：《农业规模经营的去社区化及其动力——以皖南河镇为例》，载《农业经济问题》2016 年第 9 期。

[140] 孙志建：《政府治理的工具基础：西方政策工具理论的知识学诠释》，载《公共行政评论》2011 年第 3 期。

[141] 汤洪俊：《中国农村土地规模经营存在的问题及国际经验借鉴》，载《世界农业》2016 年第 11 期。

[142] 汤建尧、曾福生：《经营主体的农地适度规模经营绩效与启示——以湖南省为例》，载《经济地理》2014 年第 5 期。

[143] 汤鹏主：《基于波特钻石模型的涪陵榨菜产业集群分析》，

载《中国调味品》2016 年第 1 期。

[144] 陶自祥：《农业经营主体分化：价值取向及其效益分析》，载《南京农业大学学报（社会科学版）》2016 年第 4 期。

[145] 田凤香、许月明、胡建：《土地适度规模经营的制度性影响因素分析》，载《贵州农业科学》2013 年第 3 期。

[146] 童毅：《农户经营规模决策行为的影响因素研究——以江苏省稻作农户为例》，南京农业大学 2014 年硕士学位论文。

[147] 万江红、管珊：《农村专业技术协会的实践形态与发展定位——基于与农民专业合作社的比较》，载《华中农业大学学报（社会科学版）》2013 年第 4 期。

[148] 万群、王成、杜相佐：《基于土地规模经营条件评价的村域生产空间格局厘定——以重庆市合川区大桩村为例》，载《资源科学》2016 年第 3 期。

[149] 王春来：《发展家庭农场的三个关键问题探讨》，载《农业经济问题》2014 年第 1 期。

[150] 王枫、董玉祥：《基于灰色关联投影法的土地利用多功能动态评价及障碍因子诊断——以广州市为例》，载《自然资源学报》2015 年第 10 期。

[151] 王锋：《制度变迁与我国农业现代化的实现》，载《经济学家》2015 年第 7 期。

[152] 王贵宸：《关于土地适度规模经营的若干问题——兼答〈农村合作经济经营管理〉编辑部》，载《农村合作经济经营管理》1997 年第 10 期。

[153] 王国华：《日本农业规模经营的实现形式——以日本岩手县的村落营农为例》，载《世界农业》2014 年第 7 期。

[154] 王国敏、唐虹：《山地丘陵区农地适度规模经营的有效性及其限度——对适度规模经营危害论的一个批判》，载《社会科学研究》2014 年第 6 期。

[155] 王军：《实现我国农业适度规模经营的 EBSP 分析》，载

《西部论坛》2017年第2期。

[156] 王英、李洋：《浅谈农业机械装备的现状与趋势》，载《中国农业信息》2016年第2期。

[157] 王力：《中国农地规模经营问题研究》，西南大学2012年博士学位论文。

[158] 王玲娜、陈永富：《浙江省果品类家庭农场农地适度经营规模测度》，载《贵州农业科学》2015年第3期。

[159] 王克强：《土地对农民基本生活保障效用的实证研究——以江苏省为例》，载《四川大学学报（哲学社会科学版）》2005年第3期。

[160] 王珊、张安录、张叶生：《湖北省农用地整理综合效益评价——基于灰色关联方法》，载《资源科学》2013年第4期。

[161] 王婉莹：《韩长斌：土地经营规模不是越大越好要因地制宜》，中国农业新闻网，2015年8月13日。

[162] 王祥军：《新型农村社会养老保险法律制度完善研究——以农民土地权益实现为视角》，载《江淮论坛》2013年第6期。

[163] 王新利、赵琨：《黑龙江省农业机械化水平对农业经济增长的影响研究》，载《农业技术经济》2014年第6期。

[164] 王旭飞、林彦军：《"铁牛"发力黑土"掘金"——来自克山县北联镇新兴村的调查》，载《黑龙江日报》2010年1月29日。

[165] 王钊、杨山、王玉娟，等：《基于最小阻力模型的城市空间扩展冷热点格局分析——以苏锡常地区为例》，载《经济地理》2016年第3期。

[166] 王志刚、申红芳、廖西元：《农业规模经营：从生产环节外包开始——以水稻为例》，载《中国农村经济》2011年第9期。

[167] [美] 威廉·阿朗索：《区位和土地利用》，梁进社、李平、王大伟译，商务印书馆2010年版。

[168] [英] 威廉·配第：《政治算术》，陈冬野译，商务印书馆2014年版。

［169］卫龙宝、张菲：交易费用、农户认知及其契约选择——基于浙赣琼黔的调研》，载《财贸研究》2013 年第 1 期。

［170］卫荣、宋莉莉、王秀东：《法国粮食安全政策对中国的启示》，载《世界农业》2015 年第 5 期。

［171］卫新、毛小报、王美清：《浙江省农户土地规模经营实证分析》，载《中国农村经济》2003 年第 10 期。

［172］魏权龄：《数据包络分析》，科学出版社 2004 年版。

［173］魏晓莎：《日本农地适度规模经营的做法及借鉴》，载《经济纵横》2015 年第 5 期。

［174］温涛、王小华、杨丹，等：《新形势下农户参与合作经济组织的行为特征、利益机制及决策效果》，载《管理世界》2015 年第 7 期。

［175］文高辉、杨钢桥、汪文雄：《基于农户视角的耕地细碎化程度评价——以湖北省"江夏区—咸安区—通山县"为例》，载《地理科学进展》2016 年第 9 期。

［176］吴连翠：《基于农户生产行为视角的粮食补贴政策绩效研究——以安徽省为例》，浙江大学 2011 年博士学位论文。

［177］吴连翠、陆文聪：《粮食补贴政策的增产增收效应：基于农户模型的模拟研究》，载《江西农业大学学报（社会科学版）》2011 年第 1 期。

［178］吴薇、刘璐璐：《政策工具视角下我国民办教育政策研究——基于〈国务院关于鼓励社会力量兴办教育促进民办教育健康发展的若干意见〉的分析》，载《教育与经济》2018 年第 3 期。

［179］伍业兵、甘子东：《农地适度规模经营的认识误区、实现条件及其政策选择》，载《农村经济》2007 年第 11 期。

［180］武松、潘发明：《SPSS 统计分析大全》，清华大学出版社 2014 年版。

［181］［美］西奥多·W. 舒尔茨：《改造传统农业》，梁小民译，商务印书馆 2010 年版。

［182］夏益国、宫春生：《粮食安全视阈下农业适度规模经营与新

型职业农民——耦合机制、国际经验与启示》，载《农业经济问题》2015 年第 5 期。

[183] 肖瑶、张小雪、樊嘉琦，等：《石家庄市栾城区农地经营规模与农业生产效率的关系》，载《中国农业大学学报》2019 年第 2 期。

[184] 辛良杰、李秀彬、朱会义，等：《农户土地规模与生产率的关系及其解释的印证——以吉林省为例》，载《地理研究》2009 年第 5 期。

[185] 辛岭、胡志全：《中国农业适度经营规模测算研究》，载《中国农学通报》2015 年第 11 期。

[186] 信桂新、杨朝现、魏朝富，等：《人地协调的土地整治模式与实践》，载《农业工程学报》2015 年第 19 期。

[187] 徐峰、邱隆云、翁贞林：《粮食主产区农户农田经营流转行为意愿实证分析——以江西省为例》，载《中国农学通报》2011 年第 11 期。

[188] 徐晖、李鸥：《日本农业新政的主要内容及启示》，载《世界农业》2014 年第 9 期。

[189] 许庆、尹荣梁、章辉：《规模经济、规模报酬与农业适度规模经营——基于我国粮食生产的实证研究》，载《经济研究》2011 年第 3 期。

[190] ［英］亚当·斯密：《国民财富的性质和原因的研究（上卷）》，郭大力、王亚南译，商务印书馆 2008 年版。

[191] 杨春华、李国景：《国际视角下农业生产力与经营规模关系的实证分析》，载《农业技术经济》2016 年第 2 期。

[192] 杨钢桥、胡柳、汪文雄：《农户耕地经营适度规模及其绩效研究——基于湖北 6 县市农户调查的实证分析》，载《资源科学》2011 年第 3 期。

[193] 杨李红：《宜春市袁州区农地适度经营规模测度模型研究》，载《江西农业学报》2010 年第 5 期。

[194] 杨雪、谈明洪：《近年来北京市耕地多功能演变及其关联

性》，载《自然资源学报》2014 年第 5 期。

［195］姚增福、郑少锋：《种粮大户规模生产行为认知及意愿影响因素分析——基于 TPB 理论和黑龙江省 460 户微观调查数据》，载《中国农业大学学报（社会科学版）》2010 年第 3 期。

［196］叶琪、涂远宏：《农村土地规模经营模式比较与选择探析》，载《农村经济与科技》2005 年第 8 期。

［197］殷海善、赵鹏：《右玉县家庭承包土地流转调查》，载《山西农业科学》2011 年第 1 期。

［198］俞海、黄季焜、Scott Rozelle，等：《地权稳定性、土地流转与农地资源持续利用》，载《经济研究》2003 年第 9 期。

［199］袁晓玲、张跃胜：《中国基础设施与城市化发展水平耦合度分析》，载《城市问题》2015 年第 3 期。

［200］曾福生、唐浩、刘辉：《农村土地适度规模经营主体及实现形式研究》，载《农村经济》2010 年第 12 期。

［201］张成玉：《土地经营适度规模的确定研究——以河南省为例》，载《农业经济问题》2015 年第 11 期。

［202］张海亮、吴楚材：《江浙农业规模经营条件和适度规模确定》，载《经济地理》1998 年第 1 期。

［203］张合林、王飞：《农户农村承包地使用权流转意愿的实证研究——以郑州市中牟县为例》，载《财经科学》2013 年第 10 期。

［204］张红宇：《现代农业与适度规模经营》，载《农村经济》2012 年第 5 期。

［205］张宏永：《烟农种植规模效率研究——以福建省为例》，福建农林大学 2011 年博士学位论文。

［206］张明辉、蔡银莺、朱兰兰：《农户参与农地流转行为影响因素及经济效应分析》，载《长江流域资源与环境》2016 年第 3 期。

［207］张珂垒、蒋和平：《法国构建发展现代农业的政策体系及启示》，载《世界农业》2008 年第 12 期。

［208］张坤：《企业社会责任实现机制研究》，中南大学 2013 年博

士学位论文。

[209] 张林、温涛：《农村金融发展的现实困境、模式创新与政策协同——基于产业融合视角》，载《财经问题研究》2019年第2期。

[210] 张露、杨俊孝、王宇，等：《农业补贴对土地适度规模经营意愿的影响——以玛纳斯县为例》，载《山西农业科学》2016年第11期。

[211] 张鸣鸣：《新型农业经营体系和农业现代化——"新型农业经营体系和农业现代化研讨会暨第九届全国农经网络大会"综述》，载《中国农村经济》2013年第12期。

[212] 张侠、葛向东、彭补拙：《土地经营适度规模的初步研究》，载《经济地理》2002年第3期。

[213] 张侠、葛向东、彭补拙：《我国土地经营规模的区域差异性分析》，载《人文地理》2003年第1期。

[214] 张侠、赵德义、赵书海：《河北省土地适度规模经营研究》，载《商业时代》2010年第7期。

[215] 张扬：《台湾省现代农业经营主体发展路径分析——基于钻石模型的分析》，载《农业经济问题》2014年第3期。

[216] 张银银、马志雄：《粮食主产区农地流转行为影响因素分析——基于长江中下游四省的农户调查》，载《湖北经济学院学报》2013年第6期。

[217] 张忠明：《农户粮地经营规模效率研究——以吉林省玉米生产为例》，浙江大学2008年博士学位论文。

[218] 张忠明、钱文荣：《农民土地规模经营意愿影响因素实证研究——基于长江中下游区域的调查分析》，载《中国土地科学》2008年第3期。

[219] 章德宾：《不同蔬菜种植规模农户农业生产效率研究：主产区2009-2016年的调查》，载《农业技术经济》2018年第7期。

[220] 赵保海：《我国农户兼业化背景下农地规模化经营问题分析》，载《求实》2014年第11期。

[221] 赵光、李放、黄俊辉：《新型农村养老保险对农民土地流转

行为的影响——基于"中国健康与养老追踪调查"数据的倍差法分析》，载《江西财经大学学报》2015年第4期。

[222] 赵金国、岳书铭：《农户规模经营意愿影响因素分析研究》，载《山东社会科学》2017年第1期。

[223] 赵京、杨钢桥、周厚智：《农地整理对农户农地适度经营规模的影响——以湖北省为例》，载《经济地理》2014年第5期。

[224] 赵鲲：《共享土地经营权：农业规模经营的有效实现形式》，载《农业经济问题》2016年第8期。

[225] 赵鲲、刘磊：《关于完善农村土地承包经营制度发展农业适度规模经营的认识与思考》，载《中国农村经济》2016年第4期。

[226] 赵晓峰、赵祥云：《农地规模经营与农村社会阶层结构重塑——兼论新型农业经营主体培育的社会学命题》，载《中国农村观察》2016年第6期。

[227] 赵亚南、陈英、刘书安，等：《西北地区农地适度经营规模研究——以甘肃省临夏县北塬地区为例》，载《中国农学通报》2014年第26期。

[228] 赵颖文、吕火明：《关于农地适度规模经营"度"的经济学理论解析》，载《农业经济与管理》2015年第4期。

[229] 赵颖文、吕火明、李晓：《日本农业适度规模经营推行背景、应对举措及对中国启示》，载《中国农业资源与区划》2019年第4期。

[230] 郑文凯、胡建锋：《农业适度规模经营的现实选择》，载《瞭望新闻周刊》2006年第13期。

[231] 钟涨宝、聂建亮：《论农地适度规模经营的实现》，载《农村经济》2010年第5期。

[232] 周诚：《对我国农业实行土地规模经营的几点看法》，载《中国农村观察》1995年第1期。

[233] 周厚智、杨钢桥：《基于农户调查的农地适度经营规模研究——以长沙市两个郊区县为例》，载《湖北农业科学》2012年第6期。

[234] 周来友：《农地流转经营规模与农业技术效率关系研究》，

载《安徽农业科学》2019 年第 17 期。

[235] 周敏、雷国平、匡兵：《信息不对称下的农地流转"柠檬"市场困境——以黑龙江省西城村例证》，载《华中农业大学学报（社会科学版）》2017 年第 4 期。

[236] 周敏、李菁：《土地入股合作社：交易成本、价值攫取与绩效增长——以吉林省 F 县双胜村为例》，载《中国土地科学》2015 年第 2 期。

[237] 周敏：《土地入股合作社综合绩效研究》，华中科技大学 2013 年硕士学位论文。

[238] 朱红梅、余意、谭雪兰，等：《家庭经营型种粮适度规模的确定——以株洲市辖区为例》，载《中国农业资源与区划》2015 年第 7 期。

[239] 朱启臻、胡鹏辉、许汉泽：《论家庭农场：优势、条件与规模》，载《农业经济问题》2014 年第 7 期。

[240] 朱述斌、申云、石成玉：《农地流转市场中介平台与定价机制研究——基于双边市场理论的视角》，载《农业经济与管理》2011 年第 3 期。

[241] 诸培新、金炎纯、代伟：《区域间农地流转影响因素比较分析——基于江苏省农户调研的实证》，载《中国土地科学》2011 年第 11 期。

[242] Ahamd M，Chaudhry G M and Iqbal M. Wheat Productivity, Efficiency, and Sustainability: A Stochastic Production Frontier Analysis. *The Pakistan Development Review*，Vol. 41，No. 4，December 2002，pp. 643 – 663.

[243] Akerlof G A. The Market for "Lemons": Quality Uncertainty and the Market Mechanism. *Quarterly Journal of Economics*，Vol. 84，No. 3，August 1970，pp. 488 – 500.

[244] Alvarez A，Arias C. Technical Efficiency and Farm Size: A Conditional Analysis. *Agricultural Economics*，Vol. 30，No. 3，June 2003，

pp. 241 – 250.

[245] Andrew D. Farm Size and Productivity in Malawian Smallholder Agriculture. *The Journal of Development Studies*, Vol. 35, No. 5, June 1999, pp. 141 – 161.

[246] Banker R D, Charnes A and Cooper W W. Some Models for Estimating Technical and Scale Inefficiencies in Data Envelopment Analysis. *Management Science*, Vol. 30, No. 9, September 1984, pp. 1078 – 1092.

[247] Banker R D. Estimating Most Productive Scale Size Using Data Envelopment Analysis. *European Journal of Operational Research*, Vol. 17, No. 1, July 1984, pp. 35 – 44.

[248] Barrett C B, Bellemare M F and Hou J Y. Reconsidering Conventional Explanations of the Inverse Productivity – Size Relationship. *World Development*, Vol. 38, No. 1, January 2010, pp. 88 – 97.

[249] Benjamin D, Brandt L. Property Rights, Labor Markets, and Efficiency in A Transition Economy: The Case of Rural China. *Canadian Journal of Economics*, Vol. 35, No. 4, November 2002, pp. 689 – 716.

[250] Benjamin D. Can Unobserved Land Quality Explain the Inverse Productivity relationship? *Journal of Development Economics*, Vol. 46, No. 1, June 1995, pp. 51 – 84.

[251] Berry R A. *Agrarian Structure and Productivity in Developing Countries*. Baltimore/London: Johns Hopkins University Press, 1979.

[252] Buyer J C. Eric Holt – Giménez, Campesino a Campesino: Voices from Latin America's Farmer to Farmer Movement for Sustainable Agriculture. *Human Ecology*, Vol. 35, No. 6, December 2007, pp. 779 – 781.

[253] Caplat P, Lepart J and Marty P. Landscape Patterns and Agriculture: Modelling the Long – term Effects of Human Practices on Pinus Sylvestris Spatial Dynamics. *Landscape Ecology*, Vol. 21, No. 5, July 2006, pp. 657 – 670.

[254] Carter M R, Wiebe K D. Access to Capital and Its Impact on

Agrarian Structure and Productivity in Kenya. *American Journal of Agricultural Economics*, Vol. 72, No. 5, December 1990, pp. 1146 – 1150.

[255] Charnes A, Cooper W W and Rhodes E. Measuring the Efficiency of Decision Making Units. *European Journal of Operational Research*, Vol. 2, No. 6, November 1978, pp. 429 – 444.

[256] Chavas J P. On the Economics of Agricultural Production. *Australian Journal of Agricultural and Resource Economics*, Vol. 52, No. 4, December 2008, pp. 365 – 380.

[257] Coase R H. The Problem of Social Cost. *The Journal of Law and Economics*, Vol. 3, October 1960, pp. 1 – 44.

[258] Collier P. Malfunctioning of African Rural Factor Markets: Theory and a Kenyan Example. *Oxford Bulletin of Economics Statistics*, Vol. 45, No. 2, 1983, pp. 141 – 172.

[259] Davis L, North D. Institutional Change and American Economic Growth: A First Step Towards A Theory of Institutional Innovation. *The Journal of Economic History*, Vol. 30, No. 1, March 1970, pp. 131 – 149.

[260] Deininger K, Byerlee D. The Rise of Large Farms in Land Abundant Countries: Do They Have A Future? . *World Development*, Vol. 40, No. 4, April 2012, pp. 701 – 714.

[261] Deolalikar A B. The Inverse Relationship between Productivity and Farm Size: A Test Using Regional Data from India. *American Journal of Agricultural Economic*, Vol. 63, No. 2, May 1981, pp. 275 – 279.

[262] Fan S, Chan – Kang C. Is Small Beautiful Farm Size, Productivity and Poverty in Asian Agriculture. *International Association of Agricultural Economists Plenary Paper*, 2003.

[263] Feder G, Lau L J, Lin J Y, et al. The Determinants of Farm Investment and Residential Construction in Post – Reform China. *Economic Development and Cultural Change*, Vol. 41, No. 1, October 1992, pp. 1 – 26.

[264] Fenske J. Land Tenure and Investment Incentives: Evidence

from West Africa. *Journal of Development Economics*, Vol. 95, No. 2, June 2010, pp. 137 – 156.

[265] Gafsi M, Legagneux B, Nguyen G, et al. Towards Sustainable Farming Systems: Effectiveness and Deficiency of the French Procedure of Sustainable Agriculture. *Agricultural Systems*, Vol. 90, No. 1, June 2006, pp. 226 – 242.

[266] Guo L, Rozelle S and Brandt L. Tenure, Land Rights, and Farmer Investment Incentives in China. *Agricultural Economics*, Vol. 19, No. 1 – 2, September 1998, pp. 63 – 71.

[267] Hall B F, LeVeen E P. Farm Size and Economic Efficiency: The Case of Califormia. *American Journal of Agricultural Economic*, Vol. 60, No. 4, November 1978, pp. 589 – 600.

[268] Hazell P, Poulton C, Wiggins S, et al. The Future of Small Farms: Trajectories and Policy Priorities. *World Development*, Vol. 38, No. 10, June 2009, pp. 1349 – 1361.

[269] Helfand S M, Levine E S. Farm Size and the Determinants of Productive Efficiency in the Brazilian Center – West. *Agricultural Economics*, Vol. 31, No. 2, June 2004, pp. 241 – 249.

[270] Heltberg R. Rural Market Imperfections and the Farm Size—Productivity Relationship: Evidence from Pakistan. *World Development*, Vol. 26, No. 10, June 1998, pp. 1807 – 1826.

[271] Hoque A. Farm Size and Economic – Allocative Efficiency in Bangladesh Agriculture. *Applies Economics*, Vol. 20, No. 10, October 1988, pp. 1353 – 1368.

[272] James M M, Penni K and Robert A H. Farm Size and the Organization of U. S. Crop Farming. *United States Department of Agriculture Economic Research Service Economic Research Report*, No. 152, August 2013.

[273] Jayne T S, Chamberlin J and Headey D D. Land Pressures, the Evolution of Farming Systems, and Development Strategies in Africa: A Syn-

thesis. *Food Policy*, Vol. 48, October 2014, pp. 1 - 17.

[274] Jim M. Agricultural Credit: Institutions and Issues. *CRS Report for Congress*, February 7, 2013.

[275] Jing L F, Xian Z, Jiutian Z, et al. Efficiency Evaluation of CO_2 Utilization Technologies in China: A Super-efficiency DEA Analysis Based on Expert Survey. *Journal of CO_2 Utilization*, Vol. 11, No. 9, September 2015, pp. 54 - 62.

[276] Juliano J, Assunção and Maitreesh G. Can Unobserved Heterogeneity in Farmer Ability Explain the Inverse Relationship between Farm Size and Productivity. *Economic Letters*, Vol. 80, No. 2, April 2003, pp. 189 - 194.

[277] Kaplan S E, Roush P B and Thorne L. Andersen and the Market for Lemons in Audit Reports. *Journal of Business Ethics*, Vol. 70, No. 4, February 2007, pp. 363 - 373.

[278] Kim K. Endogenous Market Segmentation for Lemons. *The RAND Journal of Economics*, Vol. 43, No. 3, September 2012, pp. 562 - 576.

[279] King R, Burton S. Land Fragmentation: Notes on a Fundamental Rural Spatial Problem. *Progress in Human Geography*, Vol. 6, No. 4, December 1982, pp. 475 - 494.

[280] Lamb R L. Inverse Productivity: Land Quality, Labor Markets, and Measurement Error. *Journal of Development Economics*, Vol. 71, No. 1, June 2003, pp. 71 - 95.

[281] Laya O, Maghsoud A, Jahanyar B S, et al. A Dynamic Network Efficiency Measurement of Airports Performance Considering Sustainable Development Concept: A Fuzzy Dynamic Network - DEA Approach. *Journal of Air Transport Management*, Vol. 57, No. 10, October 2016, pp. 272 - 290.

[282] Lee B, Yoo B. What Prevents Electronic Lemon Markets?. *Journal of Organizational Computing and Electronic Commerce*, Vol. 17, No. 3, August 2007, pp. 217 - 246.

[283] Levin J. Information and the Market for Lemons. *The RAND Journal of Economics*, Vol. 32, No. 4, December 2001, pp. 657 – 666.

[284] Liang C, Guozhu J. Environmental Efficiency Analysis of China's Regional Industry: A Data Envelopment Analysis (DEA) Based Approach. *Journal of Cleaner Production*, Vol. 142, No. 2, June 2016, pp. 846 – 853.

[285] Lin J Y. Rural Reforms and Agricultural Growth in China. *American Economic Review*, Vol. 82, No. 1, March 1992, pp. 34 – 51.

[286] Lowder S K, Jakob S and Terri R. The Number, Size, and Distribution of Farms, Smallholder Farms, and Family Farms Worldwide. *World Development*, Vol. 87, No. 11, Novembr 2016, pp. 16 – 29.

[287] Masters W A, Djurfeldt A A, Haan C D, et al. Urbanization and Farm Size in Asia and Africa: Implications for Food Security and Agricultural Research. *Global Food Security*, Vol. 2, No. 3, September 2013, pp. 156 – 165.

[288] Matthews R C O. The Economics of Institutions and the Sources of Growth. *The Economic Journal*, Vol. 96, No. 384, December 1986, pp. 903 – 918.

[289] Mehta C R, Chandel N S and Senthilkumar T. Status, Challenges and Strategies for Farm Mechanization in India. *Agricultural Engineering*, Vol. 45, No. 4, 2014, pp. 43 – 45.

[290] Mozaffaria M R, Kamyab P and Jablonsky J. Cost and Revenue Efficiency in DEAR Models. *Computers & Industrial Engineering*, Vol. 78, No. 11, December 2014, pp. 188 – 194.

[291] Newell A, Pandya K and Symons J. Farm Size and the Intensity of Land Use in Gujarat. *Oxford Economic Papers*, Vol. 49, No. 2, April 1997, pp. 307 – 315.

[292] Nguyen T, Cheng E J and Findlay C. Land Fragmentation and Farm Productivity in China in the 1990s. *China Economic Review*, Vol. 7, No. 2, June 1996, pp. 169 – 180.

[293] Renato V, Euan F. Technical Inefficiency and Production Risk in Rice Farming: Evidence from Central Luzon Philippines. *Asian Economic Journal*, Vol. 20, No. 1, March 2006, pp. 29 – 46.

[294] Scott J E, Gregg D G and Choi J H. Lemon Complaints: When Online Auctions Go Sour. *Information Systems Frontiers*, Vol. 17, No. 1, February 2015, pp. 177 – 191.

[295] Sen A K. An Aspect of Indian Agriculture. *Economics Weekly Annual Number*, Vol. 14, No. 14, 1962, pp. 243 – 246.

[296] Sen A K. Peasants and Dualism with or without Serplus Labour. *Journal of Political Economy*, Vol. 74, No. 5, October 1966, pp. 425 – 450.

[297] Sheng Y, Zhao S, Nossal K, et al. Productivity and Farm Size in Australian Agriculture: Reinvestigating the Returnsto Scale. *Australian Journal of Agricultural and Resource Economics*, Vol. 58, 2014, pp. 1 – 23.

[298] Sumner D A. American Farms Keep Growing: Size, Productivity, and Policy. *The Journal of Economic Perspectives*, Vol. 28, No. 1, February 2014, pp. 147 – 166.

[299] Tan S, Heerink N, Kruseman G, et al. Do Fragmented Landholdings Have Higher Production Costs? Evidence from Rice Farmers in Northeastern Jiangxi Province, P. R. China. *China Economic Review*, Vol. 19, No. 3, June 2007, pp. 347 – 358.

[300] Timothy B. Property Rights and Investment Incentives: Theory and Evidence from Ghana. *Journal of Political Economy*, Vol. 103, No. 5, October 1995, pp. 903 – 937.

[301] Townsend R F, Kirsten J and Vink N. Farm Size, Productivity and Returns to Scale in Agriculture Revisited: A Case Study of Wine Producers in South Africa. *Agricultural Economics*, Vol. 19, No. 1, June 1998, pp. 175 – 180.

[302] Wan G H and Cheng E. Effects of Land Fragmentation and Returns to Scale in the Chinese Farming Sector. *Applied Economics*, Vol. 33,

No. 2, February 2001, pp. 183 – 194.

[303] Wang J, Zhao T and Zhang X. Environmental Assessment and Investment Strategies of Provincial Industrial Sector in China—Analysis Based on DEA Model. *Environmental Impact Assessment Review*, Vol. 60, No. 11, September 2016, pp. 156 – 168.

[304] Wei Q L, Yu G and Lu J S. The Necessary and Sufficient Conditions for Returns to Scale Properties in Generalized Data Envelopment Analysis Models. *Chinese Science*, Vol. 45, No. 5, October 2002, pp. 503 – 517.

[305] Wilson C A. Equilibrium and Adverse Selection. *The American Economic Review*, Vol. 69, No. 2, May 1979, pp. 313 – 317.

[306] Zeeshan A, Meng J, Muhammad A, et al. Optimal Scheme Selection of Agricultural Production Structure Adjustment—Based on DEA Model; Punjab (Pakistan). *Journal of Northeast Agricultural University*, Vol. 22, No. 4, December 2015, pp. 48 – 52.

附录1 村情况调查问卷

问卷编号：

1. 调查地点：_____省_____市_____县（区）_____乡（镇）_____村；区域类型为_____【平原＝1；丘陵＝2；山区＝3】；当地的种植制度一般为一年种植_____季。

2. 村基本状况：2014年本村农户数为_____户，总人口数为_____人，劳动力总数为_____人，外出务工劳动力人数为_____人，整户外出的户数为_____户；农业总产值为_____万元，非农业总产值为_____万元，人均纯收入为_____元，其中人均农业纯收入为_____元；耕地总量为_____亩（共_____块），其中水田_____亩，旱地_____亩；宅基地总量为_____，村里规定的户均（或人均）宅基地面积为_____（或人均为_____）。本村集体经济状况（　　）【很差＝1；较差＝2；一般＝3；较好＝4；很好＝5】

3. 村内企业数为_____家，距乡（镇）政府所在地距离为_____公里，距县城的距离为_____公里，距最近的长途汽车站或火车站的距离为_____公里。

4. 本村对外交通便利程度（　　）【不便利＝1；一般＝2；便利＝3】

5. 本村第一轮土地承包发生在哪一年？_____年；第一轮土地承包期内发生过_____次土地调整；本村第二轮土地承包发生在哪一年？_____年；第二轮土地承包期内发生过_____次土地调整；预计本轮土地承包期内是否会再次发生土地调整（　　）【会＝1；不会＝0】

6. 本村是否有土地流转服务组织（　　）【有＝1；没有＝0】；村里是否为农户农地流转提供服务（　　）【提供＝1；不提供＝0】；若提供服务，具体的服务内容有哪些？（多选）（　　）【①提供流转信息

服务　②提供担保或作为见证人　③指导合同签订服务　④提供流转价格指导服务　⑤提供纠纷调解服务　⑥提供其他服务_____】

7. 2014 年村里向农户发放的农业补贴标准（具体包括粮食直补、农资综合补贴及良种补贴等）为每亩_____元（其中水田每亩_____元，旱地每亩_____元）。

8. 2014 年本村发生流转的耕地总面积为_____亩；水田流转的价格一般为_____元每年，旱地流转的价格一般为_____元每年；村里现有种植大户_____户，家庭农场_____家，农民专业合作社_____个，农业企业_____家。

9. 村里是否出现过农户卖房或出售宅基地的现象（　　）【出现过 =1；没出现过 =0】；若出现过，则这种现象发生的次数（　　）【偶尔 =1；较少 =2；较多 =3；很多 =4】

10. 村里是否与农户签订了土地承包合同（　　）【是 =1；否 =0】；村里是否向农户发放了土地承包经营权证（　　）【是 =1；否 =0】；村里是否完成了宅基地确权登记发证工作（　　）【是 =1；否 =0】；村里是否实施过土地整治项目（　　）【是 =1；否 =0】

11. 因死亡、出嫁等原因导致农户家庭人口减少时（　　）
①收回减少人口的承包地　②无调整

12. 因生育、婚姻等原因导致农户家庭人口增加时（　　）
①为新增人口分配承包地　②无调整

13. 本村对农地撂荒的限制（　　）
①有限制　②无限制

14. 本村对于参与本地非农就业且农地没被很好耕作的农户，其农地承包权（　　）
①收回　②强制流转　③农忙季节必须从事农业生产　④无限制

15. 本村对于外出就业且农地没被很好耕作的农户，其农地承包权（　　）
①收回　②强制流转　③只要其农地被耕作则继续拥有各项权利　④无限制

16. 本村对农户向村内、村外村民转让农地承包权的限制（　　　）

①均不允许　②村内无条件转让，村外不允许　③均有条件转让
④村内无条件转让，村外有条件转让　⑤均无条件允许

17. 本村对农户向村内、村外村民转包农地承包权的限制（　　　）

①均不允许　②村内无条件转包，村外不允许　③均有条件转包
④村内无条件转包，村外有条件转包　⑤均无条件允许

18. 本村对农户向村内、村外村民出租农地承包权的限制（　　　）

①均不允许　②村内无条件出租，村外不允许　③均有条件出租
④村内无条件出租，村外有条件出租　⑤均无条件允许

19. 本村对农地代耕的限制（　　　）

①均不允许　②村内无条件代耕，村外不允许　③均有条件代耕
④村内无条件代耕，村外有条件代耕　⑤均无条件允许

20. 当村民户籍迁出时（　　　）

①收回承包地和宅基地　②仅收回承包地　③仅收回宅基地　④无限

附录 2　农户情况调查问卷

问卷编号：

一、农户基本情况

1. 调查地点：_____省_____市_____县（区）_____乡（镇）_____村_____组（屯）。

2. 农户家庭劳动力及其就业基本情况

与户主的关系	性别	年龄	婚姻状况	受教育程度	会不会种地	职业	年务工时间	备注
户主								

【注】：（a）性别【男 =1；女 =0】（b）婚姻状况【已婚 =1；未婚 =0】（c）受教育程度【未上过学 =0；小学 =1；初中 =2；高中或中专 =3；高中以上 =4】（d）会不会种地【会 =1；不会 =0】（e）职业【纯务农 =1；兼业以务农为主 =2；兼业以务工为主 =3；纯务工 =4；其他 =5】（f）年务工时间写 2014 年务工几个月。

3. 您家未达到上学年龄的儿童有（　　）人，常年（　　）【①在老家　②随父母外出】；您家正在读书的学生有（　　）人，其读书的地点是（　　　）【①老家　②其父母务工地点　③其他地方】，是否安排专人陪读（　　　）【安排专人陪读 =1；无陪读 =0】；您家 61～70 岁的老人有（　　　）人，71 岁以上的老人有（　　　）人，老人是否需要专人照料（　　　）【是 =1；否 =0】。

4. 您家是否参加了新型农村合作医疗（即"新农合"）（　　　）【参加 =1；没有参加 =0】；您家是否参加了新型农村养老保险（即"新农保"）（　　　）【参加 =1；没有参加 =0】。

5. 您家最近三年平均年纯收入为（　　　）万元，其中农业收入为（　　　）万元，本地务工收入为（　　　）万元，外出务工收入为（　　　）万元。

6. 您家拥有的固定资产原值为（　　　）万元，其中生产性固定资产原值为（　　　）万元（固定资产包括汽车、电动车、三轮车、板车、拖拉机、打谷机、收割机、水泵、打药机、耕牛、马、骡、驴等；其中用于生产的为生产性固定资产）。

二、农户农地经营及调整状况

1. 您家拥有耕地的数量为（　　　）亩，共有（　　　）块，其中水田为（　　　）亩，旱地为（　　　）亩；2014 年您家获得的政府各项农业补贴总共为（　　　）元。

2. 您家耕地的质量如何？（　　　）
①质量低　②质量中等　③质量高

3. 您家耕地的灌排设施、生产用电等基础设施条件如何？（　　　）
①差　②较差　③一般　④较好　⑤好

4. 您家耕地实施机械化的难易程度如何？（　　　）
①难　②一般　③容易

5. 您家耕地是否有承包合同？（　　　）【有 =1；没有 =0】；您认为土地承包合同对您家土地权益的保护有何影响？（　　　）【①有负面影响　②没有影响　③有正面影响】

6. 在您家的耕地上是否实施过土地整理项目？（　　）【实施过 =1；没有实施过 =0】

7. 您家有没有耕种别人家的耕地？（　　）【有 =1；没有 =0】；若没有耕种别人家耕地，那您家有没有耕种别人家耕地的意愿？（　　）【有 =1；没有 =0】

如果有耕种别人家的耕地，请继续回答问题 8 至问题 23；如果没有耕种别人家耕地，请转到问题 24。

8. 您家耕种别人家耕地的数量为（　　）亩，共有（　　）块，其中水田为（　　）亩，旱地为（　　）亩。

9. 您家耕种的别人家耕地的质量如何？（　　）【①质量低　②质量中等　③质量高】

10. 您家耕种的别人家耕地的灌排设施、生产用电等基础设施条件如何？（　　）

①差　②较差　③一般　④较好　⑤好

11. 您家耕种的别人家耕地实施机械化的难易程度如何？（　　）

①难　②一般　③容易

12. 您家耕种的别人家耕地与自家耕地是否相邻？（　　）【相邻 =1；不相邻 =0】

13. 您家是通过何种方式耕种别人家耕地的？（　　）

①转包　②转让　③租赁　④代耕　⑤互换　⑥其他方式

14. 您家耕种的别人家耕地来自（　　）

①亲戚　②朋友　③本组其他村民　④本村其他组村民　⑤外村村民⑥其他

15. 您家是通过什么途径转入别人家耕地的（　　）

①主动直接找对方　②主动通过熟人找对方　③通过中介组织④对方主动直接找我家　⑤对方主动通过熟人找我家　⑥其他途径

16. 您家耕种别人家耕地是否签订了书面协议或合同？（　　）【签订了 =1；没有 =0】；您认为签订书面协议或合同对您的权益保护有何影响？（　　）【①有负面影响　②没有影响　③有正面影响】；若签订

了书面协议或合同，则签订的耕种期限为（　　）年。

17. 您家已经耕种别人家耕地多少年了？＿＿＿＿年。这些年来，您家耕种的别人家耕地的来源变化如何？（　　）

①每年都不一样　②每隔几年会发生变化　③基本没变化

18. 您家是否担心别人随时要回耕地？（　　）【担心＝1；不担心＝0】

19. 您家是否有随时将别人家耕地退回的想法？（　　）【有＝1；没有＝0】

20. 您家在耕种别人家耕地的过程中，有没有因为费用及其支付时间和方式、耕种期限等而发生过纠纷（　　）【发生过＝1；没有发生过＝0】；若发生过纠纷，最后是通过什么方式解决的？（　　）

①亲戚或朋友居中调解　②村里帮忙调解　③相关仲裁机构
④打官司　⑤其他方式

21. 您家耕种别人家耕地需要支付的费用（若以实物支付，则折合为现金），水田为每亩（　　）元，旱地为每亩（　　）元。您对该费用的评价如何？（　　）【①比较贵　②合理　③比较便宜】；若认为费用比较便宜或比较贵，则您觉得合理的费用应该为：水田（　　）元每亩，旱地（　　）元每亩。

22. 与没耕种别人家耕地时相比，您家的总收入（　　）【①减少了　②略有减少　③没什么变化　④略有增加　⑤增加了】；您家的农业生产总收入（　　）【①减少了　②略有减少　③没什么变化　④略有增加　⑤增加了】；您家的农业生产亩均纯收入（　　）【①减少了②略有减少　③没什么变化　④略有增加　⑤增加了】

23. 您家有没有将自家耕地转给别人耕种？（　　）【有＝1；没有＝0】；若没有将自家耕地转给别人耕种，则您家有没有将自家耕地转给别人耕种的意愿？（　　）【有＝1；没有＝0】

如果您家有将自家耕地转给别人耕种，请继续回答问题24至问题37；如果没有，请转到问题38。

24. 您家转给别人耕种的耕地数量为（　　）亩，共有（　　）

块，其中水田为（   ）亩，旱地为（   ）亩。

25. 您家转给别人耕种的耕地质量如何？（   ）

①质量低　②质量中等　③质量高

26. 您家转给别人耕种的耕地灌排设施、生产用电等基础设施条件如何？（   ）

①差　　②较差　③一般　④较好　⑤好

27. 您家转给别人耕种的耕地实施机械化的难易程度如何？（   ）

①难　②一般　③容易

28. 您家是通过何种方式将耕地转给别人耕种的？（   ）

①转包　②转让　③租赁　④代耕　⑤互换　⑥其他方式

29. 您家将自家耕地转给谁耕种的？（   ）

①亲戚或朋友　②本组其他村民　③本村其他组村民　④其他村村民　⑤本村村委会　⑥其他村村委会　⑦家庭农场或种植大户　⑧农业企业　⑨合作社　⑩其他

30. 您家是通过什么途径将耕地转给别人家耕种的（   ）

①主动直接找对方　②主动通过熟人找对方　③通过中介组织④对方主动直接找我家　⑤对方主动通过熟人找我家　⑥其他途径

31. 您家将自家耕地转给别人耕种是否签订了书面协议或合同？（   ）【签订了 =1；没有 =0】；您认为签订书面协议或合同对您的权益保护有何影响？（   ）【①有负面影响　②没有影响　③有正面影响】；若签订了书面协议或合同，则签订的耕种期限为（   ）年。

32. 您家已经将耕地转给别人耕种了多少年？＿＿＿＿年。这些年来，耕种您家耕地的人变化如何？（   ）

①每年都不一样　②每隔几年会发生变化　③基本没变化

33. 您家是否有随时要回耕地的想法？（   ）【有 =1；没有 =0】

34. 您家是否担心别人家不归还您家耕地（   ）【担心 =1；不担心 =0】

35. 别人耕种您家耕地的过程中，有没有因为费用及其支付时间和方式、耕种期限等而发生过纠纷（   ）【发生过 =1；没有发生过 =0】；

若发生过纠纷，最后是通过什么方式解决的？（　　）【①亲戚或朋友居中调解　②村里帮忙调解　③相关仲裁机构　④打官司　⑤其他方式】

36. 别人耕种您家耕地需要支付的费用（若以实物支付，则折合为现金），水田为每亩（　　）元，旱地为每亩（　　）元。您对该费用的评价如何？（　　）【①比较贵　②合理　③比较便宜】；若认为费用比较便宜或比较贵，则您觉得合理的费用应该为：水田（　　）元每亩，旱地（　　）元每亩。

37. 与没耕种别人家耕地时相比，您家的总收入（　　）【①减少了　②略有减少　③没什么变化　④略有增加　⑤增加了】；您家的农业生产总收入（　　）【①减少了　②略有减少　③没什么变化　④略有增加　⑤增加了】；您家的农业生产亩均纯收入（　　）【①减少了　②略有减少　③没什么变化　④略有增加　⑤增加了】

38. 2014 年，您家总共耕种耕地的数量为（　　）亩（包括耕种的自家耕地、耕种的别人家耕地，不包括已经转给别人耕种的耕地），共（　　）块，其中水田为（　　）亩，一年种（　　）季，种植的作物包括（　　），旱地为（　　）亩，一年种（　　）季，种植的作物包括（　　）；全年支出的生产费用为水田（　　）元每亩，其中间接成本为（　　）元每亩，直接成本为（　　）元每亩，旱地为（　　）元每亩，其中间接成本为（　　）元每亩，直接成本为（　　）元每亩，扣除生产费用后，水田每亩纯收益为（　　）元，旱地每亩纯收益为（　　）元。

【注】：（a）间接成本为大中型铁木农具、农机械、生产用房等；（b）直接成本为种子、农药、化肥、灌溉、水电费等。

39. 您家在农地经营规模决策上的意愿？（　　）【转入耕地以扩大农地经营规模 = 1；转出耕地以缩小农地经营规模 = 2；既不想转入也不想转出，维持现有农地经营规模 = 3】

40. （现在或过去）您家种地，每年的亩产量变化如何？（　　）①比往年低　②时高时低，波动较大　③时高时低，波动较小　④比往年高

41.（现在或过去）您家种地，每年的纯收入变化如何？（　　　）

①比往年少　②时多时少，波动较大　③时多时少，波动较小
④比往年多

42. 第一轮土地承包期间，您家共经历（　　　）次土地调整（即重新分地）；第二轮土地承包期间，您家共经历（　　　）次土地调整；最近一次土地调整发生在哪一年？＿＿＿＿＿

43. 进行土地调整前，是否征求了您家的意见？（　　　）【征求了 =1；没有征求 =0】

三、农户土地产权、风险及其认知情况

1. 您对当前农地管理相关法律法规的了解程度如何？（　　　）
①不了解　②了解一点　③比较了解

2. 您对当前宅基地相关法律法规的了解程度如何？（　　　）
①不了解　②了解一点　③比较了解

3. 对于您家来说，您认为农地的收入功能（为家里带来收入）强度如何？（　　　）
①不具有该功能　②很弱　③较弱　④一般　⑤较强　⑥很强

4. 对于您家来说，您认为农地的就业功能（为家人带来就业）强度如何？（　　　）
①不具有该功能　②很弱　③较弱　④一般　⑤较强　⑥很强

5. 对于您家来说，您认为农地的投资功能（为家里提供投资的对象）强度如何？（　　　）
①不具有该功能　②很弱　③较弱　④一般　⑤较强　⑥很强

6. 对于您家来说，您认为农地的财产功能（作为家里的一项财产）强度如何？（　　　）
①不具有该功能　②很弱　③较弱　④一般　⑤较强　⑥很强

7. 对于您家来说，您认为农地的社会保障功能（为家里提供必要的保障）强度如何？（　　　）

①不具有该功能　②很弱　③较弱　④一般　⑤较强　⑥很强

8. 对于您家来说，退出农地（以后您家就没有地了）的意愿如何？（　　）

①没有此意愿　②很弱　③较弱　④一般　⑤较强　⑥很强

9. 您家在计划是否退出农地时，主要考虑以下哪些问题？（多选，并按重要程度排序）（　　）

①退出后能否找到稳定的工作　②退出后能否有稳定的收入　③退出后能否有合理的补偿　④未来农地价值是否会大幅度增加　⑤退出后下一代的生计问题能否解决

10. 对于您家来说，退出农地经营权（地还是您家的，只是您家不能再种了）的意愿如何？（　　）

①没有此意愿　②很弱　③较弱　④一般　⑤较强　⑥很强

11. 您家计划是否退出农地经营权时，主要考虑以下哪些问题？（多选并按重要程度排序）（　　）

①退出后能否找到稳定的工作　②退出后能否有稳定的收入　③退出后能否有合理的补偿　④退出后能否获得一定的奖励　⑤退出后能否继续获得国家给的各种农业补贴

12. 目前，您认为您家拥有哪些农地权利？（可多选）（　　）

①所有权　②使用权　③买卖权　④转让权　⑤租赁权　⑥入股权⑦代耕权　⑧抵押权　⑨继承权

13. 您认为农地归谁所有？（　　）

①国家　②村集体　③村民小组　④自己家

14. 您预感在本轮土地承包期内是否会发生土地调整？（　　）【会 = 1；不会 = 0】

15. 如果发生土地调整，您认为将会对您家产生何种影响？（　　）

①不利影响　②没有影响　③有利影响

16. 您家处理农地时（过去或将来）是否会有村（村组）干部干涉？（　　）【会 = 1；不会 = 0】